中國學術思想研究輯刊

二三編

林慶彰 主編

第 3 冊

清代詩經學研究

陳國安 著

花木蘭文化出版社

國家圖書館出版品預行編目資料

清代詩經學研究／陳國安 著 — 初版 — 新北市：花木蘭文
化出版社，2016〔民 105〕
序 2+ 目 2+268 面；19×26 公分
（中國學術思想研究輯刊 二三編：第 3 冊）
ISBN 978-986-404-554-9（精裝）
1. 詩經 2. 研究考訂
030.8   105002140

中國學術思想研究輯刊
二三編 第三冊   ISBN：978-986-404-554-9

清代詩經學研究

作　　者　陳國安
主　　編　林慶彰
總 編 輯　杜潔祥
副總編輯　楊嘉樂
編　　輯　許郁翎
出　　版　花木蘭文化出版社
社　　長　高小娟
聯絡地址　235 新北市中和區中安街七二號十三樓
　　　　　電話：02-2923-1455 ／傳真：02-2923-1452
網　　址　http://www.huamulan.tw 信箱 hml 810518@gmail.com
印　　刷　普羅文化出版廣告事業
封面設計　劉開工作室
初　　版　2016 年 3 月
全書字數　220258 字
定　　價　二三編 24 冊（精裝）新台幣 46,000 元

清代詩經學研究

陳國安　著

作者簡介

陳國安，1972 年生，江蘇鎮江人。現爲蘇州大學文學院副教授，文學博士，碩士生導師。復旦大學中文系出站博士後。師從錢仲聯、楊海明、黃霖教授治古代文學與近代文學，亦兼從事中國語文教育研究與實踐。出版著作有：《南唐書校注》、《范伯子研究資料集》、《范伯子集點校》、《貝青喬集點校》和《語文教學心理學簡稿》、《語文的回歸：一個大學老師的小學課堂》等，發表學術論文六十餘篇。

提　要

　　詩經學至清朝一崛而中興，本文以 1644 ～ 1840 詩經學爲研討主體。下限述論時擴展至1976，若以上限前伸至明遺民生活時空計算，則本文所述論詩經學史則近四百年。

　　本文分爲緒論、上編、下編及附論四部分。

　　緒論述本文研究方法。本文以《詩經》存活於另一時代（清代）爲論域，以學術史視角之清代詩經學史爲主體，綜合系統考察《詩經》存活於清代學術、清代文學、文學理論發展軌跡中之情狀。本文以生態考察爲基點，以心態考察爲手段，以形態考察爲視角，將關涉詩經學諸命題還原至當時代作全景式描述。

　　第一章概述清前詩經學發展軌跡、清代詩經學研究現狀及清代詩經學發展概況。本章述及清前詩經學雖扼要亦或異於詩經學通史成說，以文獻綜述方式詳述清代詩經學研究之發展，分類條析清代詩經主流派著述。

　　第二章論清初詩經學，以個案與總論結合之法述清初詩經學學術思想不主一家，兼採眾說，情感上時有亡國之痛故國之思。本章特列節論清初遺民詩經學。個案研究所論者：孫承澤、陸奎勳及姚際恒。

　　第三章分兩節論乾嘉詩經學，其總體特徵：詩經學成就「大」、學問「精」者在小學文獻；漢學宋學交互影響，攻訐激烈多意氣，借鑒補足爲「求眞」，在朝者或漢或宋皆由聖意出，在野者不漢不宋多獨立。個案研究所論者：戴震、惠棟、焦循。

　　第四章亦分兩節論道光朝過渡期之詩經學，道光朝詩經學爲傳統詩經學中興期之「夕照」，絢爛極斑斕。漢學毛鄭詩經學於此間集大成，詩經學著作之彙刻，《詩經》文字之校勘刊印普及，詩經學漢宋之融合，今文詩經學之崛起，皆道光朝過渡特徵也。個案研究所論者：胡承珙、陳奐及陳喬樅父子。

　　斯爲上編。

　　第五章將清代詩經學置於清代文學發展背景中述其發展，清代詩經學發展之特徵爲：經學發展政治需求之壓力張力消長更迭。此特徵具體體現爲：漢學宋學之交互影響，古文今文之嬗變融合。繼之研討清代詩學風氣與清代詩經學發展之關聯。

　　第六章以清代各體文學中之《詩經》爲論述對象，從取神至襲貌，著重討論清代詩詞文賦用「詩三百」語典，分兩節詳論清代四言詩十家，爲此領域之新創。附論韓國中世閨閣女史三宜堂金夫人詩文中之「詩三百」，可作側面見得「詩三百」之影響。

　　第七章分別自清詩話、清人論詩絕句兩端論述清代詩經學與清代文學理論發展之關係。

　　斯爲下編。

　　第八章爲附論，亦分兩節分別以個案研究方法述論晚近現代詩經學名家之著述成就，論晚近詩經學家：魏源、方玉潤、王先謙、皮錫瑞，現代詩經學家：梁啓超、聞一多及朱自清。力求雖論人即論史。

江蘇省高校哲學社會科學項目資助 2011SJB750010

江蘇省高校研究生科技創新計劃項目資助 ZY320605

江蘇省 2009 年度優秀博士論文

序　言

楊海明

　　本書作者陳國安博士乃是一位勤奮好學，興趣廣泛的青年人。他喜愛閱讀、書法、花木栽培等多種門類的文化藝術活動，尤其在探索中小學語文改革的理論建設和課堂實踐中有所建樹。其探討語文教學法的論文，曾受到教育界人士的矚目；而他在講壇上情文並茂、繪聲繪色的生動講課則更贏得了大中小學師生們的熱烈歡迎。爲了進一步擴充自己的文化涵養和提升自己的學術水平，他又先後報考了國學名師錢仲聯先生的碩士生和博士生，跟隨其潛心鑽研中國古代文學。當時，錢先生已是八九十歲的耄耋老人，但他對這位尊師勤學的「關門弟子」卻仍親自授課、悉心指導，終使其學問大進。本書即由陳國安所撰博士論文改寫而成，而其題目爲錢老生前所定。

　　人所共知，《詩經》不但是我國的第一部詩歌總集，也是儒家最重要的經典之一。故在後代學者對其研究所形成的「詩經學」中，就既有從文學史視角出發又有從學術史視角出發的，當然也還涉及社會史、思想史、文化史甚或文字訓詁、名物考證等多種學問。這門「詩經學」自先秦開始，迭經歷朝而至清代達到了空前繁盛的地步。據本書作者的初步統計，清代二百餘年中有關《詩經》的專門著述多達七百餘種，其間又大略可以分爲毛鄭派、朱《傳》派、兼採派、小學派、史學派、文獻派、文學派、今文派等八大流派，可謂材料龐雜、觀點紛紜、頭緒繁多。所以要想對清代詩經學作出全面系統而又深入的研究，確是一個費時耗力、難度巨大的課題。而陳國安在錢老的鼓勵與指點之下，知難而上，終於出色的完成了任務。他先是通盤研讀了清代詩經學的二百餘種著述，認眞撰寫了二十萬字的提要，然後在此基礎上構建了本文的主體內容。這種詳盡佔有第一手資料然後據此立論的做法，既遵循了

錢老的教導，也體現了作者本身的紮實文史功底和嚴謹學風。全文不僅從學術史的角度論述了自清初、經乾嘉道光直至晚清（咸、同、光、宣）的詩經學研究全貌及其中重要的個案，而且又從文學史的角度考察了清代各體文學（詩、詞、文、賦）及清代文學理論（主要表現在詩話和論詩絕句中）所蒙受的《詩經》之影響，這後一方面的研究成果尤其值得重視。因而，本文既為《詩經》的學術史研究作出了貢獻，同時也為清代文學的研究補充了新的營養。全文內容充實豐滿，富有很高的學術含量。它在 2009 年被評選為「江蘇省優秀博士論文」，便是其學術價值和創新意義獲得肯定與讚賞的很好說明。當然，如前所說，清代詩經學實在是一個難度頗大的研究課題，因此本文很難達到盡善盡美的境地，其中肯定會存在某些疏漏與不足。但我相信本書作者在今後的研究工作中，定會對此作出進一步的完善與改進，以使其更趨完美。

本人所從事的研究工作主要限於唐宋詞的方向，而對詩經學和清代文學相當陌生，因此由我來為本書撰寫前言，其實並不適宜。但因錢先生已於 2003 年駕鶴仙逝，而指導陳國安完成博士學業的後續工作則在其後由我來擔當，所以這篇前言就只好由我來代為完成。念此自感慚愧！好在本文的最終目的主要是想勉勵陳國安博士能在今後的學術研究活動中「更上層樓」地做出新的成績，因此上面所言即或說了一些外行言也就不去多考慮了。是為序。

二〇一〇年三月

目次

緒　論

　　史自有經，《詩》即與焉。《詩》學著述，累年二千。今存文本，《毛序》為先。兩漢經學，輝煌肇端。魏晉李唐，頒經範本十三。趙宋諸儒，疑古如舟揚帆。元明沉寂，尚乏名家可觀。曼殊中興，譬如夕照燦爛。

　　昔嘗有以豕喻文學者，曰：先秦，豕首，詩騷分屬雙耳並峙，凜凜乎，若兩峰然，後世無不有望洋之歎；諸子歷史散文，分以雙目喻之；上古神話，三代謠歌，若豕之鼻口。兩漢文學，「槽頭肉」也，功能大於內容。晉唐高蹈，各為左右二前胛。天水一朝，眾體皆備，譬之「豬肚」。元明與清，兩後腿者。晚近，豕尾也，短小恰靈活無比。聞者大噱，問曰：現當代文學為何？不能應矣，或答：非豕也，舉座更大笑不能止。

　　述「經學」史之《詩》，「文學」史之《詩》如此，可見三百零五詩篇為吾國最可驕傲之「經典」似無異疑。而本文即以「詩三百」存活於另一時代之情狀為考察範疇，時限為明清鼎革起迄至新時期，即1644～1976年。本文題取「清代詩經學研究」，乃以甲申國變至道光朝為研究主體，之前明遺民，之後晚近現代輔之，此謂名實符而不符者；本文雖名曰「清代詩經學研究」，然本文不囿於經學史述論，故屬詩經學史者為上編，而下編則以清代詩經學為視角研討清代文學中《詩經》之存活狀態，清代詩經學與清代文學理論之相關問題述論一併歸諸此編，清代詩經學與清代文學、文學理論關係密切，故合而論之方能透徹描述清代詩經學諸問題，此謂名實不符而符者；符與不全相符之間，緣由本文研究方法。

一、一部經典——《詩經》——存活於另一時代之考察

　　今人葛兆光於《中國思想史》「導論」中云：「至今，思想史仍是一個難

以把握的領域，……比如它與社會史、文化史常常需要共享一些知識和文獻，於是它們又總是要產生『影像重疊』，比如它與政治史、經濟史常常要建立一種互相詮釋的關係，於是它們又總是要『互爲背景』，甚至產生了到底誰籠罩誰、誰涵蓋誰的等級秩序問題。」〔註1〕誠然，思想史寫作如此，學術史寫作亦可如斯觀。

如今學術史之著已成熱點，以此爲題作碩博士論文者亦不在少數。而所憾者，多文獻學視角作學術史，作者多屬歷史學科。以博士論文爲例，如與愚同題者何海燕《清代〈詩經〉學研究》（華中師範大學，2005 年），所屬專業：歷史文獻學。如陳嫩生《戴震詩經學研究》（浙江大學，2005 年），所屬專業：古典文獻學。

經學史爲學術史一支，作者亦多史家，所作文獻豐贍取勝。以此法作「三禮」學史、「春秋」學史、「易學」史，似可稱手，而以此作詩經學史，則恐難圓賅。

故，本文旨在於研討《詩經》於有清一代之存活狀態，以《詩經》研究之經學文本爲主體。經學常爲政治所挾持。剖析詩經學甚或經學與政治之關係，必當依據歷史事實之排比，譬如宋學與漢學之爭，古文今文之爭，皆由政治變踞而起。所爭者政治利益而已，政治利益決定學術祈向，古今皆然。

清代詩經學漢宋之爭，古今文之辨均受「春秋學」之波及，此謂本文所關注之同中有異。錢師仲聯論及「研究清詩要把握住個性」云：「通過個性不同比較，內部外部之間，看出名堂，比出個性。」〔註2〕詩經學史置於經學史中有其相對獨立系統性，其與春秋學、三禮學、易學之學術史關聯不甚緊密，而其之複雜性在於與文學及文學理論發展關聯緊密。

本文探討漢宋學更迭則以朝野離立爲基點，清代前期之朝野崇宋崇漢與乾嘉時期性質相異，輔以詩歌宗宋宗唐爲參照，大致描述清楚此二百餘年間學術之漢宋對壘中發展與詩歌之唐宋互詆中融合歷程。

《詩經》非惟存活於經學文本，《詩經》存活於文學文本之考察爲愚本文一新視角。後世文學襲神取貌於「詩三百」而成當代作品，自兩漢魏晉迄今皆然，本文由神、貌兩途入手，仔細考察「詩三百」於清代文學中之積澱狀態。指出其亂世作者取變風變雅之神韻，盛世詩人倡正風正雅之詩教。

〔註1〕葛兆光：《中國思想史》，「導論」，頁六十八，復旦大學出版社，2001 年版。
〔註2〕錢師仲聯：《錢仲聯講論清詩》，頁二，魏中林整理，蘇州大學出版社，2004年版。

　　作爲經學之《詩經》存活於某一特定個體之詩經學著作，本文研討則以綜論、個案結合之法詳他人所略略他著所詳。行文則用互參互補法，一命題出現於不同章節，分論其命題所因之方面，甚或有因此而自亂其例者，如論魏源之詩經學成就，即屬此例。史著訂例新謹而不死守其例，論自史而出，方能妥貼。

　　詩經學之經學文本與文學文本皆與特定政治時代相關聯，「詩終究同時代脫不了關係，與政治也脫不了關係。」〔註3〕故本文考察《詩經》存活狀態之立足點爲朝野離立之士人心態解析，由此而解讀《詩經》存活之經學文本與文學文本，其解讀焦點爲某一特定之士人個體。

　　《詩經》亦存活於清代文學理論著述中，本文截取詩話與論詩絕句兩種文本形態分類縷析，此爲《詩經》存活於清代理論文本。《詩經》爲後世評詩論文之權輿，由此述論可見得清代文學理論常受忽視之側面。

二、系統：生態、心態、形態

　　錢師仲聯自述研究方法歸納爲「兩句話」：「文學活動、社會現象，是聯繫到各個方面的，是要以有機聯繫的系統來對待的。」〔註4〕本文系統考察則從生態、心態及形態三者出發，以具體人、發展（活動）人、複雜人爲對象描述詩經學此四世紀之發展軌跡。

　　今人陳玉蘭歸納文學生態爲：「以文學活動爲中心，讓創作主體、作品本體、接受主體這些互相關聯的因素，按邏輯序列作出動態組合的一個整體。」〔註5〕而愚以爲學術史之生態考察，當將具體學人置於社會具體事件中考察其學術成就。如道光朝詩經學轉折期之「毛詩」研究者馬瑞辰、胡承珙與陳奐，雖同治「毛詩」，而其際遇之不同，成就雖不相上下卻存微異。故本文將馬氏作爲轉折期之代表，胡、陳二人均以個案研究表出。

　　本文研討明遺民詩經學開啓之功，則更爲著重其生態變化，其於詩經學經學研究及用《詩》入詩之亡國之痛故國之思，均由此而得清晰。

　　心態，即個體之人格、心理及其審美取向，亦包含創作時之及時情緒。

〔註3〕錢師仲聯：《錢仲聯講論清詩》，頁一一四。
〔註4〕錢師仲聯：《錢仲聯講論清詩》，頁一七一。
〔註5〕陳玉蘭：《清代嘉道時期江南寒士詩群與閨閣詩侶研究》，頁一，人民文學出版社，2004年版。

學人之人格受閱讀經驗、人生經歷及社會政治合力影響，閱讀經驗爲構成文化人格之主要因素，楊師海明曾論曰：「自古以來的我國文化人，當然都讀過許多書。故從一定意義上說，他們的思想觀點、人生理念乃至生活情趣、審美心理，就在很大程度上是通過讀書而獲得的。在他們所讀的眾多書籍中，自然又以儒家經典和以儒家思想爲指導思想的政史類著作顯得最爲重要。通過數百代人對這些著作的學習和傳授，這就鑄成了整個封建士大夫文人的群體文化人格。」〔註6〕逢於國變，清初士人存朱明正宗者多有詩經漢學思想，其文化人格之考察爲本文立論之基也。如論顧炎武用《詩經》語詞之例，如剖析毛奇齡何以毀版而之後仍持漢學家言論者，皆有心態分析所得也。

形態指文本形態，本文所研討指文本形態大略有：歷史文本、經學文本、文學文本、理論文本四種。歷史文本指各類歷史文獻，此類形態文本旨在提供述論基石，論由此而出便不致空泛。經學文本即所考察之詩經學著述，此爲本文考察主體。文學文本爲清代詩詞文集，此既可作爲立論之補充，亦可作爲《詩經》文學存活狀態之立論語料。理論文本即文學理論之著述，本文考察者二：詩話、論詩絕句。論詩絕句之解讀非從文學藝術角度分析，乃視其爲文學主張體現之文本，其文本性質非作爲文學解讀之絕句，乃作爲理論感發之文本。

將其「三態」落實至一具體士人，將其視爲發展、變化、複雜之人考察其詩經學實踐及其後世之影響，如毛奇齡詩經學成就解剖及以此成說，再如梁啓超詩經學成就之研究更著眼於其複雜發展立論。

學術史之作當以社會史、政治史、文學史、文學理論史、哲學史、思想史爲背景，將某一學術命題作系統考察。以生態考察爲基點，以心態考察爲手段，以形態考察爲視角，將某一具體學術命題還原至當時代作全景式描述。回到詩經時代讀詩經，回到清代述論清代詩經學史。

清代詩經學史爲清人筆端心際之《詩經》所投射影子，或以四言詩形式出之，或以標舉風騷之理論文本出之，或隱於多姿詩行，或現於經學著述，本文均綜而論之。

本文有尚待深入研討之命題，如清代詩經學史描述之獨立性特徵，即其與春秋學史、論語學史、諸子學史、易學史、「三禮」學史之同中之異未能更爲詳論。再如與清代文學理論諸命題發展之內在繫聯之探討亦不能算深入，

〔註6〕楊師海明：《唐宋詞與人生》，頁五，河北人民出版社，2002年版。

此於學術史述論「詩經學」史獨特性展示而言爲重要命題，本文有所關注與嘗試，然，尚欠深入申論。又如未能以某一具體士人爲個案作其爲詩人、學人、詩歌宗派祭酒諸複雜身份爲背景，以詩經學爲切角作綜合系統之社會學析論。如此之類，願俟來日完足充實之。

上編　清代詩經學綜論

第一章　清代詩經學及其研究概述

　　誠如王國維所云：「凡一代有一代之文學」〔註1〕，學術亦然，一代有一代之學術！戰國學派林立，諸子爭鳴；秦漢漸趨一宗，儒辯古今；晉唐內外合流，談玄疏經；趙宋理學凸現，疑古風行；元明學涉世俗，心學逸出；曼殊乾嘉樸學，考據義理。諸子學爲自己，漢學辨明禮制，玄學各騁性情，理學專注聖王，心學直面人性，樸學實事求是。所謂諸子學、漢學、玄學、理學、心學及樸學，皆一代之學術也！

　　經學爲古代學術一貫之主流，自戰國秦漢至晚清波瀾迭起蔚爲壯觀，漢學主體爲經學，兩漢之後遂爲各代學術之底色。詩經學爲經學一支流，清代詩經學爲古代詩經學終曲，清代詩經學自有其詩經學「一代」之特徵。本章將略述清前詩經學之發展，旨在述論清代詩經學之概況及其研究現狀。

第一節　清前詩經學概述

　　論詩經學發展者嘗分五期：先秦詩學、詩經漢學、詩經宋學、詩經清學、現代詩經學。〔註2〕便於敘述，愚則徑冠以朝代名分七期：先秦詩經學、秦漢詩經學、晉唐詩經學、宋元詩經學、明代詩經學、清代詩經學、現代詩經學。詩經學進程與學術史發展並不盡同波共曲，故其分期與學術史分期亦不盡相同。

〔註1〕王國維：《宋元戲曲考》序，《王國維遺書》，第九冊，上海書店，1996年版。
〔註2〕洪湛侯：《詩經學史》，頁三至四，中華書局，2002年版。洪先生分漢至唐爲詩經漢學，宋至明爲詩經宋學。認爲：先秦詩學注重應用，詩經漢學注重訓詁，詩經宋學注重義理，詩經清學注重考據，現代詩經學以文學研究爲特徵。

於此則略述清前詩經學軌跡。

先秦詩經學　肇始於「詩」結集而成「詩三百」，終於秦廷燔火，一尊儒術。嬴政焚書既爲先秦學術終點亦爲秦漢學術起點。

詩樂起於何時？殆不可考，上古歌謠「擊壤」諸篇當屬其一端，結集而傳二千餘載者「詩三百」也。「詩三百」爲吾國首部樂（詩）歌總集世無異議，而「詩三百」何時結集則眾說紛紜。

朱自清於《經典常談》〔註3〕中論《詩三百》成於樂工之手，「樂工」典籍中或稱「太師」，此幾成近現代詩經研究者「比較一致的看法」。〔註4〕結集時間約在春秋，《左傳・襄公二十九年》「季札觀樂篇」所載季札所觀之「詩」（樂）之「國風」與今本《毛詩》「國風」大致相同，〔註5〕「雅」已分小大，「頌」不得而知。

孔子「（吾）自衛返魯，然後樂正，雅頌各得其所。」〔註6〕孔子整理「詩三百」應無疑，其整理重點在「雅」「頌」，與「雅」「頌」同時對照整理者：「樂」！「國風」本自由調，民間歌謠，無鐘鼓琴瑟伴奏，徒歌而已，〔註7〕故無勞孔子「正」矣，亦無所謂是否「各得其所」。「雅」「頌」與「樂」在天子諸侯大夫之堂，鐘鼓琴瑟，扮「尸」舞蹈，獻詩於庭，演樂於堂，皆尊禮有制。春秋時禮崩樂壞，「雅」「頌」「樂」不能得其所，故孔子「正」此三者。「樂」疑爲已佚之《樂經》，爲與《雅》、《頌》對應之演奏曲譜，〔註8〕此處當爲《詩》《樂》對舉。所謂「各得其所」非「《雅》歸《雅》，《頌》歸《頌》」，當爲《樂》中之「雅」與《詩》中之「雅」相得，《樂》中之「頌」與《詩》

〔註3〕朱自清：《經典常談》，《朱自清全集》，第六冊，詩經第四，江蘇教育出版社，1999 年出版。

〔註4〕洪湛侯：《詩經學史》，頁十七。

〔註5〕杜預：《春秋經傳集解》，頁一一二一，上海古籍出版社，1988 年版。季札所觀「詩」之「國風」次序與今本《毛詩》「國風」次序有所不同，十四「風」名稱一致，且「雅」分小大，可見當時有結集本，內容亦大致相同，而此時孔子已八歲。

〔註6〕《論語》：「子罕」篇，楊伯峻：《論語譯注》，頁九十二，中華書局，1983 年版。

〔註7〕楊蔭瀏：《中國音樂史稿》，第三編第四章，人民音樂出版社，1980 年版。

〔註8〕愚按：《樂經》若爲與《詩經》、《尚書》一類之文字典籍，且始終爲教材，其先亡佚，殊不可解！故疑爲吾國首部樂譜總集，與樂歌之《詩經》總集比對而行於詩樂不分之時代，詩樂分離，樂工於諸侯天子之庭散出，《樂經》遂亡。今不得見春秋時記譜方法，亦無相近文獻出土佐證，愚心有此一疑而已，存此供通人一笑。

中之「頌」相得，所謂「樂正」當指此而言，故此句應標點爲「然後《樂》正，《雅》《頌》各得其所。」似更妥貼。可見，孔子整理《詩》（「詩三百」）重點爲《雅》《頌》，且與《樂》中《雅》《頌》之曲譜同時整理，比對成一完整詩樂系統。

孔子論「詩」云：《詩三百》，一言以蔽之，曰：思無邪！〔註9〕「思無邪」出於《詩經・魯頌・駉》，原意「無邊」，〔註10〕後世之儒遂開倫理之口：「詩之爲體，論功頌德，止僻防邪，大抵皆歸於正。」〔註11〕眞「六經注我」也。愚以爲，孔子以《詩三百》爲百科全書，故論云：「思無邪」，內容思想眞無邊無際！故又曰：「不學《詩》，無以言」（《論語》：「季氏」篇），「《詩》可以興，可以觀，可以群，可以怨，邇之事父，遠之事君，多識於鳥獸草木之名」（《論語》：「陽貨」篇），《詩三百》無所不包，內容思想功能均廣泛無邊，陳澧曰：「詩兼四科」〔註12〕（四科者：德行、言語、政事及文學）似亦可作一注腳耳。〔註13〕

孔子論《詩》其餘方面歷來述論發微以至著作難以計數，愚無「新」得可陳，茲略。孟荀莊三家論《詩》，將由「清代詩經學與諸子學」別爲文詳述，此亦不贅。

先秦詩經學不可不述者：《左傳》用「詩」（包括引「詩」與賦「詩」）。《左傳》涉及今本《詩經》者百二十篇，〔註14〕其中引「詩」百八十五篇次，賦「詩」七十六篇次。賦詩起於僖公二十三年（公元前637），終於定公四年（公元前506），歷時百三十一年；引詩起於隱公元年（公元前722），終於哀公二十四年（公元前471），歷時二百五十一年，幾與春秋始終。引詩之例類於後來《韓詩外傳》，用詩論事證史議人表達意見情感立場而已。

春秋時，詩經學正處於孕育期，並無完整系統，「詩三百」中篇章僅爲政治活動中一種表達方式，「用詩」是其主要特徵。

戰國至秦焚書爲詩經學之低谷。戰國諸子儒家孟荀等之外，墨道法三家諸子於「詩」均多譏言貶詞，老子莊子墨子集中談「詩」之時語多不屑，極

〔註9〕《論語》：「爲政」篇，頁十一。
〔註10〕于省吾：《澤螺居詩經新證》，頁百七十，中華書局，1982年版。
〔註11〕邢昺：《論語注疏》，「四部精要」本，第二冊，上海古籍出版，1992年版。
〔註12〕陳澧：《東塾讀書記》，卷六，愚家藏光緒初刻本。
〔註13〕論「思無邪」非此重點，愚有他文詳爲討論，此謹簡陳結論云云。
〔註14〕參見王清珍：《〈左傳〉用詩研究》，博士論文，北京大學，2003年。

力抨擊詩書者法家諸子也。其先如商鞅曰：「雖有詩書，鄉一束，家一員，獨無益於治也。」〔註15〕《韓非子》於「外儲說左上」、「說林上」等篇中於儒家「詩」之經義肆意顛覆，斥爲「愚蠢」「荒唐」〔註16〕李斯於新秦掌權後便上書請求焚《詩》《書》：「臣請史官非秦紀皆燒之。非博士官所職，天下敢有藏《詩》《書》百家語者，悉詣守、尉雜燒之。有敢偶語《詩》《書》者棄市。以古非今者族。吏見知不舉者與同罪。令下三十日不燒，黥爲城旦。」〔註17〕詩經學顯流斷絕，少數官士（博士）政府許可仍有傳習，民間口耳相傳偶有暗流脈動，詩經學遂跌入低潮。

秦漢詩經學　秦成一統，焚書坑儒，詩書毀之十九，幸二世而終，《詩》學幾無可述者。

秦滅漢興，復成又一統一帝國，「馬上得之，馬下治之，」武雄文治，詩經學遂眞正誕生，並矗然爲首座高峰，中國經學史眞正誕生，繼此而綿延二千餘年成爲中國學術以至中華文明之奇葩。漢前詩經學爲「詩」學，前文未加區別，行文便宜耳，特此說明。

漢襲秦制設博士，經學立於官學。諸經中《詩》最早立於博士。「後漢翟酺曰：『文帝始置一經博士。』考之漢史，文帝時，申公、韓嬰皆以《詩》爲博士，『五經』列於學官者，唯《詩》而已。景帝以轅固生爲博士，而餘經未立。武帝建元五年春，初置『五經』博士。」〔註18〕建元五年爲公元前 136年，此前列於官學者唯《詩》而已，且唯今文《詩》而已。古文《毛詩》僅民間流傳，西漢未立學官，自相傳授，謂爲私學。

「漢之博士，實兼官師之職，綜政教之權，與周之以司徒掌邦教，秦之以吏爲師，其制略同。」〔註19〕可見「所謂某經立於學官，實際相當於朝廷審定的教本」，〔註20〕故，三家今文《詩經》爲漢代國家官學教材。自魯殿孔壁古文書出，「武帝末，魯共王壞孔子宅，欲以廣其宮，而得『古文』《尚書》

〔註15〕　商鞅：《商子》「農戰」篇，《尚君書注譯》，高亨，中華書局，1974 年版。
〔註16〕　劉毓慶、郭萬金：《戰國反《詩》學思潮與詩學危急》，《濟南大學學報》，頁三十七 2005 年第 2 期。於戰國時期詩經學此文與《戰國時期〈詩〉學中心的轉移與漢四家〈詩〉學的形成》（《文史哲》，2005 年第 1 期）所論極有新意。
〔註17〕　司馬遷：《史記》，卷六，「秦始皇本紀」，頁二五五，中華書局，1975 年版。
〔註18〕　王應麟：《困學紀聞》，卷八，「經說」，遼寧教育出版社，1998 年版。
〔註19〕　馬宗霍：《中國經學史》，第六篇，上海書店，1984 年版。
〔註20〕　洪湛侯：《詩經學史》，頁一零八。

及《禮記》、《論語》、《孝經》凡數十篇，皆古字也。」〔註21〕復有民間所獻河間淮南二王及劉歆諸人所發掘之古文經，〔註22〕古文毛詩或傳於民間，或立於河間博士〔註23〕，或藏於宮中秘庫無人講授，以今視之，古文《毛詩》類乎地方教材或輔導教材，終西漢之世，未得立於官學，章帝時方允許公開授徒，東漢末方立爲官學。

　　「三家詩」與「毛詩」古今文之別非僅限於文字異體，雖「（古文今文者何？）在漢以科斗、篆文爲古，隸書爲今」〔註24〕，而孔壁古書一經漢儒傳鈔，抑或亦有以隸書鈔錄古文字經書者，書體與壁經相異，而篇次內容相同，此亦當屬古文經。故，章太炎先生論古今文經文字之異涵蓋字體與篇章兩端，〔註25〕而其所云「典章制度與事實之不同」則爲師承各異所致也。所謂師承，各大師經說，即成師法，師弟傳授，專守一家，稱家法。古今文經《詩》之不同核心當爲師承說經思想之異，大體言之或如李學勤所說「漢代的今古文兩家，本有不同的學術傾向。用現在的話來說，今文家重義理，傾向於哲學，古文家重考證，傾向於歷史。」〔註26〕抑或如周予同所云：「不僅在於所書寫的字，而且字句有不同，篇章有不同，書籍有不同，書籍中的意義有大不同；因之，學統不同，宗派不同，對於古代制度以及人物批評各各不同；而且對於經書的中心人物，孔子，各具完全不同的觀念。」〔註27〕研討兩漢古今文《詩》學之同異，劉立志博士論文《漢代〈詩經〉學及其淵源考論》第三章「《漢代〈詩〉學經學史系統考察》」所論極詳。〔註28〕

〔註21〕班固：《漢書》，第六冊，「藝文志」頁一七零六，中華書局，1975年版。

〔註22〕班固：《漢書‧河間獻王傳》、《漢書‧淮南王傳》、《漢書‧藝文志》、《漢書‧儒林傳》。

〔註23〕河間獻王曾立《毛詩》博士，景帝初取消。

〔註24〕江藩：《經解入門》，頁十六，天津市古籍書店，1990年版。

〔註25〕章太炎：「經今古文之別有二：一、文字之不同；二、典章制度與事實之不同。何謂文字之不同？譬如《尚書》，古文篇數多，今文篇數少，今古文所同有者，文字又各殊異，其後愈說愈歧。」參見：《經學略說》，《國學講演錄》，頁五十五，華東師範大學出版社，1995年版。

〔註26〕李學勤：《重新估價中國古代文明》，《李學勤集－－追溯‧考據‧古文明》，頁二十三，黑龍江教育出版社1989年版。

〔註27〕周予同：《經今古文學》，朱維錚編《周予同經學史論著選集》（增訂版），頁二，上海人民出版社1996年版。

〔註28〕劉立志：《漢代〈詩經〉學及其淵源考論》，博士論文，南京師範大學，2002年。

　　毛《詩》獨行之前，三家《詩》爲官學，三家者魯、齊、韓。

　　魯《詩》最早，《漢書・藝文志》：「漢興，魯申公爲《詩》訓故，而齊轅固、燕韓生皆爲之傳。」〔註29〕申公，申培，魯人，受《詩》於浮丘伯，《史記》有傳。〔註30〕《漢書・藝文志》「六藝略」：《魯故》二十五卷，《魯說》二十八卷。《魯故》即申公所作《詩》訓詁，《魯說》爲其弟子韋、張、唐、褚、許諸氏之說。〔註31〕魯《詩》盛於西漢，元帝後齊《詩》方超乎其上。魯《詩》主「四始」之說，〔註32〕以此爲「全《詩》之裘領，禮樂之綱紀。」〔註33〕趙茂林於其博士論文《兩漢三家〈詩〉研究》述曰：「《魯詩》『四始』實際標示出了《詩經》的四大主題，即婚姻與戀愛、養賢、仁德、祭祀先祖，可以說是《魯詩》學者對《詩經》內容的概括和初步分類。《魯詩》學者對《詩經》的內容進行概括和分析，初步分出四類，並結合秦漢之際儒學的理論成果，爲其注入理論內涵，這樣，『四始』概念就成爲漢初重要的《詩》學理論範疇。」〔註34〕所論甚確。魯《詩》佚於西晉，僅《石經・魯詩》傳於世，石經魯《詩》殘碑也，不足二百字。〔註35〕劉歆司馬遷習魯《詩》，西漢皇帝中武昭元哀皆習魯《詩》。

　　齊《詩》景帝時立於博士，由齊人轅固所傳。《漢書・藝文志》著錄：《齊后氏故》二十卷，《齊后氏傳》三十九卷，《齊孫氏故》二十七卷，《齊孫氏傳》二十八卷，《齊雜記》十八卷等。西漢大儒董仲舒習齊《詩》，所著《春秋繁露》稱引詩說爲齊《詩》，堪爲兩漢守齊《詩》家法中翹楚，成就高於《漢紀》、《易林》、《鹽鐵論》諸作。轅固倡言「湯武受命」，切中劉邦心懷，故，齊《詩》儒生多能據要津，《漢書・儒林傳》云：「轅固，齊人也。以治《詩》孝景時爲博士。……諸齊以《詩》顯貴，皆固之弟子也。昌邑太傅夏侯始昌最明。……（后蒼）事夏侯始昌。始昌通《五經》，蒼亦通《詩》、《禮》，爲博士，至少府，授翼奉、蕭望之、匡衡。奉爲諫大夫，望之前將軍，衡丞相皆有傳。衡

〔註29〕班固：《漢書》，《詩》訓詁，又作《詩訓詁》。
〔註30〕司馬遷：《史記・儒林列傳・申公列傳》。
〔註31〕王先謙：《詩三家義集疏》，「序例」，頁五。
〔註32〕四家《詩》皆有「四始」之說，參見：洪湛侯：《詩經學史》，頁百三十九至百四十二。
〔註33〕魏源：《詩古微》，頁四十六，嶽麓書社，1989年版。
〔註34〕趙茂林：《兩漢三家〈詩〉研究》，頁百五十九、百六十，揚州大學，2004年。
〔註35〕王應麟：《詩考》輯錄。

授琅邪師丹、伏理斿君、潁川滿昌君都。君都爲詹事，理高密太傅，家世傳業。丹大司空，自有傳。由是《齊詩》有翼、匡、師、伏之學。滿昌授九江張邯、琅邪皮容，皆至大官，徒眾尤盛。」〔註36〕齊《詩》派別眾多，翼奉一派最顯，以六情十二律說詩，學據陰陽災異，創四始五際六情之說，陰陽五行讖緯神學相容一體，齊《詩》遂彌漫迷信色彩，新莽時，齊《詩》學者多投王氏集團，齊《詩》盛矣！後光武雖好圖讖，齊《詩》卻一蹶不振。伏湛、班固、馬援皆西漢齊《詩》名家，齊《詩》亡於魏，爲三家《詩》中最早亡佚者。

韓《詩》起於西漢，未得勢，東漢極興盛。韓《詩》因傳授者韓嬰得名，《漢書・儒林傳》云：「韓嬰，燕人也。孝文帝時爲博士，景帝時至常山太傅。嬰推《詩》人之意，而作《內》、《外傳》數萬言，其語頗與齊、魯間殊，然歸一也。淮南賁生受之。燕、趙間言《詩》者由韓生。」〔註37〕《漢書・藝文志》另著錄：《韓故》三十六卷，《韓說》四十卷等。東漢韓《詩》名家薛漢父子合作《薛君韓詩章句》，原書已佚，清人馬國瀚有輯本兩卷。東漢明帝習韓《詩》，韓《詩》由統治者倡導而極盛可知矣。韓《詩》亡於北宋，今傳《韓詩外傳》，當爲隋唐兩代韓《詩》學者之補充修改本。〔註38〕「《外傳》之文，記夫子之緒論，與《春秋》雜說，或引詩以證事，或引事以明詩，使爲法者彰顯，爲戒者著明，雖非專於解經之作，要其觸類引申，斷章取義，皆有合於聖門商賜言詩之意也。」〔註39〕

毛《詩》傳始於大小毛公，大，毛亨；小，毛萇。毛亨著《詩故訓傳》，即《毛傳》。毛萇趙人，受《毛傳》，成河間獻王博士。東漢之降，三家《詩》相繼衰微而亡，毛《詩》獨存，今見《詩經》通行本爲毛《詩》。而今本毛《詩》則是鄭箋孔疏阮定本，即「十三經」阮元校訂本。毛《詩》史實守《春秋》「左氏之傳」，典章禮制尊《周禮》之述，訓詁文字本《爾雅》之義。重「聖道王化」，「不語怪力亂神」，持「溫柔敦厚」之教。

兩漢毛《詩》功臣首屬毛萇，次爲劉歆，再爲衛宏馬融，成於鄭玄。鄭玄，字康成，北海高密人，從茂陵馬融受學。馬融開古今文融合之例，守古

〔註36〕班固：《漢書》，頁三六一二、三六一三。
〔註37〕班固：《漢書》，三六一三。
〔註38〕夏傳才：《詩經研究史概要》，頁七十五。
〔註39〕陳喬樅：《韓詩遺說考》。

文師法，兼採今文，後人有「混淆家法」之評。〔註40〕鄭玄繼以此法「箋」《毛傳》，成《毛詩鄭箋》，爲詩經學史第一高峰！〔註41〕鄭箋爲兩漢經學謝幕之驚豔，「鄭學雖盛，而漢學終衰。」〔註42〕

晉唐詩經學　魏奪漢室，三國歸晉，李唐疾替短命之隋，近八百年間，詩經學由激勵論爭而歸於「正義」。秦漢四百四十年，開始時經學即與政治相沉浮，論爭蜂起，其要者：今古文之爭。魏晉南北朝三百七十年詩經學亦與政治起伏，而論爭愈烈！鄭學王學之爭，南學北學，由經解而義疏，由儒士紛爭之說而欽定標準之本，晉唐詩經學有其獨特面貌而非漢學詩經所能含括。

魏晉南北朝詩經學著述張可禮教授〔註43〕與孫敏碩士論文〔註44〕述之甚詳，考辨亦謹，愚於此並無多得，不贅。

王學鄭學之爭起於王肅，《三國志・魏書》有傳。王肅，東海王朗之子，大將軍司馬昭其婿也。《隋書・經籍志》著錄：《毛詩》，三十卷，王肅注；梁有《毛詩》二十卷，鄭玄、王肅合注；《毛詩義駁》，八卷，王肅撰；《毛詩奏事》，一卷，王肅撰；梁有《毛詩問難》，兩卷，王肅撰，亡。《毛詩注》應是王肅早年著述，其注附於「鄭箋」之後，疑爲隋前人所合排印，非二人合著，亦非別爲之注；〔註45〕《毛詩義駁》、《毛詩奏事》、《毛詩問難》三書宋前均亡，清人馬國瀚有輯本，黃奭亦輯有《毛詩王氏注》一卷。王肅晚期恪守古文毛詩家法，斥三家《詩》，極力駁難「鄭箋」，藉司馬氏政治勢力一度立於學官成爲主流，鄭學派人物如王基諸輩起而論戰，延綿至今達百餘年。

南學北學雖未論敵，然學風各異。「南人約簡，得其英華；北學深蕪，窮其枝葉。」〔註46〕南朝詩經學者如：雷次宗、徐廣、孫暢之、阮珍之、周續之、崔靈恩、何胤、伏曼容、顧越諸人；北朝詩經學者如：徐遵明、劉獻之、

〔註40〕章權才：《兩漢經學史》，頁二百五十，廣東人民出版社，1990 年。

〔註41〕夏傳才：《詩經研究史概要》，頁八十五。

〔註42〕皮錫瑞：《經學歷史》，頁百四十一，中華書局，1989 年版。

〔註43〕張可禮：《三國時期〈詩經〉學者著述敘錄及其啓示》，《山東大學學報》，2003 年第 2 期。

〔註44〕孫敏：《六朝詩經學研究》，碩士論文，揚州大學，2001 年，全國優秀碩士論文庫。

〔註45〕戴維：《詩經研究史》，頁百八十一。

〔註46〕《隋書・儒林傳》，《北史・儒林傳》曰：「南人約簡，得其英華；北學深蕪，窮其枝葉。考其終始，要其會歸，其立身成名，殊方同致矣。」

李業興、劉軌思、劉芳、李鉉、沉重、熊安生諸人。以崔靈恩與徐遵明爲南北朝詩經學之傑出者，崔撰《毛詩集注》二十四卷。〔註 47〕約言之，南朝專主毛傳，北朝兼用毛鄭，微別也，而置於經學史考察，則南學各守家法甚謹嚴，北學兼採各家略寬宜。

一如戴維所論：「《詩經》研究到南北朝，南學與北學繼續對峙。南學簡約，只說詩的大義，引入玄學清談的風氣；北學精深，但也只對《毛詩》進行拾遺補漏的工作，《詩經》研究進一步衰弱，經義互異，家派林立，與當時的政局一樣，也是一種分崩離析的局面，但當時有一個新的研究趨向，即博物學的發展，雖說這也是一種拾遺補漏的繼續，但究竟爲一種新的研究方向，可以看作南北朝時期《詩經》研究的另一特色。」〔註 48〕

陸璣作《毛詩草木鳥獸蟲魚疏》二卷，《隋書・經籍志》有著錄，陸璣吳郡人，字元恪，吳太子中庶子，曾任烏程令。傳之前有《毛詩草蟲經》一種，開經學博物研究風氣，「陸疏」於此書有引述。「陸疏」之功非惟詩經學博物研究開創，亦功在導引其它經典博物研究，如「楚辭學」博物研究即徑範例於「陸疏」。惜今之詩經學研究者尚未足夠重視「陸疏」研究。

魏晉南北朝詩經學受玄學之影響典籍所載不乏譚玄之氣，文學審美言語取資，詩經學玄學化可見一斑。《世說新語・文學》「謝安問《毛詩》何句最佳」篇：「謝公因子弟集聚，問毛詩何句最佳？遏稱曰：『昔我往矣，楊柳依依；今我來思，雨雪霏霏。』公曰：『訏謨定命，遠猷辰告。』謂此句偏有雅人深致。」〔註 49〕，《晉書・王凝之妻謝氏》：「叔父安嘗問：『《毛詩》何句最佳？』道韞稱：『吉甫作頌，穆如清風；仲山甫永懷，以慰其心。』安謂有雅人深致。」〔註 50〕「雅人深致」本以玄語論詩。《世說新語・言語》「張天錫答『北方何物可貴』」篇及《世說新語・排調》「習鑿齒、孫興公相互刺譏」篇〔註 51〕均以詩經句爲譚玄語資云云。

隋國祚短，詩經學亦不盛興，惟「二劉」可成名家。劉焯劉炫並稱「二劉」，焯所著《毛詩義疏》〔註 52〕，炫所著《毛詩述義》爲「孔疏」張本。

〔註 47〕王懷宜：《〈毛傳〉本體研究》，頁四，復旦大學出版社，2006 年版。
〔註 48〕戴維：《詩經研究史》，頁二百三十三，二百三十四。
〔註 49〕余嘉錫：《世說新語箋疏》，「文學」，中華書局，1983 年版。
〔註 50〕房玄齡：《晉書》，頁二五一六，中華書局，1975 年版。
〔註 51〕余嘉錫：《世說新語箋疏》，「言語」，「排調」。
〔註 52〕謹按：此著一作《毛詩述議》，爲其《五經述議》一種。

　　唐貞觀十六年（642 年），國子監祭酒孔穎達「年已耄老」奉詔編「五經正義」，王德韶齊威諸氏「分治」《毛詩》，書成「標題孔穎達一人之名者，以年輩在先，名位獨重耳。」〔註53〕

　　《四庫全書總目》評曰：「其書（《毛詩正義》）以劉焯《毛詩義疏》、劉炫《毛詩述義》爲稿本。故能融貫群言，包羅古義，終唐之世，人無異詞。」〔註54〕《毛詩正義》恪守「疏不破注」，取材廣，造詣深，《詩》學至唐定於一尊，〔註55〕由國家頒佈爲統一標準教材，彼時，科舉制設明經進士兩科，「毛疏」爲科考之衡本，士子毋須以己之思精研《詩經》（「毛詩」），但求熟習《毛詩正義》，則干祿可望矣。故《毛詩正義》之出，標誌唐詩經學結魏晉南北朝經學紛爭之局，詩經學亦邁進一新階段。《毛詩正義》與《毛傳》詩經學意義價值可視同埒，《毛傳》出，天下治《詩》者無不習之，《毛詩正義》出，天下士子無不手鈔目誦以至爛熟於心。而《毛詩正義》訓詁學文獻學詩經學之價值意義尚未得充分研究，洪湛侯諸氏詩經學通史中論述大多簡要，至今未見專門研究之著。

　　劉勰《文心雕龍》鍾嶸《詩品》論《詩經》爲後代詩經詩話之濫觴，限於篇幅，茲略。

　　宋代詩經學　宋代「理學」爲其一代之學術，經學之理學化傾向在所難免，詩經學則與理學未形成一統官方哲學之前先有疑經改經之風，理學形成後由朱熹完善之「淫詩說」成爲新變。

　　疑經之風起於唐人，劉知幾、啖助、趙匡、陸淳、韓愈、柳宗元均有疑古辨僞之作，疑經辨僞，學術史學者或稱爲思辨學風，盛於北宋，今人洪湛侯統計得近二十家。〔註56〕以疑經思辨學風爲基礎，以理學化傾向爲特徵，宋代詩經學此一主流風格亦有稱「詩經宋學」者，以與詩經漢學對舉，「漢、宋詩經學之爭的關鍵在於是尊《序》還是廢《序》。」〔註57〕

　　歐陽修《詩本義》爲宋詩經學之開場鑼鼓，以文學家作詩經研究撰詩經學

〔註53〕皮錫瑞：《經學歷史》，頁二零二。《毛詩正義》亦稱《毛詩注疏》，或稱「孔疏」。

〔註54〕永瑢等：《四庫全書總目》，頁七十七，上海古籍出版社，「四部精要本」，1992年版。

〔註55〕王懷宜：《〈毛傳〉本體研究》，頁五。王氏之論可參。

〔註56〕洪湛侯：《詩經學史》，頁二八六、二八七。

〔註57〕檀作文：《朱熹詩經學研究》，頁一，「綱要漢、宋詩經學的異同」，學苑出版社，2004年版。

著作，歐陽修乃有《詩經》後千年第一人，今人有論其為「開拓詩經文學研究第一人」，確似的論。〔註58〕《詩本義》十六卷可作詩經研究叢書讀，為北宋詩經研究革新大纛。〔註59〕歐陽修論《詩》並不一味廢《序》，雖時有非毛鄭過失處，然質疑毛鄭舊說，以「論曰」破，以「本義曰」立，雖未形成完整詩經學研究體系思想，而其「據文求義」及「古今人情一也」二法立場明矣。〔註60〕

宋初歐陽氏以外，王安石、蘇轍二人詩經學成就亦有其特者，歐陽、王、蘇三家可三足鼎立成北宋詩經學之開局。王安石藉熙寧新政受詔作《詩經新義》，今人邱漢生輯為《詩義鈎沉》。〔註61〕《詩經新義》為「三經新義」一種，實由陸佃、沈季長作，熙寧八年竣，「一時學者，無敢不傳習，主司純用以取士，士莫得自名一說，先儒傳注，一切廢不用。」〔註62〕王安石以此經術資政令變革，故訓釋詩義時有穿鑿附會，然平心論之，《詩經新義》不傍舊解故說，不盲從序箋，自出新解，亦能求諸實際，〔註63〕惜今研究者尚未將其置於訓詁史詩經學史經學史中作綜合研究，其成就弊端亦未得公允評價，洪湛侯先生《詩經學史》所論甚中肯惜過於簡略。〔註64〕

蘇轍《詩經集傳》二十卷〔註65〕疑「序」僅採首句，釋詞簡要，多有創見。今人李文澤、楊然點校本又作《詩集傳》十九卷。〔註66〕朱熹評曰：「子由《詩解》好處多，歐公《詩本義》亦好。」〔註67〕

朱熹《詩集傳》為「宋學《詩經》研究的集大成著作，是《毛詩傳箋》、《毛詩正義》之後，《詩經》研究的第三個里程碑。」〔註68〕洪湛侯論《詩集傳》曰：不用《詩序》，就詩論詩；辯正舊解，闡發新義；間採三家，不拘門

〔註58〕蔣立甫：《歐陽修是開拓《詩經》文學研究的第一人》，《安徽師範大學學報》，頁六十七至七十一，2002 年第 1 期。

〔註59〕可參見洪湛侯：《詩經學史》，頁二九九。

〔註60〕陳戰峰：《宋代詩經學與理學》，博士論文，2005 年，西北大學，頁七十四至七十八，全國優秀博士論文庫。

〔註61〕王安石著，邱漢生輯：《詩義鈎沉》，中華書局，1982 年版。程元敏輯為《詩經新義稽考彙評》，刊於臺灣，惜未見。

〔註62〕脫脫：《宋史》，「王安石本傳」，頁一零五四一，中華書局，1975 年版。

〔註63〕王安石於「八月剝棗」條之解可視為實證精神一例也。

〔註64〕洪湛侯：《詩經學史》，頁三一二至三二三。

〔註65〕《郡齋讀書志》卷二著錄：「《蘇氏詩解》二十卷」。

〔註66〕曾棗莊、舒大剛主編：《三蘇全書》，第二冊，經部，語文出版社，2001 年版。

〔註67〕黎靖德：《朱子語類》第六冊卷八十，頁二〇九〇，中華書局，1994 年版。

〔註68〕夏傳才：《詩經研究史概要》，頁百四十四。

戶；注重義理，略於詁訓；反對煩瑣，力求簡明。〔註69〕今人專門之論如莫礪鋒檀作文諸氏均各有側重，愚雖有文討論其「淫詩說」，一隅之見而已，限於篇幅，於此不贅。

宋代詩經學由鄭樵《詩辨妄》倡「非序」繼而尊序非序貫穿南宋，廢序一派別有王質（《詩總聞》）、楊簡（《慈湖詩傳》），鄭王二氏或疑經非聖，或以樂說詩均爲南宋詩經學一時之傑也。尊序一派范處義（《食補傳》三十卷）、程大昌（《詩論》十八篇）爲代表。

南宋詩經學理學家呂祖謙注《呂氏家塾讀詩記》三十二卷，存元前詩經學文獻功不可沒，尤其宋代詩經學散佚文獻多賴其可窺一斑，其於宋代詩經學之意義不可謂小矣。

元明詩經學　蒙元以夷入主中原，初廢科舉，至元仁宗於皇慶二年（1313年）八月詔行科舉，其中考「經義一道，各治一經，《詩》以朱氏爲主，《尚書》以蔡氏爲主，《周易》以程氏、朱氏爲主，已上三經，兼用古注疏。」〔註70〕考何經義習何經義，如何考如何習，千餘年一貫也！元代朱子《詩集傳》一尊地位賴科舉而得保證。

蒙元一代，輔翼朱《傳》幾成八十餘年詩經學主體色調，「崇朱」「非朱」直至乾隆年間方告一段落。詩經學以至經學自始至終均有天子（最高統治者）牢控指針，經學（甚或學術）與政治始終起伏爲宇內外通則也歟？

《四庫全書總目》「詩經大全二十卷，明胡廣等奉敕撰」條云：「有元一代之說詩者，無非朱《傳》之箋疏，至延祐行科舉法，遂定爲功令，而明制因之。廣等是書亦主於羽翼朱《傳》，遵憲典也。」〔註71〕元代詩經學著述《四庫全書總目》著錄七種，以許謙、劉瑾、朱公遷、劉玉汝四家爲代表。

許謙著《詩集傳名物鈔》八卷，爲朱熹再傳弟子，師從金履祥、何基諸氏，服膺朱子，亦贊同王柏，常取朱王兩者互證。劉瑾著《詩傳通釋》二十卷，爲明《詩經大全》藍本。朱公遷著《詩經疏義》二十卷，劉玉汝著《詩纘緒》十八卷，均爲申發朱子義理，可見彼時起「朱子『詩學』作爲一種意識形態，開始籠罩民族的靈魂。」〔註72〕

〔註69〕洪湛侯：《詩經學史》，頁三六二。
〔註70〕宋濂等：《元史》，卷八十一，頁二零一九，選舉制，科目，中華書局，1976年版。
〔註71〕永瑢等：《四庫全書總目》，頁八十一。
〔註72〕劉毓慶：《從經學到文學——明代〈詩經〉學史論》，頁二十九，商務印書館，2001年。

　　明代二百七十年間有詩經學專著六百餘種，萬曆至崇禎七十年間有專著四百餘種。〔註73〕朱明一朝詩經學義理崇朱子或折中毛鄭於朱《傳》，訓詁多近漢儒，詩旨則常各出新知，文學研究凸現出經學研究成爲一代特徵。

　　早期詩經學名家如蔣悌生，著有《詩經蠡測》三卷，調停「毛序」「朱傳」，並間下己意，《四庫全書總目》評《五經蠡測》六卷曰：「在元明之間可謂屹然獨立，無依門傍戶之私。」〔註74〕文淵閣大學士朱山著《詩藉以》四卷亦爲明初詩經學羽翼朱《傳》之作，「借詩立訓，」推演朱子義理不遺餘力，可視爲明初朱傳派詩經學之翹楚。

　　明代詩經學復古一途作者與明中葉後文學家復古相互鼓蕩，呂柟《毛詩說序》、李流芳《讀詩私記》二卷，郝敬《毛詩原解》三十六卷，皆一時之傑構。

　　明代詩經學考據派、立異派、文學派三駕並驅，以文學派成就最高，有講意、評點、評析、彙輯、詩話諸派，有孫鑛、徐光啓、戴君恩、鍾惺諸子。〔註75〕故今人劉毓慶以「從經學到文學」目之，其所論明代詩經學史發展發明極多，令詩經學研究界矚目。愚讀明代詩經學著作亦數十種，然多由劉著按圖索驥，於此收喙不言矣，免有弄斧之譏。

　　略述清前詩經學發展如此，並無新見，維論清代詩經學前導之例耳。

第二節　清代詩經學述略

　　「有清一代經學號稱極盛」〔註76〕，作爲歷來經學研究重鎮《詩經》，清人對其研究之重視及其成果層出不窮，自然尤爲翹楚。根據有清一代詩經學自身發展演變軌跡，大略可將清代詩經學釐爲清初、乾嘉、道光及晚近四階段。清代詩經學研究自有清一代本朝人零星研究始，民國至二十世紀止，於其研究亦時見諸相關論著，並無專門深入研究，本世紀近八年間，則專門論述之作方屢有刊佈，似已成爲一漸被關注之研究範疇。

　　於學術史而言，進行分期本只爲敘述方便，使錯綜複雜之情形明晰化。

〔註73〕劉毓慶：《從經學到文學——明代〈詩經〉學史論》，頁二，八，「自序」。
〔註74〕永瑢等：《四庫全書總目》，頁百六十二。《詩經蠡測》爲《五經蠡測》一種。
〔註75〕參見劉毓慶：《從經學到文學——明代〈詩經〉學史論》，下編。
〔註76〕陳寅恪：《陳垣元西域人華化考序》，《陳寅恪集·金明館叢稿二編》，頁二六九，三聯書店，2001 年版。

不得已如此，似距學術之原生狀態益遠，而每一歷史均爲當代史，均治史者當下之界定與解釋。於清代詩經學而言，其發展理路雖與朝代名不盡一一對應，斬然而劃，爲便於敍述，將其約略分爲四期，即清初發軔期，包括順、康、雍三朝（1644～1735）；清中葉鼎盛期爲乾嘉二朝（1736～1820）；道光朝（1821～1850）三十年，承乾嘉樸學餘緒，孕育近世學風，爲轉折期；晚近嬗變期，包括咸、同、光、宣以迄五四前（1851～1919）。之所以將清室覆亡後八年也囊括在內，即不僅據朝代改變，且依詩經學自身歷史而作劃分。

自《詩三百篇》編定起，「詩經學」也隨之產生，歷二千餘年，與「易學」、「春秋之學」、「三禮之學」、「論語學」彙爲經學主體，其間流派之繁雜、家法之謹嚴，爭論之激烈、問題之眾多，於諸經中尤爲突出。就詩經研究全史而言，除先秦諸子詩經學外，大略歷：先秦諸子詩經學、「詩經漢學」、晉唐詩經學、「詩經宋學」、明代詩經學〔註77〕、「詩經清學」（包括晚近詩經學）、現代詩經學七階段。

今人洪湛侯先生認爲「詩經清學」指「清代古文學派的《詩經》研究」，「以乾嘉學者爲主體，以考據、訓詁爲特色的古文經學派，不包含晚清時期復興的今文經學。『漢學』、『清學』都是學術流派的標誌，而不作朝代的專稱。」「『詩經清學』與清代初期專講推求義理的『詩經宋學』和清代後期信守『三家』遺說的『詩經今文學』都不相同。『詩經清學』這個概念又不同於『清代詩經學』，因爲它並不包括整個清代《詩經》研究的各個派別。」〔註78〕然，清代詩經學毫無疑問以「詩經清學」爲特色、爲主體，即如洪先生所言清代詩經學中「詩經宋學」與「詩經今文學」，又何嘗無清代考據學烙印而區別於宋代「詩經宋學」及漢時「詩經今文學」？

清代詩經學爲二千餘年詩經學之總結。二百餘年間詩經學專門著述七百餘種〔註79〕，甚或更多，爲歷代詩經學專門著述數量之最；其以精深拓新而無讓漢宋者不在少數，質量亦爲歷代詩經學之最。縱觀清代詩經學雖流派甚

〔註77〕謹按：明代詩經學不同於漢唐、宋元與清，有其一代特色，有論曰：「從經學到文學」，大致相符，故特列爲獨立階段。今人楊晉龍先生有《明代詩經學研究》（臺灣大學中國文學研究所博士論文）。劉毓慶先生有《從經學到文學——明代「詩經」學史論》（商務印書館，2001年版）討論甚詳，茲不贅述。

〔註78〕洪湛侯：《詩經學史》，頁四八六，頁四九零，頁四九三，中華書局，2002年版。

〔註79〕筆者目前由各種書目及各圖書館所著錄統計已七百餘種。

多，各守家法，然重考據訓詁，主批判思辨爲其一代特徵。無論恪守毛鄭，發微漢學者，抑或質疑朱《傳》，商兌宋學者，即便另闢徯途，張揚文學者，再如輯考「三家」，研討今文者，大致皆有此種特徵。故，本文以爲有清一代詩經學以其鮮明特色共同構成「詩經清學」，而區別於以往「詩經漢學」、「詩經宋學」、明代詩經學，及繼起之「現代詩經學」。

今將清代詩經學著作中經眼過讀之編、已知提要之什，稍作董理，分類述之。

清代詩經學除詩話、筆記、文集中散論瑣語外，就專門著述言，可別爲八個流派：毛鄭派、朱《傳》派、兼採派、小學派、史學派、文獻派、文學派、今文派。〔註80〕略分述下：

毛鄭派　守漢儒讀詩解句之法，考訂傳說，辨察毛鄭以下傳箋之論，〔註81〕詳於訓詁，精於考據，看似復古，實爲創新。

清初恪守毛鄭最力者首推陳啓源之《毛詩稽古編》，陳著雖與同里朱鶴齡《詩經通義》互爲表裏，並世齊名，但朱著漢宋兼採，〔註82〕「陳啓源卻堅守漢學中《毛詩》一派，一字一語不容有出入」。〔註83〕與陳啓源同時尚有秦松齡《毛詩日箋》六卷、姜兆錫《詩傳述蘊》四卷諸作，治詩漢學傾向尚未形成，清學風氣正在孕育，清初毛鄭派著述亦爲數不多。

清中葉，毛鄭派大多爲乾嘉考據家者流，或考鏡毛鄭得失，或補苴傳疏闕義，以衛毛申鄭爲己任，以實事求是爲準則。其中，或正字酌詞一變而爲小學派者，或徵史佐禮一變而爲史學派者。戴震、焦循、丁晏皆一時之選〔註

〔註80〕謹按：此處流派之別，與夏傳才、洪湛侯、戴維諸學者所列流派稍有出入。本非別出心裁，亦無甚高明。只爲行文論述之便，況此八類之分三位先生已有述及，名異而實同。夏傳才：《詩經研究史概要》，河南中州書畫社，1986年版；戴維：《詩經研究史》，湖南教育出版社，2001年版。

〔註81〕謹按此所謂毛鄭派者專指宗毛鄭傳箋，守漢儒治經家法之著，其它不在其列。而雖守毛鄭，卻著重文字音韻者別爲小學派，著重名物輿地制度者別爲史學派，著重辨僞輯佚者別爲文獻派。雖兼採漢宋，卻實爲崇毛鄭、治傳箋者，仍歸爲毛鄭派，其它別爲兼採派。

〔註82〕朱鶴齡：《詩經通義》，十二卷，又作《毛詩通義》，此書雖明宗毛，然實漢宋兼採，下將有論。

〔註83〕戴維：《詩經研究史》，頁四九四。

〔註84〕戴震有《毛鄭詩考證》四卷，附詩譜考證一篇，另有兼採派著作《杲溪詩經補注》二卷；焦循毛鄭派著作有《毛詩補疏》五卷；丁晏毛鄭派著作有《毛鄭詩釋》、《（鄭氏）詩譜考證》各一卷。

84〕，戴震《毛鄭詩考證》最可稱傑構，「是書折衷毛鄭，考正訓詁，頗多精義。」
〔註85〕此間別有程晉芳《毛鄭異同考》十二卷，張如霖《學詩毛鄭異同箋》
二十二卷，附一卷等刊行於世。

晚近詩經學毛鄭派集大成者爲吳縣陳奐碩甫。〔註86〕其《詩毛氏傳疏》
墨守傳序，主張「齊、魯、韓可廢，毛不可廢。齊、魯、韓且不得與毛抗衡，
況其下者乎？」〔註87〕今文三家固然不取，即便鄭箋亦刪去不用，序傳之下，
自出疏文，實毛詩研究之翹楚，而其《毛詩義類》、《毛詩說》、《鄭氏箋考徵》
則可視爲《詩毛詩傳疏》之羽翼。其次，涇縣胡承珙氏《毛詩後箋》專治傳
箋，鄭箋不合傳序處，廣徵宋元詩經學著作，右毛左鄭之意甚明。至若總結
清代毛詩成果之著，則非馬其昶《毛詩學》三十卷莫屬。此外，考辨毛鄭得
失，崇毛攻鄭，略嫌保守之著爲《毛詩通考》，粵人林伯桐撰。

朱《傳》派　主宋學義理，重闡發新見，疑古辨僞，涵詠詩文。朱熹《詩
集傳》，詩經宋學權威著作，清初以迄晚近，討論朱《傳》者名家間出，著述
數十部，或採朱氏舊說，尊《詩集傳》；或揭朱氏之失，別出新義。凡以朱《傳》
爲論說對象，即使借朱以自重者亦均視爲朱《傳》派。

乾隆朝前，清統治者竭力提倡朱熹之學，視《詩集傳》爲詩經學正宗，
然，就現存清代詩經學著述考察，朱《傳》派卻非清代詩經學主流，可見，
學術之發展，有其固有理路，雖與當政者有關，並不以其意志爲轉移。故，
清代詩經學主體特徵之一即「詩經宋學式微」，〔註88〕然綜觀清代詩經學，朱
熹《詩集傳》影響又幾與毛鄭相埒，即便晚近今文家興，亦並未忽視朱《傳》。
惟與元明詩經學所不同者，一味恪守朱《傳》之著寥若晨星。

清初朱《傳》派大抵爲朱《傳》作注作疏，反對漢學，承朱子疑古精神，
多著力於微言大義，依據正變美刺，屢出創見新意。或有推舉清初詩經學朱
《傳》一派者曰：其間佼佼者兩家——孫承澤《詩經朱傳翼》三十卷、陸奎
勳《陸堂詩學》十二卷。答曰：《陸堂詩學》並非專主朱子之法，實以《集傳》

〔註85〕張壽林：《清代詩經著述考略》（三續），《燕京大學學報》，第五十二期，1933
　　　　年6月15日。
〔註86〕謹按：治詩經學者胡承珙、陳奐、馬瑞辰並稱，胡著《毛詩後箋》申述古文，
　　　　集成漢宋，宗毛抑鄭，歸爲毛鄭派；馬著《毛詩傳箋通釋》更博採古今文之
　　　　言、漢宋家之論，家法未嚴，歸爲兼採派。
〔註87〕陳奐：《詩毛詩傳疏·自序》，中國書店，1984年版。
〔註88〕洪湛侯：《詩經學史》，頁四五七。洪先生以爲此特徵僅在清初，愚以爲此特
　　　　徵貫穿有清一代。

為主，時亦有從毛、鄭及「三家詩」者，似歸為兼採派更為合適（後有詳論）。清中葉詩經漢學化傾向昌極一時，獨宗朱《傳》則在少數，討論朱《傳》者多，以桐城方苞《詩經朱傳補正》八卷最為精妙。晚近已降，朱《傳》派遂凋零以至衰亡，平庸之作可見，高明之著幾無。朱《傳》派成就最大者當屬清初王鴻緒等編纂《欽定詩經傳說彙纂》二十一卷《詩序》一卷，此為彼時統治者為學術定嚮之指針。此外別有宋在詩《讀詩遵朱近思錄》二卷等，楊樹椿《讀詩集傳隨筆》為晚近朱《傳》派詩經學著述最可稱述者。

　　兼採派　指不拘一家師法者，或兼採漢宋，或兼採古今文，不為一家之言所囿，唯真是求。（兼採毛鄭者，仍歸為毛鄭派。）此派為清代詩經學之代表，清初至中葉，主要漢宋兼採，晚近更有古今文兼採者。

　　清初兼採派名家輩出，雜採漢宋之著多不勝數。錢澄之《田間詩學》十二卷、閻若璩《毛朱詩說》一卷、惠周惕《詩說》三卷、朱鶴齡《詩經通義》十二卷最稱力作。清中葉兼採派以《欽定詩義折衷》始，名著如翁方綱《詩附記》四卷、戴震《杲溪詩經補注》二卷，皆為代表。晚近馬瑞辰博採漢宋論、廣綜古今文，間出己意，以著《毛詩傳箋通釋》，堪稱兼採派集大成者也。

　　小學派　指《詩經》文字、音韻、訓詁之研究〔註89〕。詩經小學派自清初崑山顧炎武《詩本音》肇其端，清代詩經學循此而獲致不同於前朝之重要成就。考訂文字，搜討古音，校理詞義，乾嘉已臻巔峰，後世歎為絕學。其它詩經著述中精研小學部分者無論，踵顧亭林《詩本音》之後而卓然大家者即有：金壇段大令玉裁。段玉裁以《說文解字注》三十卷名世，享小學盛譽，至今不墜。而其所著詩經學著作二種：《詩經小學》四卷與《毛詩故訓傳定本》三十卷，許為詩經小學派中名作。晚近詩經學因今文經學起，文字訓詁，考異四家，（毛、韓、魯、齊四家之詩互正文字之著時有。）詩經小學派以馮登府成就最高，所著有《詩異文釋》六卷補遺一卷、《三家詩異文釋》三卷補遺三卷、《三家詩異文疏證》二卷及《三家詩異字詁》三卷。另有李富孫《詩經異文釋》十六卷與張慎儀《詩經異文補釋》十六卷等。同時以小學聞者吳樹聲，著有《詩小學》三十卷補一卷。

　　史學派　指《詩經》時代史實之研究。此派最為龐雜，凡研究「詩經」

〔註89〕謹按：此謂小學派獨指詩經小學研究中之專書，本文所謂某派，均指某書，而非某人，此為本文之例，此謹說明，不贅。此亦解決詩經學史複雜性個體不得已之法也。

社會狀況者一歸於此。此派關涉《詩經》之名物、制度、天文、輿地、人物、史實之類。

清初詩經學名物研究如：徐士俊《三百篇鳥獸草木記》一卷、毛奇齡《續詩傳鳥名》三卷、王夫之《詩經稗疏》四卷、趙執信《毛詩名物疏鈔》不分卷、陳大章《詩傳名物集覽》十二卷等。清中葉則有姚炳《詩識名解》十五卷，而以丁晏、焦循為著，拓堂（丁晏）有《毛詩草木鳥獸蟲魚疏校正》二卷，里堂（焦循）有名物研究著述四種：《陸璣疏考證》二卷、《陸氏草木鳥獸蟲魚疏疏》二卷、《毛詩物名釋》一卷、《毛詩草木鳥獸蟲魚釋》十二卷。晚近如俞樾《詩名物證古》一卷、方瑑《讀詩釋物》二十一卷、王仁俊《毛詩草木今名釋》一卷等。

詩經學典章制度研究，清初以包世榮《毛詩禮徵》十卷創獲極多，清中葉有歙縣朱濂《毛詩補禮》六卷，發揮毛鄭訓禮諸端，「此書瑕瑜互見，遺漏亦復不少，較之包世榮之書，瞠乎後矣。」〔註90〕晚近殿其後者，南海桂文燦〔註91〕，著《鄭氏詩箋禮注異義考》一卷。

清代詩經學天文研究最精善者：洪亮吉，所著《毛詩天文考》一卷，卷帙未富，然以其博聞，並採「西士之說」，故按語博贍而精當，有樸學之風。此外，尚有焦循（里堂）《推小雅十月辛卯日食詳疏》（有一卷本與二卷本兩種）、王樹枏《詩十月之交日食天之細草》二卷。

清代詩經學輿地研究中隨文作釋者多，勒為專著者少。《詩經》輿地研究專著不過十種，可稱者尤少，略如：焦循《毛詩地理釋》四卷、朱右曾《詩地理徵》七卷、桂文燦《毛詩釋地》六卷、尹繼美《詩地理考略》二卷圖一卷、高朝瓔《十五國風詩經地理之圖》一卷〔註92〕。

詩經學社會風俗、人物史實研究民國始興，清代詩經學中可舉出者寥寥。從歷史角度立論，疑古而獨抒己見之著並影響後代者如：崔述《讀風偶識》四卷，立論堅實。別有李超孫《詩氏族考》六卷，考氏族原本。

王紹蘭《周人詩說》四卷、黃朝槐《荀子詩說箋》一卷、俞樾《荀子詩

〔註90〕洪湛侯：《詩經學史》，頁五四一。

〔註91〕蔣秋華、王清信篡輯：《清代詩經著述現存版本目錄初稿》（《清代詩話知見錄·附錄》，臺灣中央研究院，臺灣，2002）中桂文燦生卒年誤，桂氏生於1823年，卒於1884年。道光二十九（1849）年舉人。

〔註92〕謹按：此著為高氏所著：《詩經融注大全體要》（八卷）附錄，有乾隆五十四（1789）年三多齋刻本。

說》一卷、葉燕《讀嚴氏詩輯》一卷等，均有論於詩經學史，詩經學史屬學術史，故將此類著述歸爲此派，諒無不可。

文獻派　指對《詩經》文獻整理研究，包括校勘毛詩、輯佚三家、辨僞古今文等。詩序、詩譜及詩緯研究附歸此派。清人詩經文獻研究成就勝於前人者在今文經學，三家詩學者無論輯佚，擬或校理，均超越古人，無愧當今。陳喬樅爲其中最傑出者，所著《詩經四家異文考》五卷與《毛詩鄭箋改字考》四卷，校辨異文，幾爲不刊之作。於今文三家，陳氏均有著述：《魯詩遺說考》二十卷、《齊詩翼氏學疏證》二卷敘錄一卷、《齊詩遺說考》十二卷、《韓詩遺說考》十七卷、《三家詩遺說考》十九卷。逸詩輯考者：葉酉《詩經拾遺》十六卷、郝懿行《詩經拾遺》一卷及孫國仁《逸詩徵》三卷。

文獻派亦當包括清代詩經學著述之系統整理與刊佈，成績突出者：納蘭性德《通志堂經解》，收李唐至朱明詩經學著述十一種；阮元《皇清經解》，收清人詩經學著述十一種，校勘「十三經」爲一時偉業，與顧廣圻合作《毛詩校勘記》爲文獻派同類著作典範；王先謙《續皇清經解》，收清人詩經學著述二十六種。

文學派　指以文學批評觀點析論《詩經》。研究《詩經》文本審美意義，發掘詩之情韻，體味詩之聲色，品評詩藝，探賾詩法。若以經學文本言之，此派朱熹開其端，繼起者謝枋得及文公高弟輔廣。朱明此派大昌，而成爲明代詩經學一大特徵，今人劉毓慶《從經學到文學——明代「詩經」學史論》一書論述甚詳，此不贅。

文學派著述，於清初有王夫之（船山）《詩譯》一卷（一作《詩繹》）遂演序曲，《詩譯》實爲詩話，故近人丁福保將其編入《薑齋詩話》卷一，價值遠未被重視，下將詳論。同時作者尙有吳縣才子金人瑞聖歎，聖歎所批《詩·小雅》四篇，鄧實刻入《風雨樓叢書》，名爲《唱經堂釋小雅》一卷，（另有《唱經堂才子書》本，《中國文學珍本叢書》本）。讀《詩》之法猶如誦讀唐詩，極具才人眼目。此後，有姚際恒著《詩經通論》十八卷首一卷，「涵詠篇章，循繹文義」。而名著一時者方玉潤，所著《詩經原始》十八卷，一直被視爲此派代表，主張「循文按義」，「蓋欲原詩人始意也」。

今文派　又稱三家詩派，重在三家詩遺說之研究。有關三家詩文獻整理之著、三家詩小學研究之著分別歸入文獻派、小學派，此處專指研究三家詩「大義」，考證家數，參校毛詩，比核異同之著。

今文派專門著述於清初少有其人作，僅知陸奎勳有《魯詩補亡》一編，惜未見。自中葉范家相撰《三家詩拾遺》十卷始，三家詩輯佚日益爲學界重視，而范氏《三家詩拾遺》當歸爲文獻派。研究三家詩遺說、考證三家家數之著，則儀徵阮元（芸臺）《三家詩補遺》三卷最稱精詳。其後，有徐璈《詩經廣詁》三十卷，詁訓三家，鈎稽剩義。而影響較大者魏源（默深）《詩古微》十七卷，至今仍爲治三家詩之必讀書，主張通經致用，深得漢代今文學精髓。魏源之後以今文學名者皮錫瑞（鹿門），著《五經通論》，中內有《詩經通論》一卷，專論三家詩。此派集大成者湘人王先謙（葵園），著《詩三家義集疏》，極詳備亦極精審，有三家詩學「魯殿靈光之譽」〔註93〕。

清代詩經學略述如上，其中並不包括清代文集、詩話及筆記中有關《詩經》之研究，此類，其它章節詳論。

第三節　清代詩經學研究述略

清代詩經學之研究，除清人詩經學著述稱引清人詩經學論說予以評判外，大略可釐爲六端：清代學術史研究、清代經學史研究、詩經學通史（即詩經學史）研究、清代詩經學史研究、清代詩經學家〔註94〕研究、清代詩經學著述研究。就愚陋聞，條述如下。

學術史研究由黃宗羲《明儒學案》、《明夷待訪錄》始，《明儒學案》「爲學史之祖」〔註95〕。專治清代學術史則濫殤於顧炎武（亭林）、黃宗羲（梨洲）之論學書簡，全祖望（謝山）、錢大昕（竹汀）之墓誌碑銘，專書之纂則甘泉江藩《國朝漢學師承記》八卷，開清代學術史研究風氣，余蕭客（鄭堂、江聲弟子）乃吳門惠棟再傳弟子，「既自居爲漢學宗傳，又憂心於漢宋紛爭。」〔註96〕復有《國朝宋學淵源記》（二卷附一卷）之編，江氏二書於清代重要詩經學家皆有專論，所涉詩經學著述近十種，如卷一論傅恒及其《詩義折中》，卷四論孔廣森及其《毛詩考證》〔註97〕。繼起與江氏爭辯者

〔註93〕洪湛侯：《詩經學史》，頁六零六。
〔註94〕謹按：詩經學家指至少有一部詩經學專門著述面世者。
〔註95〕梁啟超：《清代學術概論》，頁五零，東方出版社，1996年版。
〔註96〕朱維錚：《求索真文明──晚清學術史論》，頁二五，上海古籍出版社，1996年版。
〔註97〕江氏二書，愚藏道光二年（1823）刻本，所引據此。

桐城老諸生方東樹，著《漢學商兌》，於詩經學精論無多，茲略。理學家唐鑑《清儒學案小識》及近人支成偉《清代樸學大師列傳》所論詩經學家及著述並無可觀者，亦從略。徐世昌《清儒學案》所及詩經學家甚多，惜少論及其詩經學成就，今人楊向奎《清儒學案新編》〔註98〕近同，體例所限也。

　　二十世紀清代學術史之研究今人王俊義綜述極詳，說見《清代學術探研錄》中「二十世紀清代學術研究之回顧」。〔註99〕

　　清代學術史研究中關涉詩經學較多之著述爲：梁啓超《清代學術概論》、《中國近三百年學術史》及《論中國學術思想變遷之大勢》三種〔註100〕，章炳麟《訄書》，錢穆《中國近三百年學術史》，張舜徽《清儒學記》。梁任公論清代詩經學成就，愚曾撰文述評之，此不費辭。〔註101〕太炎《訄書》既論馬、胡、陳諸古文詩經學家，亦論今文詩經學家如陳喬樅者。〔註102〕錢穆《中國近三百年學術史》凡論及近三百年學人詩經學著述者均略加數語評之，如戴東原。〔註103〕張舜徽《清儒學記》頗及詩經學著述，尤將詩經學研究置於學術史背景中考察，如論劉寶楠、焦循（里堂），論王引之校《毛詩·邶風》《終風》。〔註104〕

　　總言之，清代學術史研究視野中，清代詩經學研究尚未爲濃墨重彩。

　　清代經學史研究至今尚無專門著述，清代經學史研究大多爲經學史與清代學術史中一章節，清代學術史研究已如上述。經學史研究論及清代詩經學嬗變者：皮錫瑞：《經學歷史》、《經學通論》兩種，周予同《中國經學史講義》、《群經概論》亦兩種，王闓運入室弟子馬宗霍《中國經學史》。皮錫瑞（鹿門）《經學歷史》殿後一篇「經學復盛時代」即論清代經學，於詩經學尤推崇陳奐《詩毛氏傳疏》，皮氏今文學家，而於詩經學則「主魯、齊、韓三家遺說，

〔註98〕楊向奎：《清儒學案新編》，齊魯書社，1985～1994年版。
〔註99〕王俊義：《清代學術探研錄》，頁三至二十一，中國社會科學出版社，2002年版。
〔註100〕梁啓超：《飲冰室合集》，中華書局，1989年版。
〔註101〕陳國安：「梁啓超詩經研究述略」，《江蘇大學學報》，2003年第3期。
〔註102〕章炳麟：《訄書》頁一六八，頁一七二，徐復詳注，上海古籍出版社，2000年版。
〔註103〕錢穆：《中國近三百年學術史》，頁三四二，商務印書館，1997年版。
〔註104〕張舜徽：《清儒學記》，頁三九九，頁四二六，頁四零六，齊魯書社，1991年版。

參以毛傳、鄭箋」。〔註105〕相同意見，互見於《經學概論》卷二「論鄭箋朱傳間用三家其書皆未盡善」。〔註106〕皮氏於清代詩經學研究之通達可見一斑矣。周予同氏《中國經學史講義》第七章「清學」，述中有論，要言不繁，揭櫫「清學」，實啓洪湛侯先生《詩經學史》中「詩經清學」之論。周氏於清詩經學問題，下語簡括且極精警，如論清代今文詩學之興起，緣由「到了清代，輯佚學及今文學興起」〔註107〕，一爲學理：輯佚學，一爲政治：今文學。所論極是。馬著於清代詩經學僅及陳奐、馬瑞辰、胡承珙三家，〔註108〕多通述之言，而少專深之論。

清代經學史之研究爲清代詩經學研究提供學理準備，並描摹出清代詩經學發展軌跡，惜迄今尚未見將清代詩經學置於清代經學發展中研究之專題論文。

詩經學史研究方興未艾，詩經學通史之作自民國初年至今，已近十種，且由粗略而詳盡，由描述而深討。

民國期間，詩經學史乃詩經學中一部分。民國詩經學著作，愚所知六種：謝无量《詩經研究》、《詩學指南》兩種，金公亮《詩經學 abc》，羅汝榮《詩經研究》（未見），徐澄宇《詩經學纂要》，胡樸安《詩經學》。謝氏、金氏之著意在普及，故所論淺表，雖開風氣，然不足過於稱道。徐氏之著亦然。胡蘊玉《詩經學》，今人雪克編入《胡樸安學術論著》〔註109〕，胡氏論詩經學分列四章，均可成一家之言，「研究詩經學之書目」一章，更指出研究詩經學之門徑，所開列詩經學著作百十四種，其中清人著作九十六種，清代詩經學史上重要著述於此似已十之八九矣。論「清代詩經學」一章，語多珠璣，簡而精，幾成今世論清代詩經學之楷範。

今人詩經學史研究開創之作爲夏傳才《詩經研究史概要》，此後，詩經學研究概述性質之編較多，略涉詩經學史之作不多，韓明安《詩經研究概觀》，趙沛霖《詩經研究反思》例屬此類。韓著中「列代詩經研究述略」提及清詩

〔註105〕皮錫瑞：《經學歷史》，頁三四五，頁三四二，周予同注釋，中華書局，1989年版。

〔註106〕皮錫瑞：《經學通論》卷二，頁六四，中華書局，1995年版。

〔註107〕周予同：《周予同經學史論著選集》增訂本，頁二三七，朱維錚編，上海人民出版社，1996年版。

〔註108〕馬宗霍：《中國經學史》，頁一五二、一五四，上海書店，1984年版。

〔註109〕胡樸安：《胡樸安學術論著》，浙江人民出版社，1998年版。

經學家二十一人，論及著述七種，失考處亦有，如論崔述，「《讀風偶識》能在清初漢學復辟時力攻《毛序》，側重解釋風詩，兼及重大問題，每有新見。」崔述生於乾隆五年（1740），卒於嘉慶二十一年（1816），「清初」之說，似誤。趙著側重於《詩經》文學之研究，商討詩經學文學派著述確可稱詳備，然，瑕不掩微疵，亦堪稱詩經學史之力作。

今人詩經學史研究著作極有價值者三：夏傳才《詩經研究史概要》、洪湛侯《詩經學史》及戴維《詩經研究史》。就清代詩經學史研究而言，夏著篳路藍縷，其功甚偉，而其優劣，洪評中肯〔註110〕。戴著首次全面而細緻總結有清一代詩經學研究，發明亦多。洪湛侯先生《詩經學史》最稱深入，論清代詩經學研究糾彈舊說，自出心得。別有李家樹《詩經的歷史公案》（大安出版社，1990）與《傳統以外的詩經學》（香港大學出版社，1994），二書均未見，由目次可知，《詩經的歷史公案》「清代傳統『詩經學』的反動」一章似論清代詩經學中文學派研究，《傳統以外的詩經學》「從經學到文學──方玉潤《詩經原始》讀後」一章論方氏詩經文學研究之貢獻，「社會變遷與列代《詩經》研究」一章，以社會狀況爲背景，探討詩經學發展。另有林葉連《中國歷代詩經學》，未見。〔註111〕

專著而外尚有不少論文，有影響者，如胡念貽《論漢代和宋代的〈詩經〉研究及其在清代的繼承和發展》（《文學評論》，1981 年 6 期），程俊英《歷代〈詩經〉研究評述》（《華東師範大學學報》，1982 年 3 期），蔣見元與其師程俊英合作《〈詩經〉研究史鳥瞰》（《江海學刊》，1988 年 1 期），張啓成《〈詩經〉研究述評》（《貴州大學學報》，1994 年 3 期），李家欣《經學中的〈詩經〉研究》（《社會科學動態》，1997 年 6 期）。

論文中專論清代詩經學者有：夏傳才《論清代〈詩經〉的繼承和革新》（《天津師院學報》，1982 年 4 期。後收入《思無邪齋詩經論稿》與《詩經研究史概要》）。洪湛侯《〈詩經〉清學探微》（《文史》，41 輯，1995 年 7 月。後收入《詩經學史》），周元彪《清代〈詩經〉研究觀的嬗變與毛氏學派的〈詩經〉研究》（《江西社會科學》，1998 年 4 期）。

清代詩經學家研究迄今並無專門之著面世。論文專論清代詩經著述者僅百餘篇，所涉詩經學家約三十人。詳見寇淑慧《二十世紀詩經研究文獻目錄》

〔註110〕洪湛侯：《詩經學史》，頁八一六至八一八。
〔註111〕何海燕：《清代〈詩經〉學研究》，頁三，中國國家圖書館優秀博士論文庫。

所列。〔註112〕以研究文學派詩經學家爲主，論文涉及最多者：王夫之、姚際恒及方玉潤。

清代詩經學著述研究始於四庫館臣作《四庫全書總目提要》中清人詩經學著述提要之纂，《四庫全書總目提要》著錄清人詩經學著述二十二種，存目三十五種。近人張壽林撰《清代詩經著述考略》（載於《燕京大學學報》，五十期五十一期、五十二期、五十四期、五十五期及五十六期），所考著述百九十四種。後來，公方苓於《中央日報》（南京）1948 年 11 月 17、18 日發表同題論文。今人張寅彭有《清代詩經學專著類說》，發表於《古典文學知識》1996年第 5 期、6 期。

蔣見元、朱傑人二先生著《詩經要籍解題》，有清人詩經學著述二十四種，全書共作詩經學著述提要六十三種，所附「歷代詩經研究書目」有清人著述六百十五種。〔註113〕蔣秋華、王清信編《清代詩經著述現存版本目錄初稿》錄入著述五百二十七種。韓明安《詩經研究概要》及夏傳才《詩經研究史概要》中均有書目舉要。

上所述者即可見二十世紀前清代詩經學研究之概況，本世紀以來八年間清代詩經學研究漸被關注，論述屢見刊行，謹略述如下。

先述相關博士碩士學位論文概況。

何海燕博士論文：《清代〈詩經〉學研究》〔註114〕（華中師範大學，2005年），該文爲歷史文獻學專業文獻學原理方嚮之學位論文，爲首部以「清代詩經學」爲研究對象之專論。該文以文獻學研究爲立足點，以清代詩經學著述爲主要研究對象，著重討論有清一代詩經學研究之考據派、今文經學派和文學研究派之學術成就。於考據派詳論馬瑞辰及其《毛詩傳箋通釋》，與今文經學派則以魏源及其《詩古微》爲個案，而文學研究派便分類述之。此文於清代詩經學專門研究有開創之功，另，此文研究現狀部分介紹臺灣相關研究六種，〔註115〕愚雖幾經訪求終未遂願。

〔註112〕寇淑慧：《二十世紀詩經研究文獻目錄》，頁二七三至二八四，北京，學苑出版社，2001 年。

〔註113〕蔣見元、朱傑人：《詩經要籍解題》，頁一七八至二零五，上海古籍出版社，1996 年版。

〔註114〕何海燕：《清代〈詩經〉學研究》，中國國家圖書館優秀博士論文文庫，其它徵引碩博士論文同此，碩士論文，中國國家圖書館優秀碩士論文文庫。

〔註115〕何海燕：《清代〈詩經〉學研究》，博士論文，頁五。

　　程嫩生博士論文：《戴震〈詩經〉學研究》（浙江大學，2005 年），爲其碩士論文《戴震〈詩〉學研究》（安徽大學，2002 年）之延續，亦爲中國古典文獻學專業學位論文，爲研究戴震詩經學之詳備專論。該文由戴氏學術背景入手，以戴氏治詩方法、著述、漢宋學之批判與繼承及與惠棟之比較爲目，分章細析，其比較《毛詩補傳》、《毛鄭詩補正》、《杲溪詩經補注》一章尤爲精彩！〔註116〕讀後歎服其細微。戴震詩經學之研究爲清代詩經學研究中熱點，其它碩士論有：孫改芳《戴震「以詩證詩」的〈詩〉學研究》（山西大學，2005 年）。比較戴震與其它詩經學家之論有：陳海燕《戴震與朱熹詩經學比較研究》（安徽大學，2005 年），左川鳳《姚際恒與戴震〈詩經〉研究之比較》（安徽師範大學，2003 年）。

　　碩士論文多以清代詩經學家及其著述爲對象，以流派爲對象之論文有：李賀軍：《清代〈詩經〉學獨立思考〈詩〉學派研究》（河南大學，2006 年）一篇，該文以《詩經通論》、《詩經原始》與《讀風偶識》爲中心討論該派詩經學研究之成就。類似論文別有：陳景聚：《姚際恒、崔述與方玉潤的〈詩經〉學「簡論」》（西北大學，2004 年），該文於三家治詩成就詳爲分述，惜「比較」用力不足。

　　一家詩經學論述最受關注者：方玉潤，研究其詩經學碩士論文者有：李春云：《方玉潤〈詩經原始〉研究》（福建師範大學，2004 年），肖力：《方玉潤〈詩經原始〉的文學批評方法研究》（湖南師範大學，2003 年），李晉娜：《現代〈詩〉學的曙光——方玉潤及其〈詩經原始〉》（山西大學，2005 年）三篇。

　　另，論一家詩經學碩士論文者有：楊莉：《夏炘的〈詩〉學思想研究》（安徽師範大學，2006 年），郝中岳：《王念孫詩經小學研究》（河南大學，2006 年），馬瑜：《俞樾〈詩經〉研究的成就影響》（山西大學，2006 年），蘇瑞琴：《陳奐〈詩毛氏傳疏〉淺析》（陝西師範大學，2005 年），徐玲英：《馬其昶〈毛詩學〉研究》（安徽師範大學，2005 年）等。

　　時光流轉，世紀更新。本世紀以來學者逐漸對二十世紀之學術研究產生濃厚興趣，二十世紀之百年於二千載中國學術言之不可謂不激盪生姿而詭奇變幻時人莫能確辨。伴隨始終年至耄耋之老人細繹此百年時幸許有不忍回首之苦痛，甚或觸傷內心深處最爲柔弱處亦未可知，故其作回憶時心情之複雜非我輩能知之。而此百年於年輕學者之誘惑卻又難可名狀，學術精神？獵奇

〔註116〕程嫩生：《戴震〈詩經〉學研究》，博士論文，頁四十至五十一。

心理？擬或它歟？而二十世紀詩經學史進入研究者視野終無可避免，或許稱「史」之研究猶早，而耙梳史實，反思學術，澄清源流，展望新路，年輕學者則以使命自任。愚以爲現代詩經學眞正端點當在二十世紀七十年代末八十年代初，彼時高壽學者歷經靈魂肉體之內外劫難而漸別學壇，成爲一個時代學術謝幕符號，輝煌之中滲透些許無奈；彼時尚能餘暉之學者老驥騰躍，成爲新一個學術時代開場鑼鼓，亮麗之中不免些許蒼涼。二十世紀七十年代末八十年代初，學術，一個時代方算終結！

清代詩經學分期下仍有討論，於此不贅。故現將本世紀以來二十世紀詩經學史研究之博碩士學位論文概況一併附述如次。

章原博士論文《古史辨派〈詩經〉學研究》（復旦大學，2004 年）於近現代詩經學紐結處解剖，以詩經學史中疑古思想爲切入點，晚近古今文之爭爲背景，深入討論胡適之、顧頡剛、錢玄同、鄭振鐸及俞平伯諸家詩經學並與其同時代不同聲音作相應比較，評短論長，參校得失，未嘗不可稱爲近現代詩經學史研究佳作。同一論域之碩士論文尚有：謝中原《古史辨視野下的〈詩經〉闡釋》（暨南大學，2007 年）。

另，作眼於二十世紀初詩經學研究之碩士論文有：郭萬金《西學東漸下的現代〈詩〉學發軔——清季民初〈詩經〉研究初探》（山西大學，2004 年），白憲娟《20 世紀二三十年代〈詩經〉學研究》（山東大學，2006 年）等，此類選題論文均以近現代詩經學轉折爲基點展開論述，以「半舊半新」詩經學家如胡適之、王國維諸人爲研討對象，力圖回答：近代詩經學如何結束？現代詩經學如何開始？

現代詩經學家個案研究之碩士論文有：朱金髮《聞一多的詩經研究》（河南大學，2001 年），張亞欣《夏傳才〈詩經〉研究綜論》（山東大學，2006 年）諸篇。

近十年詩經學研究文獻新發現受普遍關注而深入討論者二：上海博物館藏楚國竹簡《孔子詩論》與上海圖書館藏《文木山房詩說》。前者引起先秦《詩》學直至清代漢學派《詩》學重新考量，後者則引起對清代詩經學不爲重視之人物吳敬梓《詩》學重新評價。吳氏向以小說家名世，其詩詞成就研究者亦少有顧及，何論詩經學研究？若無此發現，吳氏詩經學成就想仍必不爲人知。以此爲題碩士論文有：吳新苗《〈詩說〉與〈儒林外史〉相關問題研究》（安徽大學，2003 年），將《文木山房詩說》與《儒林外史》繫聯互證，由吳敬梓

《詩》學而綜合討論其反理學思想，因二作著者身被兩重身份，自然便開詩經學研究與小說研究之新範式。吳敬梓誕辰三百年之際，《文木山房詩說》重現世間，此學術意外收穫乎？或誠如陳寅恪所云：「一時代之學術，必有其新材料與新問題。取用此材料，以研求問題，則爲此時代學術之新潮流。治學之士，得預於此潮流者，謂之預流。」〔註117〕

次述期刊論文概況。

由於新材料出現，《文木山房詩說》成爲近八年清代詩經學研究熱點。自1999 年 06 月 24 日《光明日報》復旦大學周興陸博士刊文《吳敬梓失傳著作〈詩說〉在上海發現》始，或搜討吳氏《詩》學意旨，或排比《文木山房詩說》與《儒林外史》，進而補足吳氏思想研究，見諸期刊之論文有：周興陸《吳敬梓〈詩說〉劫後復存》（《復旦大學學報》，1999 年第 5 期）、《〈文木山房詩說〉整理》（《學術界》，1999 年第 5 期）、《從〈文木山房詩說〉考察〈儒林外史〉主旨》（《古典文學知識》，1999 年第 5 期）、《〈文木山房詩說〉三題》（與金宰民合作，《明清小說研究》，2001 年第 2 期）、《〈文木山房詩說〉纂成時間考》（《文獻》，2002 年第 1 期）、《〈文木山房詩說箋證〉指瑕》（《古籍整理情況簡報》，2003 年第 3 期）等，涂宗濤《王獻塘與吳敬梓〈詩說〉》（《光明日報》，1999 年 07 月 01 日），丘良任《文木山房詩說初探》（《古籍整理情況簡報》，2000 年第 3 期；《安徽大學學報》，2000 年，第 6 期），周延良《〈文木山房詩說〉研究之一》（《孔子研究》2001 年第 2 期）等一組論文、〔註118〕《〈文木山房詩說〉對「七子之母」的倫理說解》（《天津師範大學學報》2002 年第 5 期）、《吳敬梓〈簡兮〉詩說的思想內涵》（《南京師範大學文學院學報》2004 年第 3 期）等，李漢秋《對新發現的吳敬梓〈詩說〉芻議》（《復旦大學學報》，2001 年第 5 期），李世萍《吳敬梓〈詩說〉述評》（《內蒙古師範大學學報》，2002 年第 4 期），顧鳴塘《吳敬梓〈詩說〉與〈儒林外史〉》（《明清小說研究》，2001 年第 4 期），不完全統計，圍繞《文木山房詩說》論文超過二十篇。

清代詩經學家王夫之與戴震仍爲研究者所關注，論文有：張民權《王夫之〈詩經叶韻辨〉述評》（《語言研究》，2000 年第 1 期），曾玲先《王船山〈詩廣傳〉的文化感及其它》（《衡陽師範學院學報》，2001 年，第 4 期）、《王船山

〔註117〕陳寅恪：《陳垣〈敦煌劫餘錄〉序》。
〔註118〕其它同題後繼論文散見於《孔子研究》，2003 年第 6 期；《浙江海洋學院學報》，2002 年第 3 期等刊物。

對〈詩經〉的兩種解讀》（《船山學刊》，2002 年第 1 期），張思齊《論王夫之關於〈詩經〉中靈性思維的思想》（《齊魯學刊》，2003 年第 4 期）、《論王夫之關於〈詩經〉中性愛描寫的思想》（《中國文化研究》，2004 年第 4 期），雷慶翼《評王船山〈詩經稗疏〉》（《衡陽師範學院學報》，2003 年第 5 期）、《王船山〈詩經稗疏〉治學方法管窺》（《船山學刊》，2003 年第 4 期），涂波《〈詩廣傳〉主旨新探》（《船山學刊》，2007 年第 1 期）；洪湛侯《戴震與詩經研究》（《黃山學院學報》，2000 年第 1 期），徐道彬《戴震〈詩經〉研究方法簡論》（《合肥學院學報》，2006 年第 4 期）、《〈孔子詩論〉與戴震〈詩經〉的研究》（《新疆大學學報》，2006 年第 2 期），其它若碩士博士論文中部分章節發表者則不重複列出矣，下循此例。

此外，今文詩經學家魏源及其《詩古微》極受學者注意，論文有：馬睿《魏源〈詩古微〉的文學意義》（《四川大學學報》，2001 年第 3 期），李傳書《魏源今文〈詩〉學評述》（《長沙理工大學學報》，2004 年第 4 期），夏劍欽《〈詩比興箋〉確係魏源所著》（《中國韻文學刊》2004 年第 4 期），張啓成《論魏源的〈詩古微〉》（《貴州文史叢刊》，2006 年第 2 期），錢毅《魏源〈詩經〉「四始說」述要》（《電影評介》2007 年第 13 期）

論及其它詩經學家及其詩經學著作之文有：張海晏《姚際恒〈詩經通論〉研究（下）》（《燕山大學學報》，2005 年第 2 期）〔註 119〕，馮莉《方玉潤生平事蹟及著述輯證——兼論〈詩經原始〉的詩學觀》（《寶雞文理學院學報》，2007 年第 3 期），郭全芝《〈毛詩傳箋通釋〉的語言研究傾向》（《淮北煤炭師範學院學報》，2003 年第 2 期），李飛《略論〈毛詩後箋〉的訓詁特色》（《樂山師範學院學報》，2006 年第 2 期），程瑩《馬瑞辰〈毛詩傳箋通釋〉的訓詁特色》（《樂山師範學院學報》，2007 年第 1 期），王小婷《論〈詩義會通〉對《詩經》的文學解讀》（《山東師範大學學報》2005 年第 3 期），王政《由〈田間詩學〉二南邶鄘衛風看錢澄之說詩》（《淮北煤炭師範學院學報》，2006 年第 6 期），魯夢蕾《論惠周惕〈詩說〉在詩經學史上的地位》（《黃山學院學報》，2006 年第 2 期），劉豔霞《馬國翰輯王肅〈詩經〉學著述考》（《瀋陽工程學院學報》2007 年第 2 期）等。

全面探討清代詩經學或某一清代詩經學史問題之文有：寧宇《清代詩經學研究百年回顧》（《山東社會科學》，2003 年地 3 期）、《清代〈詩經〉學的發

〔註 119〕其「上」篇未能查到寓目。

展階段和主要派別》(《泰山學院學報》，2002 年第 5 期)，郭丹《〈四庫全書總目〉中〈詩經〉的批評》(《福建師範大學學報》，2002 年第 4 期)，龍向洋《明清之際〈詩經〉文學評點論略》(《新陽師範學院學報》，2002 年第 5 期)、《以「詩」證〈詩〉：明清〈詩經〉評點方式》(《湖州師範學院學報》，2006 年第 6 期)，李兆祿《清代詩經學家對〈詩經‧齊風〉的解讀》(《管子學刊》，2005 年第 1 期)

　　末略述刊行著作概況。

　　最當矚目者：《文木山房詩說》研究之著三種。分別爲：周興陸《吳敬梓〈詩說〉研究》，上海古籍出版社，2003 年；周延良《〈文木山房詩說〉箋證》，齊魯書社，2002 年；周延良《〈文木山房詩說〉與〈詩經〉學案叢考》，百花文藝出版社，2002 年。當代詩經學研究中以同一詩經學著作爲對象二三年間三部著作問世者僅有此一例耳！

　　除前述戴著與洪著外，其它詩經學史著作亦相繼刊佈，論清代詩經學部分愈加豐富。其中張啓成《詩經學研究史論稿》(貴州人民出版社，2003 年版)論及清代詩經學家及其著作時有新見，雖要言不煩，常切中肯綮。提要之著，夏傳才、董治安《詩經要籍提要》中清代詩經學所佔比例極大，其雖有微疵，而所論亦均非泛泛之言，常只數字卻謹嚴。

　　清代詩經學研究僅作如上概述，要之，清代詩經學研究仍缺少深入性著作，廣度亦不夠，綜合而整體性研究至今尚乏。

第二章　清初詩經學研究

　　「國朝經學凡三變，國初，漢學方萌芽，皆以宋學爲根柢，不分門戶，各取所長，是爲漢、宋兼採之學。乾隆以後，許、鄭之學大明，治宋學者已尟。說經皆主實證，不空談義理。是爲專門漢學。嘉、道以後，又由許、鄭之學導源而上，……是爲西漢今文之學。」[註1]清代詩經學亦可作如是觀也。

第一節　清初詩經學總體風貌

　　清初詩經學承二千餘年詩經學之積纍，於朱明經學之積弱時而一振，遂有曼殊朝一代新變，今人以「詩經清學」別之於前朝詩經學。

一、清初詩經學略說

　　清代詩經學全面總結以前歷代詩經學研究成績而自成面目。清代詩經學偏於文字音義之考據，然實有超越漢學之處；亦重義理詩教之發皇，而有宋儒未到之境；更承詩句玩味之淵源，得明人之餘緒，成己獨特之《詩》學批評體系，而啓現代詩經文學之研究。

　　清初九十年詩經學乃清代詩經學之發軔期。其除具有清代詩經學之特徵外，仍有其個性，總體表現爲：漢宋兼採，多元發展。

　　清初詩經學家分爲兩類，其一爲明遺民，其二爲滿清出生成長之經學家。雖二者成長歷程不盡相同，所遭風雲時會亦不盡相同，然，清初詩經學家所彰顯之時代精神卻較爲一致。

〔註 1〕皮錫瑞：《經學歷史》，頁三四一。

　　清初詩經學家治《詩》主張「通經致用」，並以此安慰因亡國之痛而破碎之心靈；由此而強調「博學於文」，求實證之學（「實學」）便正悄然孕育乾嘉學術（「樸學」〔註2〕）之大輝煌。

　　明清鼎革，若僅在關內華族兩姓之間，士人之沉痛擬或無此劇烈。滿清以夷入主中原，士人倡導經史一爐而冶之情似更為急切，即便非以經學研究著稱者如虞山錢牧齋亦不例外，錢謙益嘗倡言：「六經，史之宗統也，六經之中皆有史，不獨《春秋》三傳也。」〔註3〕「詩史二而一」之傳統於是在清初詩經學中重被體認而成為時代精神。

　　清初詩經學矯正晚明空疏學風同時，亦承繼並發展晚明詩經學文學研究之風氣，以《詩》為經，以《詩》為史，亦以《詩》為詩。

　　此之三者可視為清初詩經學總體特徵形成之主要因緣，下將詳論，此略作交代云耳。

　　描述品評有清一代詩經學既關涉理障成見，又礙於基本文獻之梳理，且因此二百餘年間詩經學基本文獻精蕪雜錯，更不易探驪得珠。故愚擬由詩經學名家為線索鳥瞰清初詩經學。

　　清代詩經學超越漢宋，總結歷代，以乾、嘉、道三朝為代表，今人所謂：以樸學為特徵之詩經學（詩經清學）也。晚清則另有新域，由東漢經學上溯而西漢經學，傳統詩經學遂有最後輝煌。清初詩經學雖成績不若清中葉、晚清大，而導夫先路之功不可沒，清初詩經學可稱名家者不乏其人，乾隆已降詩經學所取成就實由清初諸名家奠基。凡稱名家，必有啟後人處。以此為準則，今將清初名家略加臚列：陳子龍、孫承澤、顧炎武、陳大章、嚴虞惇、陳啟源、朱鶴齡、錢澄之、王夫之、毛奇齡、閻若璩、秦松齡、姚際恒、賀貽孫、陸奎勳、李光地、方苞及惠周惕，得十八人。王鴻緒奉旨作《詩經傳說彙纂》，此外並無詩經學專門著述，故不列為名家。大樽、退谷、船山、陸堂四家，個案研究中將詳論之，餘者各節擇要縷述如右。

二、清初學風與詩經學

　　清初詩經學乃清代詩經學發軔期，非但有影響一代之名家，更是在學術

〔註2〕謹按：「實學」與「樸學」有論者以為不盡相同，實無須細辨，渾言之，可也。
〔註3〕錢謙益：「再答蒼略書」，《牧齋有學集》，卷三十八，頁一三一零，錢師仲聯先生標校，上海古籍出版社，1996年版。

風氣上呈現出不同於前朝之特徵，清初詩經學此一「不嚴門戶師法，兼採眾說，惟求眞知，注重實證」之特徵，爲乾嘉學術發展高潮正作出學理之準備。

如前所云，清初詩經學之總體特徵：漢宋兼採，多元發展，主張實證，全面總結。

欲述清初詩經學之特徵，允先陳述清初詩經學產生之風氣，此言「風氣」，包括學風與詩風。

錢師仲聯先生曾作《清代學風和詩風的關係》〔註4〕一文認爲：「清代學風對詩風的影響，前一時期和後一時期，都是好的，中間乾隆時期的翁方綱一流，卻無足稱道。」錢師所謂「前一時期」即本文之清初，自甲申國變，順治朝立，至雍正朝止。錢師概括清初學風爲「通經致用」，清初詩風爲「尚實」。學風「通經致用」與詩風「尚實」正乃清初詩經學之土壤。

如錢師所論：「毫無疑問，清初的崇實學風，是針對明代空疏不學的弊病而出現的。」愚以爲，同時，崇實學風亦針對滿清乾隆朝以前之文化政策。清初，順、康、雍三朝均以宋學爲宗，尚朱子之學，康熙朝尤甚。「康熙大樹理學旗幟、網羅漢人，故有在朝理學、在野漢學之說。」甚至，曾有「康熙議朱子配祀孔廟」〔註5〕之事。

清初主張實證學風一面糾弊晚明空談性理時風，一面對抗清廷獨尊程朱理學之文化政策。

晚明學風，梨洲：「嘗謂明人講學，襲語錄之糟粕，不以六經爲根柢，束書而從事於遊談。」〔註6〕面對晚明遊談無根世風，亭林由歷史教訓切入曰：「劉、石亂華，本於清談之流禍，人人知之，孰知今日之清談有甚於前代者。」〔註7〕亭林限於當時代之文網，欲言又止，不妨於此明之，中華之亂源於清談，晚明至今清談更甚，因此，滿清得以入關，以亂中華，中華既亂，清談者仍不醒悟，反愈加之甚，人人知之乎？「神州蕩覆，宗社丘墟」之痛，致使亭林提出重通經致用，尚實證博學之學術宗旨，以救當時棄書不讀之世風。

〔註4〕錢師仲聯先生：《夢苕庵論集》，「清代學風和詩風的關係」，頁一八二至一九五，中華書局，1993年版。

〔註5〕侯外盧：「乾嘉時代的漢學潮流與文化史學的抗議」，胡曉明、傅傑：《釋中國》，第二卷，頁一零七六，上海文藝出版社，1998年版。

〔註6〕趙爾巽等：《清史稿》，頁一三一零五，「列傳二六七‧儒林」，「黃宗羲列傳」卷四百八十，中華書局，1994年版。

〔註7〕顧炎武：《日知錄》，卷七，頁二四零，「夫子之言性與天道」，黃汝成集釋，秦克誠點校，嶽麓書社，1996年版。

　　亭林之倡實學，亦別有目的，身為遺民，亦為「夷」民，通經治學更為中華保種，嘗明《日知錄》一書纂寫目的云：「意在撥亂滌污，法古用夏，啟多聞于來學，待一治于後王。」〔註 8〕又云：「有王者起，將以見諸行事，以躋斯世於治古之隆。」〔註 9〕此種以通經致用，復古為學求為中華保種之旨，民國初年章炳麟守漢學，倡復古，與之如出一轍，章太炎認為「若是提倡小學，能夠達到文學復古的時候，這愛國保種的力量，不由你不偉大的。」〔註 10〕在滿清以夷亂華，繼入主中原時諸遺民大倡實學，呼籲篤學，講求實證復古，似有深意在焉。

　　清初學人之傾向漢學，與乾嘉學人篤信漢學，其性質當一樣也。清初政府倡導程朱理學，以宋學為正宗之學，（即有論者謂之正學，）在朝學人皆理學耆儒。此與清初文化政策有關，上之所好，下便所效。程朱理學向為統治者所用，康熙朝最烈。昭槤曰：「仁皇夙好程、朱，深談性理，所著《几暇餘編》，其窮理盡性處，雖夙儒耆學，莫能窺測。所任李文貞光地、湯文正斌等皆理學耆儒。嘗出《理學真偽論》以試詞林，又刊定《性理大全》、《朱子全書》等書，特命朱子配祀十哲之列。故當時宋學昌明，世多醇儒耆學，風俗醇厚，非後所能及也。」〔註 11〕詩經學家毛奇齡聞康熙議朱子配祀孔廟，便將其批評宋儒之著一併毀棄。〔註 12〕身受朝廷表彰之經學家多為程朱理學家，如：魏裔介、湯斌、李光地輩，〔註 13〕朝廷於詩經學則將朱熹《詩集傳》尊為正宗。「今令甲所示，學宮所肄者，朱氏一家止耳！」〔註 14〕正如汪堯峰所云「此詩教所有壞也！」再如晚明許宗魯云：「凡今人誦詩讀書，一取正於朱子。曰是則是，非則非，無非趨向大賢以為準的。」〔註 15〕可見，清初詩經學家漢宋兼採，並略傾向於漢學，意在拯救中華之詩教，而求實證，守漢學以論「詩三百」，則擬或有意不與清廷合作。

〔註 8〕顧炎武：「與楊雪臣」，《顧亭林詩文集》，頁一三九，中華書局，1983 年版。

〔註 9〕顧炎武：「與人書二十五」，《顧亭林詩文集》，頁九八。

〔註 10〕章炳麟：「東京留學生歡迎會演說詞」，《章太炎政論選集》，上冊，頁二七七，中華書局，1977 年版。

〔註 11〕昭槤：《嘯亭雜錄》，卷一，頁六，「崇理學」，何英芳點校，中華書局，1997年版。

〔註 12〕侯外廬：「乾嘉時代的漢學潮流與文化史學的抗議」。

〔註 13〕章權才：「關於清經學史的若干思考」，《學術研究》，2002 年第 2 期。

〔註 14〕汪琬：「《詩說》序」，惠周惕著《詩說》。

〔註 15〕謝啟昆：《小學考》，卷三十二，光緒十五（1889）年烏程蔣氏刻本。

　　與清初學風相近，清初詩壇風尚亦重時代意義、社會作用，亦強調詩文之經世，〔註16〕詩人文士所持不主一格，兼採眾長，所謂「春蘭秋菊，各自成家。」〔註17〕此一詩風影響，清初詩經學亦呈現出不守一家師說，博採眾長之特徵。

　　梨洲強調詩人須各具面目時，認為詩文之根柢在經史。「昔之為詩者，一生經、史、子、集，盡注於詩。夫經、史、子、集何與於詩？然必如此而後工。」又云「讀經史百家，則雖不見一詩而詩在其中。」「讀書當從六經，而後《史》、《漢》，而後韓、歐諸大家，浸灌之久，由是而發為詩文。」〔註18〕清初詩文批評家大多持是論調，可見，清初詩經學之勃興，與此不無關係。

三、清初詩經學總體特徵

　　清初詩經學中所表現之時代特徵為：以說詩而抒憂患之情。昔有論者認為清人之逃於考證，乃畏懼文字獄。文字獄列朝列代皆有，滿清尤烈而已。何前朝未有此實學之興焉？可見，文字獄並非實學勃興之根本成因。郭康松博士與此有詳論，〔註19〕此不展開闡述，以免有拾人牙慧之嫌。

　　清初詩經學中憂患之情，可從剖析清初詩經學家中尋繹答案。

　　清初詩經學家大多為史學家。經與史本密不可分，「經以明理，史以徵事」而「清初著名學者幾乎無人不治史，巨著迭出，成就輝煌，各有建樹。黃宗羲為學術史之開山，王夫之為史論家之高標，顧炎武長於考覈典章制度。」〔註20〕顧，王為清初詩經學大家，梨洲雖無詩經學專門著述付刊，其詩論中屢屢論及「詩三百」。其它詩經學家兼史學家於一身者不乏其人，如孫承澤、錢澄之、陸奎勳、毛奇齡輩等。以治經之法治史，〔註21〕以治史之法治經說詩亦一時風尚，清初學人之所以「過著極清苦的沉思和著述的生活」，是因為「明

〔註16〕鄔國平、王鎮遠：《清代文學批評史》，頁二，王運熙、顧易生主編：《中國文學批評通史》第六冊，「清代卷」，上海古籍出版社，1996年版。
〔註17〕黃宗羲：「錢退山詩文序」，《黃宗羲全集》第十冊，頁六八，浙江古籍出版社，1985～1994年版。
〔註18〕黃宗羲：「馬虞卿制藝序」，「南雷詩曆序」，「高旦中墓誌銘」。
〔註19〕郭康松：《清代考據學研究》，頁三八至六二，「清代考據學與文字獄」，湖北辭書出版社，2001年版。
〔註20〕陳伯海：《近四百年中國文學思潮史》，頁六二，東方出版社，1997年版。
〔註21〕杜維運：《清代史學與史家》，頁七，中華書局，1988年版。

亡以後，他們的心中充滿了明朝滅亡的負罪感」，〔註22〕將《詩》作史研究，透過楮墨，《詩》與史皆蘊血淚。清初詩經學著述常有亡國之痛，故土之念，清初詩經學家憂患之情也。

清初詩經學家大多兼「楚辭學」家於一身。如王夫之有《楚辭通釋》十四卷，錢澄之有《屈詁》（不分卷），賀貽孫有《騷筏》一卷，毛奇齡有《天問補注》一卷，李光地有《離騷經九歌解義》二卷等。《離騷》之憂君愛國於清初則更滲進民族之憂患，清初楚辭學家便藉「楚辭」研究「寄託他們亡國的哀思」〔註23〕。清初詩經學家說詩情慨亦同此也。

更有可補述者，清人論杜詩，除指出子美上承屈騷遺意外，亦抉出子美遠承「詩三百」，如仇兆鰲《杜少陵集詳注》即爲突出一例，其《進書表》曰：「杜曲千篇，上承三百遺意，發爲萬丈光芒。」仇兆鰲以《詩經》注杜詩者約有五百八十餘條〔註24〕。清初詩經學家注杜詩可觀者，朱鶴齡能當之，鶴齡有《杜詩輯注》，發皇詩教，寓於悲憤之慨，憂患之情，與其說詩同出一轍。

總言之，清初詩經學總體特徵在學術思想上表現爲：不主一家，兼採眾說；詩經學家在情感上表現爲：亡國之痛，故土之思，憂患之情。

四、清初吳門學派開啓者：惠周惕

惠周惕（？～1696）原名恕，字元龍，號硯谿，後號紅豆主人，江蘇吳縣人。康熙十八（1679）年舉博學鴻詞，以丁憂不與試。康熙三十（1691）年成進士，選翰林院庶吉士，以不習滿文散館，外補密雲縣知縣，卒於任。周惕少從徐枋遊，又受業於汪琬，通經積學，以古文名於時。工詩，《北征》、《紅豆》諸集銜華佩實，時有橫秋老氣，頗得東坡、放翁眞髓。與其子惠士奇、孫惠棟合爲姑蘇「三紅豆先生」，世稱「吳門三惠」，三世皆以經學著稱，周惕創始，學人亦曰「蘇州學派」。有《硯谿先生全集》十一卷行世。平生事蹟見於《清史列傳》、《清史稿》及鄭方坤撰《惠吉士周惕小傳》、江藩《惠吉士記》。

周惕著《詩說》三卷，「其旨本於《小序》，其論採於『六經』。旁搜博取，

〔註22〕蕭萐父、許蘇民：《明清啓蒙學術流變》，頁二八七，遼寧教育出版社，1995年版。

〔註23〕金淵洙：《清代前期楚辭學研究》，博士論文，頁十一，蘇州大學，1998年。

〔註24〕趙季、曾亞蘭：「說仇兆鰲以《詩經》注杜詩」，《第四屆詩經國際學術研討會論文集》，頁一二四二至一二五七，學苑出版社，2000年版。

疏通證據。雖一字一句，必求所自，而考其義類，析其是非。蓋有漢儒之博而非附會，有宋儒之醇而非膠執。庶幾得詩人之意，而爲孔子所深許者歟？」田雯所序深得周惕說詩旨趣。全書札記形式出之，卷上詩論，計七條；卷中論十五「國風」，計三十二條；卷下論雅頌，計三十四條。

　　周惕說詩，極重源流嬗變，無論漢宋，既不拘泥，亦不偏佞，持論但求通達，落語常自出己杼。如卷上第一「風雅頌以音別也」條〔註25〕，認爲「雅有小大，義不存乎小大也。」風雅頌以音樂而分，非由政也，此論雖源於程大昌，而周惕述歷來三家之說，娓娓道來，比較致誤之由云：「朱氏於理爲長，然猶未離乎《序》之所謂政也，《序》既以政爲言，則大小必有所指，此辯難之所以紛紛也。」溯淵源，廣採論，按語簡，識斷精。愚以爲，並無戴維先生所謂「證明缺略，稍有疏忽之譏」〔註26〕云云。

　　周惕說詩，嘗細玩詩文，如卷下第三十三「周頌之文簡」條〔註27〕，以文風變化而論世風變化，發千餘年儒生所未發，雖起鄭康成於九泉，恐亦未能有此言。文也不長，謹錄於此：

　　「周頌之文簡，魯頌之文繁。周頌之文質，魯頌之文誇。周頌多述祖宗之德，魯頌則稱孫子之功。周頌因烈考而及文母，魯頌則後壽母而先令妻。周頌於武王之克殷，僅一二言；魯頌於僖公之克淮夷，則反覆道之。此世道之升降，亦詩體之升降也。」周惕眞細心人也！

　　周惕詩經學大抵從毛鄭得家法，文字訓詁雖不甚措意，而方法卻啓發後人，非惟其有實學之風，而在其視野之開闊，足令後人歎服。如卷下第十五「舟人之子」條〔註28〕，採「經傳」以外，引《集古錄》「庚父敦銘」，用顧野王釋，證鄭《箋》「『舟』當爲『周』」之正確，遂爲不刊。結論之可靠在其次，方法之科學不可忽視，以金石學證詩，啓發後人如王靜安、于省吾諸賢者，似可信也。

　　無怪乎鄭方坤於《國朝名家詩鈔小傳》中評云：「其（周惕）說詩尤解人頤。著書三卷，博而不蕪，辨而不詭於正，可謂毛、鄭之功臣，而夾漈、紫陽之諍子矣。蓋其學問根柢，于一時輩流中，與同郡嚴思庵相驂駕，故能原

〔註25〕惠周惕：《詩說》，卷上，頁一，「叢書集成」本，商務印書館，1939年版。
〔註26〕戴維：《詩經研究史》，頁五一八。
〔註27〕惠周惕：《詩說》，卷下，頁三五。
〔註28〕惠周惕：《詩說》，卷下，頁二六至二七。

原本本，卓然成一家之言。」〔註 29〕其師汪琬堯峰先生亦有類似論評，並論《詩說》云：「疏通證明，無不悉有依據，非如專門之家，守其師說而不變者也。」確無過譽之辭，眞正的論也。

此外，陸奎勳爲清初詩經學中極爲獨特者，其不主一家，非限於漢學與宋學，即便古文與今文，惟求眞知，亦廣爲採取，此種風氣，直至晚近詩經學家方才蔚然，可見，陸堂於詩經學貢獻之大也。陸奎勳與《陸堂詩學》下有專論。

第二節　明遺民詩經學開創之功

清初詩經學第一高峰由明遺民造就，明遺民親身經歷晚明空疏學風，亡國之痛使其警悟，雖亦承晚明詩經學遺風而辯證朱《傳》，卻無明末流之「狂禪」習氣；雖亦作文學評點，卻無鑿空之論，代之以復古之風。明遺民陳子龍〔註 30〕便爲一例。陳子龍及其《詩問略》雖後有詳論，而其影響近百年詩經學家之功，尤其遺民詩經學家，於此不可無言也。

下略論明遺民詩經學家及其著述。

一、朱鶴齡與陳啓源

朱鶴齡與陳啓源，同爲遺民，同爲吳江人。

朱鶴齡（1606～1683）字長儒，號愚庵，明諸生，入清不仕。《清史列傳》、《清史稿》及《乾隆吳江縣志》均有傳紀起生平。陳啓源（？～1689）字長髮，號見桃居士。《清史列傳》與《清史稿》有傳。

朱鶴齡工於詩，長於箋疏，故《詩經通義》博採眾說，多主《小序》，既重詩之意味，更守經之義理。四庫館臣評云：「學問淹洽」。〔註 31〕

陳啓源秉性嚴峻，不樂於外人接，惟嗜讀書。《毛詩輯古編》駁宋申毛，爲復古漢學之大纛也。四庫館臣評云：「堅持漢學，不容一語之出入，雖未免

〔註 29〕錢師仲聯先生：《清詩紀事》，第五冊，「康熙朝卷」，頁三零七六，南京，江蘇古籍出版社，1987 年。

〔註 30〕謹按：陳子龍卒於順治四（1647）年，歷來論者將其視爲明季詩人，而其詩經學著作《詩問略》，可視爲清初明遺民詩經學之發端，故於此論之。

〔註 31〕紀昀、永瑢等：《四庫全書總目提要》，頁八三「四部精要」本，上海，上海古籍出版社，1992 年。

或有所偏，然引據賅博，疏證詳明，一一皆有本之談，蓋明代說經，喜騁虛辨，國初諸家，始變爲徵實之學，以挽頹波，古義彬彬，於斯爲盛，此編尤其最著也。」〔註32〕

朱、陳二著，愚讀後所得無過洪湛侯、戴維二先生所論，〔註33〕不再饒舌，述此，以志愚鈍。朱、陳爲名家，當無疑義。百餘年前經學史家甘泉江藩即有論評，移錄佐之：

> 國朝治《詩》諸老，莫不力宗毛鄭。然朱鶴齡之《通義》，雖詳辨廢《序》之非，而又採歐陽修、蘇轍、呂祖謙之說，蓋好博而不純者也。鶴齡與陳啓源商榷「毛詩」，啓源著《稽古編》三十卷，惠定宇亟稱之。其書宗毛鄭，訓詁聲音，以《爾雅》爲主，草木蟲魚，以《陸疏》爲則，可謂專門名家矣！然其解「西方美人」，則盛稱「佛教東流，始於周代」，至謂「孔子抑黜三皇而獨聖西方」；解「捕魚諸器」，謂「廣殺物命，絕不知怪，非大覺緣異之文，莫能救之」，且妄下斷語，謂「庖犧必不作網罟」，殊爲怪誕！〔註34〕

二、賀貽孫與《詩筏》及《詩觸》

清初詩經學名家當數賀貽孫、惠周惕、陸奎勳、陳子龍、朱鶴齡及陳啓源六者。賀爲明遺民，惠陸二人爲滿清出生成長之經學家。陳子龍、賀貽孫同屬明遺民，且入清未過十年，或亡，或隱身山林，不見其蹤跡。朱鶴齡、陳啓源亦並屬明遺民，然，入清時間較長，與乾嘉巨子僅半世紀之隔，影響密切。惠周惕、陸奎勳則由清初而乾嘉之中介，或其子，或其弟子，皆爲乾嘉中卓然大家者。述此六家，清初詩經學名家，似可見其一斑焉。

賀貽孫（1605～？）字子翼，號孖尹，江西永新人。明諸生，少與陳宏緒、徐世溥等結社豫章。明亡後，遂不出。順治七（1650）年，學使慕其名，特列貢榜，避不就。繼辭博學鴻儒薦，遁入深山，不復見其蹤跡。《清史列傳》與《清史稿》有傳。存世有《水田居文集》五卷、《水田居存詩》三卷與《詩筏》一卷、《騷筏》一卷、《詩觸》六卷。

〔註32〕紀昀等：《四庫全書總目提要》，頁八三。

〔註33〕洪湛侯：《詩經學史》，頁四六一至四六二；戴維：《詩經研究史》，頁四九四至五零二。

〔註34〕江藩：《經解入門》卷三，「近儒說經得失」第十七，光緒十九（1893）年桂垣書局刻本。

　　貽孫淹博經史，擅詩工文，其詩論亦爲時人所重，論詩傾向公安、性靈，參以亡國之悲憤，頗多精華。王英志先生論之極善。〔註35〕

　　《詩筏》爲貽孫主要詩學論著。《詩筏》中所涉「詩三百」者兩條，論《詩・小雅・巷伯》與《詩・小雅・節南山》之卒章，「刺人者不諱其名也。」《詩・大雅・崧高》與《詩・大雅・烝民》之卒章，「美人者不諱其名也。」以遺民氣節，搜討《詩》旨，譏諷當世，云：「若在今人，不知如何醜態也。」別一條論「詩家有一種至情，寫未及半，忽插數語，代他人詰問，更覺情致淋漓。」〔註36〕時引《詩・魏風・園有桃》與《詩・魏風・陟岵》，以《詩》爲詩之祖，由詩歌抒情方式切入，論唐詩之承繼「詩三百」，清季梁任公同有此論。貽孫此種讀詩之法，乃晚明詩經學評點派之餘緒。

　　《詩觸》爲其詩經學論著。今有《續修四庫全書》本，此本據咸豐二（1852）年敕書樓刻本影印。前有賀恢於咸豐四（1854）年所作序，六世孫賀鳴盛於咸豐二（1852）年所作跋。

　　《詩觸》首列「水田居詩觸凡例」，計五例，闡明斯編宗旨，「從《序》說」，「取古《序》之發端一語」，考校諸說，參伍己見。毛鄭朱說，不主一家。

　　《詩觸》讀詩常取詩三百中同一主題，或相近主題者比較對讀，發微詩旨，審美辭色藝術，體味感情結構。如《詩・衛風・氓》〔註37〕，貽孫將其與《詩・邶風・谷風》對讀比較，云：「此篇與《谷風》篇才情悉敵，但《谷風》詞正，此詩詞曲，《谷風》怨而婉，此詩悆而婉，其旨微異耳。」討論詩旨，而深入詩之情味，真可謂心細如髮。非惟如此，繼以明傳奇相比，論析此詩結構與敘事特色，云：「具其列敘事情，如首章幽約，次章私奔，三章自歎，四章被斥，五章反目，六章悲往。明是一本分齣傳奇，曲白關目悉備，如此醜事，卻費風人極力描寫，色色逼真，所謂化工非畫工也。」此等讀詩生發，非具極高藝術鑒賞力者不能到也。貽孫論詩，或以《詩》中諸篇目對讀，或以《詩》外詩文對讀，更是妙趣橫生。如《詩・秦風・蒹葭》〔註38〕，以《莊子・秋水》比較，云：「『蒹葭』二句，又傳『秋水』之神矣，繪秋水者不能繪百川灌河爲何狀，

〔註35〕王英志：《清人詩論研究》，頁二十二至三十七，南京，江蘇古籍出版社，1986年。
〔註36〕賀貽孫：《詩筏》，《清詩話續編》，頁一七零，一七一，一七四，郭紹虞編選，上海，上海古籍出版社，1999年。
〔註37〕賀貽孫：《詩觸》，卷一，「續修四庫全書」本。
〔註38〕賀貽孫：《詩觸》，卷二。

但作蘆洲荻渚出沒霜天煙江之間而已。」由《蒹葭》而《秋水》，由《秋水》
而「秋水圖」之繪事，貽孫眞藝術鑒賞聖手也！此下，貽孫復以太白詩句體悟
詩之意境，云：「『宛在』二字，意想深穆，光景孤淡。李白『訪隱士』詩云⋯⋯」
由「詩三百」至盛唐詩，一路讀下，毫無滯礙。

　　《詩觸》詩學理論近於晚明鍾惺伯敬竟陵派，鍾伯敬詩經學屬評點派，
貽孫亦如此。如《詩・衛風・河廣》〔註39〕，評云：「河既不廣，宋又不遠，
何以不歸乎？總不說破，妙！妙！」列毛序、鄭箋後，作此詩情評點，詩意
提煉，數百年後讀之可言者亦止「妙！妙！」而已。

　　貽孫《詩觸》評點詩什後，常引鍾伯敬《〈詩經〉評點》語作點睛之論。
如《詩・小雅・鶴鳴》〔註40〕，由修辭剖析而深究詩旨，因其極爲精妙，故
不避其繁，茲錄如右：

　　　　此詩凡四層，每一層作一喻，全不露出正意。毛、鄭專主求賢，
　　朱注分明好惡，各有一見，然總勿道破，更覺味長。蓋四喻中立言
　　甚廣，取義甚圓。目擊道存，觸境皆是。自求治用人、學問經濟、
　　涉世居身、觀變體物，以及日用居室之間，萬事萬物無往而不在焉。
　　若執一辭以求之，舟痕未移，劍去久已。

角度之新穎，批評之熨貼，眞千餘年前周人之知音也。末用鍾伯敬所評，以
與己論互輝，云：「鍾伯敬曰：『此如《易》之取象，不止於譬喻也。』」

　　作爲明遺民，貽孫於《詩觸》中時而露出朱明之思，一發而爲故土之念，
極力讚頌商周之禮，文王之德。如《詩・魏風・碩鼠》〔註41〕，云：「然曰將
去則猶徘徊故土，未忍決絕，此則民情之厚也。」再如《詩・周頌・清廟》〔註
42〕，云：「凡此皆文德所感者，而豈不光顯承順乎？信乎？！文王之德沒世不
忘，而無厭於人心矣！」頌文王之德，顯然贊華邦之族。

　　貽孫詩經學別一貢獻在於，其論詩之史實嘗取之於先秦諸子之說，此種
研究方法有廓清晚明尚空談性理之弊。如《詩・秦風・無衣》〔註43〕，引《序》
後，即用韓非之說證詩之時代，復以《詩》中他篇佐之，清代詩經學此一風
氣蔚然，貽孫有功焉。

〔註39〕　賀貽孫：《詩觸》，卷一。
〔註40〕　賀貽孫：《詩觸》，卷三。
〔註41〕　賀貽孫：《詩觸》，卷二。
〔註42〕　賀貽孫：《詩觸》，卷六。
〔註43〕　賀貽孫：《詩觸》，卷二。

三、陳子龍與《詩問略》

陳子龍（1608～1647）字人中、臥子，號軼符、大樽。華亭（今上海淞江）人，詩人、散文家。子龍一代志士，接文文山浩然之氣，有張煌言凜然之節，後先輝映，馨香百世，無待贊詞。崇禎初，入復社，崇禎十（1637）年進士，選紹興推官。國是日非時，重通經致用之學，纂《皇明經世文編》，整理徐光啟《農政全書》。清兵破南京後，奮起抗擊，被執後，乘隙投水而亡，以風節著。

子龍工詩，尤精七律，目為明季雄傑，當無不可。詞作亦「能以濃豔之筆，傳淒婉之神，在明代便算高手。」〔註44〕明代工詞「不過陳人中一人而已。」〔註45〕子龍之詩論、詞論、文論倡復古，主真情，影響一代。有《陳忠裕公全集》十卷行世。

子龍於《詩經》推崇甚隆，以為「吟詠之道，以『三百』為宗。」〔註46〕著一卷《詩問略》，有「叢書集成初編」本。

子龍於《詩問略》「序」中云：「余于『集傳』不盡愜，而莫敢異也。及讀郝氏書，乃知經學不必專泥朱子也，且朱子于『小序』、鄭、孔諸家悉置弗錄矣。……初題此篇為《詩志》，庶幾時亦弋獲乎？然不敢自謂能意逆也，曰《詩問》，仍以問諸有道者。或嫌其略而不詳，異日尚有續焉。」由此可知，子龍斯編並不專主朱子《集傳》，偏於孟苟說詩之道，「以意逆志」。

《詩問略》札記形式，計四十六條。「不必專泥于朱子」，即認同者許之，未愜者非之。許之者幾無，非之者居多。

第四十一「今所傳詩說」條〔註47〕，近許朱子斥「小序」謬誤。餘者近非。「鄭箋」誤，而朱子信之，亦誤。如第二十九「生民之詩」條，子龍駁之以致誤源頭：偏信《史記》。徵諸史而正《詩經》之誤，求「經史一冶」之方法論，影響後來學術，厥功豈不偉哉？

非朱子，力非其「淫詩說」，語似有所維護，認為朱誤多由鄭夾漈，鄭夾漈，南宋鄭樵。如第十九「將仲子」條，子龍此條駁朱子「淫詩說」，雖膠固

〔註44〕陳廷焯：《白雨齋詞話》，卷三，頁五七，杜維沫點校，北京，人民文學出版社，1998年。

〔註45〕陳廷焯：《白雨齋詞話》，卷一，頁三。

〔註46〕陳子龍：「左伯子古詩序」，《安雅堂稿》，卷四。

〔註47〕陳子龍：《詩問略》，頁十三，「叢書集成初編」本，長沙，商務印書館，1939年。

於毛鄭，而方法卻極科學，以《左傳》用詩之載爲據，「子展賦此詩，取兄弟相護之意，則豈淫奔語乎？」取相近時代史料證「詩」，守漢學家法，惜忽略春秋賦詩，嘗有斷章取義之嫌。

子龍《詩問略》論詩主體驗情味，如第三「子曰：『關雎』樂而不淫，哀而不傷」條，認爲孔子此「言其聲之和也」。引鄭樵語助之，結論：「豈輾轉反側之謂哀，琴瑟鐘鼓之爲樂乎？」眞絕妙也！

讀《詩》方法之科學啓發曼殊朝者仍有：同主題詩對讀，並按之於史，還原《詩》於其時代論之。如第九「周南卷耳之詩」條，認爲「卷耳」「猶召南之『草蟲』也。『草蟲』婦人思其夫，『卷耳』乃軍中思其室家也。」繼證之以史實，眞深得作者心也！

子龍身逢鼎革，遺民之節，抗清之志，《詩經問略》亦有表現，討論詩義，以存漢家故國之念，此一做法亦影響清初詩經學家之精神。如第六「邶之北風」條，云「秦則蒹葭之伊人，不仕於異姓。」第十二「讀大雅常服黼冔」條，云：「其視後世亡人之國，則絕人之祀，毀其先代之衣冠籍貫者，相去遠矣。每讀詩書，並去非之言，未嘗不三歎也。」眞遺民之歎也！

子龍論詩亦重當代同時詩經學著述，如第四十三「吾友劉望之著詩論三篇」條，不一而足。

四、王夫之之詩經學研究

王夫之（1619～1692）字而農，號薑齋、夕堂、一瓢道人、雙髻外史等二十餘，晚居石船山觀生居，自署船山病叟，學者尊爲船山先生。湖南衡陽人，崇禎壬午（1642）舉人。明亡後，於衡山舉兵抗清，敗走肇慶。經瞿式耜舉薦，爲南明桂王朝行人司行人，式耜殉難，船山遂隱遁湘西，後返故里，結廬船山，著述以終。

船山與亭林、梨洲合稱爲「清初三大儒」，船山爲明末清初著名學者、思想家、文學家，多聞博學，志節皎然。經史子集，無不深究，每有心得，述以文字，探學論道，作有百種。論學以漢儒爲門戶，亦尚宋儒格物致知。一生主實證經世，斥空談誤國。

船山工詩擅詞，亦精選政，有《古詩評選》、《唐詩評選》、《明詩評選》名世。能作雜劇，有《龍舟會》之作。

船山著作可稱等身，經部名著有：「易學」《周易稗疏》、《周易外傳》等

六種;「尚書學」《尚書稗疏》、《尚書引義》二種;「三禮學」《禮記章句》一種;「春秋學」《春秋家說》、《續春秋左氏傳博議》等四種;「四書」研究之作五種;史學以《讀通鑑論》、《宋論》最為著名;子部以《老子衍》、《老子解》、《莊子通》尤享盛譽;理學以《張子正蒙注》、《思問錄》倍受推隆。今有嶽麓書社刊行《船山全書》最稱完備,計著作七十九種,附傳記、年譜、雜錄等共十六冊。

　　船山詩經學專門著述計五種:《詩經稗疏》、《詩經考異》、《詩經叶韻辨》、《詩廣傳》及《詩譯》。

　　《詩經稗疏》旨在辯證名物訓詁,考訂山川典章,屬詩經學史學派著述,經學家之著也;《詩經考異》旨在考異文字,《詩經叶韻辨》旨在提出詩經古今音異理論,糾駁叶韻說,屬詩經學小學派著述,小學家之著也;《詩廣傳》由《序》生發,闡述義理,不拘門戶,博採漢宋學,廣綜古今文,旁涉歷史、政治、倫理諸科,屬詩經兼採派著述,思想家之著也;《詩譯》以詩論《詩》,類於讀詩札記,後人合其與《夕堂永日緒論》內外編及《南窗漫記》統為《薑齋詩話》,故《詩譯》屬詩經文學派著述,詩學家之著也。以下擇其要者論之,有所得則長言之,無所得則短言之。《詩譯》為《詩經》詩話,前已述及。

　　《詩經稗疏》〔註48〕旨在名物典章考訂,船山於此主張「義理可以日新,而訓詁必依古說。不然,未有不陷於流俗而失實者也。」〔註49〕因此,船山於《詩經》訓詁必依《爾雅》、《說文》,以「三禮」、「三傳」佐證。考訂典章,更必依古說,釋車制以為「毛鄭大戴及見古車之制,考古者自當遵之以求通。」〔註50〕甚至《詩》、《說文》、《周禮》相互參政,如「辟廱」條。

　　即便釋詞亦沿用劉熙《釋名》之法,如「泮之言半也,半水者,蓋東西門以南通水,北無也。」〔註51〕此之謂「訓詁必依古說」,船山此論實針對明季不讀古書,遊談無根之風。

　　《詩經稗疏》與《詩廣傳》均說詩不主一家,主要斥朱。

　　《詩經稗疏》非朱之誤,俯拾皆是,持論不呈意氣,極為公允,如「鮮

〔註48〕王夫之:《船山全書》,第三冊。
〔註49〕王夫之:《詩經稗疏》,卷三,「黃流在中」條,頁一七○。
〔註50〕王夫之:《詩經稗疏》,卷一,「簟茀」條,頁九○條。
〔註51〕王夫之:《詩經稗疏》,卷三,「辟廱」條,頁一七七。

原」斷爲朱子《集傳》因鄭《箋》之誤而誤。「郇伯勞之」斷爲朱承毛鄭之誤而誤。「英英白雲」則斥朱子說詩「雖巧而實未按」。亦有稱許朱子者，如「生民」，肯定朱子疑古思想之貢獻。

《詩經稗疏》訓詁釋詩極重文義邏輯，此正船山說詩超越他人處。如「頓丘」條，邏輯推演，以說「頓丘」，「乃淇旁一成之丘，非頓丘邑也。」如「取歷取鍛」，強調「以文義求之，自應如此。」如「蔞」非毛傳，「於文義未安」。

《詩經稗疏》，亦體現船山實證思想之一端。如「菫荼如飴」糾毛鄭之誤，「以實求之」，復按之詩旨能適。釋字定音，必求以古，此亦實證思想也，《詩經》之字爲古字，因此，「析字立義，……自不容以今人字義解之。」與其說其尊古，不如說其求實。

《詩經稗疏》中遺民情緒時有透露，突出者「天命玄鳥」條。引王充之說，論玄鳥生商之荒誕，以人類生子產嬰之理駁之不經。絕妙者在於，說燕卵並無薏苡之效，則民俗學上亦無根柢矣。船山之結論：「其怪誕不待辨而知矣」。船山緣何如此？《清太祖武皇帝實錄》載滿清朝祖先傳說與玄鳥生商並無二致，〔註 52〕非玄鳥生商之神秘光環，即斥滿清遠祖傳說之神聖。船山結語云：「彼西域夷狄者，男女無別，知母而不知父。族類原不可考，姑借怪妄之說以自文其穢。而欲使堂堂中國之帝王聖賢比而同之，奚可哉！」意義之鮮明，則不待言矣。

《詩經考異》爲清初詩經學小學派之力作，其所採者，愚略加統計，《說文》九十六則，「三禮」三十三則，諸子二十三則，《韓詩》、《魯詩》十七則，於《左傳》、《爾雅》亦有所取。可謂校句正字「雖未賅備，亦足資考證。」〔註 53〕

《詩廣傳》及《詩經叶韻辨》讀後並無多得，未若今人趙沛霖、曾玲先、劉青松、張民權諸先生〔註 54〕所論高明，故收嗦不言矣。

〔註 52〕楊公驥：《中國文學》，頁九九，長春，吉林人民出版社，1980 年。

〔註 53〕紀昀、永瑢等：《四庫全書總目提要》，頁八三。

〔註 54〕趙沛霖：「打破傳統研究模式的《詩經》學著作——讀王夫之《詩廣傳》」，《求索》，1996 年第 3 期；曾玲先：「王船山《詩廣傳》的文化感及其它」，《衡陽師範學院學報》（社會科學），2001 年第 4 期；劉青松：「王夫之與叶音說——《叶韻辨》解析」，《船山學刊》，1998 年第 2 期；張民權：《清代前期古音學研究》，頁一二二至一三零，北京，北京廣播學院出版社，2002 年。

第三節　清初詩經學個案研究

　　清初詩經學名著、名家雖不若乾嘉、晚近之燦然，而開一代風氣，影響一代學人，可稱許者亦不在少數，限於篇幅，本節擬論孫承澤、陸奎勳、姚際恒三人及其詩經學著作。

一、孫承澤與《詩經朱傳翼》

　　孫承澤（1592～1676）字耳伯，號北海、退谷、退翁、退道人，山東益都人，世隸上林苑籍，故自云北平人，自稱「都門老人」。自幼力學，不附魏黨，時人目爲「東林秀才」。崇禎四（1631）年進士，歷官陳留知縣、刑部給事中。後降闖王，任四川防禦使。入清，歷任太常寺少卿、兵部、吏部侍郎，加太子太保、都察院右都御史銜。年六十引退，家居吟詠，深研經學。著有《詩經朱傳翼》（三十卷，首一卷），《尚書集解》（二十卷），《山書》（十八卷），《九州山水考》（三卷），《思陵典禮紀》（四卷）、《己亥存稿》（一卷）及其它史著多種。《清史列傳》卷七十九《貳臣傳》乙有傳，王崇簡有《光祿大夫太子太保都察院右都御史吏部左侍郎孫公承澤行狀》紀其生平。

　　孫氏《詩經朱傳翼》收入「四庫全書」存目，《四庫全書總目提要》「經部詩類存目二」云：「承澤有《尚書集解》已著錄，承澤初附東林，繼降闖賊，終乃入於國朝。自知爲當代所輕，故末年講學惟假借朱子以爲重。獨此編說詩則以『小序』、『集傳』並列，有雜引諸說之異同，窺其大意。似以『集傳』爲未愜，而又不肯訟言，故顢頇模棱，不置論斷，紛紜糅亂，究莫名其指歸，『首鼠兩端』斯之謂矣。」〔註55〕

　　四庫館臣攻詰貳臣，討好當政，意氣下語，姑可不論。愚讀三十卷一過，知館臣「題要」確爲實言。然，問題總有兩面。承澤之時代，貳臣引退，當政者並無訾多微詞，而大多貳臣心存悔恨，或以辭賦詩文一吐隱衷，若牧齋、梅村；或潛心經史子部，若承澤、承諾〔註56〕。承澤類於亭林、梨洲。

　　朱熹宋學，向爲當政所用，視爲正宗，理學尊之，科舉用之。詩經學研究至乾隆爲統治者所宗未變，此後朱子學術下沉當爲滿清文化政策一大轉

〔註55〕紀昀、永瑢等：《四庫全書總目提要》，頁九零，「四部精要」本，上海古籍出版社，1992年版。

〔註56〕謹按：承諾，指胡承諾，字君信，天門人。有《讀書說》六卷，《清史稿》卷四百八十，「儒林」有傳。

隘。乾隆《御製七十二候詩》云：「晦翁舊解我疑生」〔註57〕，自此，宋學方日益式微。可見，乾隆前疑朱與乾隆後疑朱性質自當不同。疑朱豈人人可為之？當政不疑，士人可疑歟？順、康、雍三朝朱子宋學仍居統治地位，為當政所宗。朱明之亡，空談理學之過，似已成遺民共識，故疑朱難宋，當政不取，遺民皆如此。

《詩經朱傳翼》首列《序》，次列朱子「集傳」，繼採諸說，後下己語，多駁「毛序」，申論「集傳」大義。孫氏之所以可稱大家，其一：開疑朱風氣。雖未訟言「集傳」，所引他說，雖未置論斷，卻足明己意。如《詩・小雅・采薇》〔註58〕「序」與「朱子曰」之後便列輔廣之論，以下申述均為輔氏之意，不言「集傳」，復論他說，孫氏用意甚明，則無須苛求其未明駁朱子矣。結以謝疊山語，非朱之意益明。其二：時有文學評點，且寄託懷抱。如《詩・秦風・蒹葭》〔註59〕結以按語：「此詩蒹葭蒼蒼，白露為霜，喻秦人肅殺景色也。其時西周人物尚有存者，顧不屑為時用，故為人所企慕想望如此。使周東秦霸之時，無此一詩將不成世界矣。夫子錄之，寓意遠矣。」與其云「夫子寓意遠矣」，不如說孫氏寓意晦深矣。按語中家國之思已溢紙表。秦，周之故地。「西周人物」「不屑為時所用」，似有朱明舊臣心曲，無怪乎四庫館臣譏其「降闖賊」，「入國朝」「為當代所輕」，此正其至痛處。竊以為承澤精研經史，佯宗朱子，乃不得已為之，而故國之念，卻時有泄漏。

雖如此，《詩經朱傳翼》仍為清初官方詩經學之代表，與統治者聲氣一致，維護「集傳」，隨處可見，不滿「毛詩」，不遺餘力。作於康熙十一（1672）年「自序」直指「毛氏之罪」甚於桀紂，朱子之功，吾黨共勉。其云：「嗟乎，五經皆以垂教，聖人於詩尤諄諄焉。乃『三百篇』之旨，一夫障之，千有餘歲不明於天下。昔王輔嗣以棄象之說亂《易》，范甯斥之為罪深於桀紂。蓋桀紂罪在一時，輔嗣罪流後世也。毛氏之罪豈在輔嗣下？朱子辟之厥功偉矣。」此正是清初高居要位之貳臣學術上兩面性，現象與清初文學近同。

〔註57〕紀昀、永瑢等：《四庫全書提要》，頁八三，「欽定詩義折中」條。
〔註58〕孫承澤：《詩經朱傳翼》，卷十五，四庫存目本，影印復旦大學藏清康熙孫氏刻本。
〔註59〕孫承澤：《詩經朱傳翼》，卷十一。

二、陸奎勳與《陸堂詩學》

陸奎勳（1661〔註60〕～1738）字聚侯，號坡星，又號陸堂，浙江平湖人。康熙六十（1721）年進士，由庶吉士授檢討，入史館，充《明史》纂修官。

陸堂未弱冠，即以文字雄於吳越間，少有清才，擅詩，長奉朱竹垞之教，詩思無端，情溢緒衍，復工於造語。撰有《陸堂詩集》十六卷與《陸堂續詩集》八卷，經學著作有：《陸堂詩學》、《陸堂易學》、《今文尚書說》、《春秋義存錄》、《戴禮緒言》、《魯詩補亡》等多種。平生事蹟僅有鄭方坤《陸太史奎勳小傳》紀之。

《陸堂詩學》有康熙五十三（1714）年陸氏小瀛山閣刻本，《續修四庫全書》本即以之影印。卷首有二序，其一，吳江同學張尚瑗序，其二，陸堂自序。

陸堂於斯編頗為自信。「初嘗與朱竹垞質問參訂，竹垞尋沒，心儀顧亭林，謂兩先生不在，誰可序吾詩學者？」〔註61〕陸堂自序更是朗聲云：「自謂不能躡武宋儒，若元明已下說詩者，則未敢多讓焉。」

《陸堂詩學》凡十二卷，成於康熙壬辰五十一（1712）年；「讀詩總論」四十五則，作於康熙癸巳五十二（1713）年十月。

《陸堂詩學》分為兩部分，其一，「讀詩總論」四十五則，其二，十二卷正文。

「讀詩總論」闡述「詩學」基本立場，主要主張。其間不乏珠璣之言，持平之論。

如第七「《史記》有害於《詩》者」條，謂司馬遷作《史記》時有誤讀，蓋「馬遷當日未見全詩，故疏脫至是。」〔註62〕並指出「為毛學者既識為宣雅矣，仍云變而不正，吾不知其何心？」《史記》中「風雅正變」之辨，今人陳桐生先生亦作論析，結論可靠，〔註63〕而反視數百年前陸氏此疑，真正目

〔註60〕謹按：洪湛侯先生記為 1663 年，誤，鄭方坤《國朝名家詩鈔小傳》云：「庚子辛丑年六十，始聯捷成進士。」康熙辛丑年，1721 年，可知，奎勳生於 1662 年。鄭氏之文參見，錢師仲聯先生：《清詩紀事》，第六冊，「康熙朝卷」，頁三五八四。

〔註61〕張尚瑗：「《陸堂詩學》序」，《陸堂詩學》，「續修四庫全書」本，據陸氏小瀛山閣刻本影印。

〔註62〕陸奎勳：《陸堂詩學》，「讀詩總論」。

〔註63〕陳桐生：《史記與詩經》，頁一三四至一四一，人民文學出版社，2000 年版。

光如炬也。如第十六「孔氏《正義》允稱毛、鄭功臣」條〔註64〕稱讚孔氏《正義》「法度名物，博考靡遺，宋自元豐後廢而不行，邇來功令于朱子《集傳》外，兼取疏義，詩學可以大明。乃經師門徒往往厭其煩瑣，庋閣不觀，有志者當不如是。」不因宗朱而輕毛、鄭、孔疏，可見，當時漢宋兼採已成風氣，而陸堂持論之允平，後世治《詩》者當視為楷範。

　　「讀詩總論」第三十「余為是書」條，乃一書之宗旨，「雖主毛詩，而魯、齊、韓之幸存者，未嘗不採；雖宗朱子《集傳》，而鄭、孔、歐、呂諸儒之說，不敢不參；雖專以說詩，而于諸經、子、史、騷、賦，亦間有所發明；雖說商、周二代詩，而于漢、魏、六朝、三唐之作，即求為之通貫。材薄而緒多，豈必皆當，要以竭其區區之愚而已。」

　　由此一自道之言，吾等可知：其一，《陸堂詩學》為一部兼採派詩經學著述。既漢宋兼採，亦今古文兼採。其二，說詩之法，非儒生講經之法。即求諸經為一，相互發明，更求子、史、騷、賦與《詩》一同研治，於漢宋先賢說經，雖有踵武，卻又有其高出一籌之處。其三，詩學亦為詩歌之學。《詩》為商、周二代之詩，與漢、魏、六朝、三唐詩歌無二也，應予通貫之。此一觀點又高出晚明詩經學評點派者多多矣。其四，引諸說但為固己之「愚見」，「區區之愚」自是謙辭，而論詩主一己之見，可見，持論並無腐儒說經之迂。其獨立思辨之辭，十二卷中觸目即是，不在少數，雖不免時有附會，可嘉者思辨之精神也。

　　《陸堂詩學》通古今文於一杭，可視為清中葉以下今文經學勃興之濫觴。「讀詩總論」第八「多聞闕疑莫如毛氏」條，直云：「伏生之《今文尚書》，功宜金鑄，余謂《毛詩》可與差肩，二戴記《禮》瞠乎後矣。」故正文中從「三家詩」者不少，如《詩·周南·桃夭》〔註65〕從「魯詩」，並指出「《(詩)集傳》推美文王，本諸《大學》，是亦『魯詩』也。」再如《詩·小雅·鴻雁》〔註66〕則據「韓詩」說。《詩·邶風·式微》〔註67〕不從毛《傳》，卻從齊詩。

　　《陸堂詩學》已有意識總結清以前之詩經漢學與宋學之得失，並予以議駁。「讀詩總論」中有論「謂孔子無刪詩事」，「西河端木許以言詩」，「孟子說

〔註64〕陸奎勳：《陸堂詩學》，「讀詩總論」。
〔註65〕陸奎勳：《陸堂詩學》，卷一。
〔註66〕陸奎勳：《陸堂詩學》，卷六。
〔註67〕陸奎勳：《陸堂詩學》，卷二。

詩，以意逆志」，「隋經籍志云：齊詩魏代已亡，魯詩亡於西晉，韓詩雖存無傳之者」，「斷章取義，韓嬰獨得其傳」，「鄭氏《詩譜》」，「成伯瑜《毛詩指說》」，「昌黎謂《序》有可疑者三」，「安石『新經』有意與先儒立異」諸條，所論自孔子而至時人，尤其朱子詩學，則原原本本，論之極詳。論《詩》宗朱者多，亦不偏廢毛、鄭，間有所取，如《詩·邶風·凱風》〔註68〕即從毛《傳》。《詩·邶風·靜女》〔註69〕「彤管」之釋，歐陽、朱、毛皆可時，從古，從毛《傳》。今人莫礪鋒論當從朱子〔註70〕，似亦又可商處，不如陸堂通達。陸堂論詩嘗留意鄉賢時人之論，如《詩·小雅·十月之交》〔註71〕，駁南朝鄉賢顧野王之誤。《詩·周頌·絲衣》則引時人朱竹垞之論。

　　《陸堂詩學》中猶可注意者：讀詩當講求明章句而後辭章之論。「讀詩總論」第四十三「世多輕章句之學」條云：「余謂說詩當從章句始，章句明而文義音節兩得矣。」陸堂說詩確也字斟句酌，如《詩·周南·關雎》〔註72〕，「美心曰『窈』，美容曰『窕』……『輾轉反側』句，皆叠用四字，絃歌者每字一頓，故節雖短而音仍和。」再如《詩·小雅·常棣》〔註73〕純以章句之學賞評詩句，云「喪亂既平一章，悲憤交集，乃詩人轉捩處，此後，語氣特舒，『孺』字下得妙，所謂孩提知愛，稍長知敬也。」體驗情感之細膩，令人信服。

三、姚際恒與《詩經通論》

　　姚際恒（1647～1715？），字立方，一字善夫，號首源，又號首源主人，原籍新安（今安徽休寧），居仁和（今浙江杭州），晚遷錢塘。生於清順治四年，卒年不詳，約於康熙五十四年（1715）。《武林道古錄》云：「（姚際恒）少折節讀書，泛濫百氏，既而盡棄詞章之學，專事於經。與毛奇齡同時，並與之交好，為時論所推。年五十，曰：『向平婚嫁畢而遊五嶽，余婚嫁畢而注《五經》。』遂屏絕人事，閱十四年而書成，名曰《九經通論》。」凡一百七十卷。〔註74〕其中《易傳通論》、《周禮通論》、《論語通論》、《孟子通論》亡

〔註68〕陸奎勳：《陸堂詩學》，卷二。
〔註69〕陸奎勳：《陸堂詩學》，卷二。
〔註70〕莫礪鋒：《朱熹文學研究》，頁二五九至二六零，南京大學出版社，2000年版。
〔註71〕陸奎勳：《陸堂詩學》，卷七。
〔註72〕陸奎勳：《陸堂詩學》，卷一。
〔註73〕陸奎勳：《陸堂詩學》，卷六。
〔註74〕轉引錢穆：《中國近三百年學術史》，頁二七九，商務印書館，1997年版。

佚，《禮記通論》散見於杭世駿《續禮記集說》，《古文尚書通論》見於朱彝尊《經義考》，亦散見於閻若璩《尚書古文疏證》。又顧頡剛《古今僞書考序》記述，倫哲如曾購得殘寫本《春秋通論》，杭州崔家藏有其抄本《儀禮通論》。〔註75〕支偉成稱讚《古文尚書通論》「考駁僞古文當不在潛邱（閻若璩）之下」。〔註76〕僅存《詩經通論》與《儀禮通論》完整。又著有《庸言錄》六卷（亡佚），雜論經史、諸子，末附《古今僞書考》一卷，記錄古書僞作近九十種，考證較詳，開清代辨僞風氣。別有《好古堂書目》四卷、《好古堂家藏書畫記》二卷、《續收書畫奇物記》一卷。《清史列傳》卷六十八、《碑傳集補》卷三十九有傳。

　　《詩經通論》有道光十七年韓城王篤刻本，又有 1927 年成都書局雙流鄭璋復刊本和 1958 年中華書局排印顧頡剛標點本，2002 年北京學苑出版社《詩經要籍集成》本等。

　　《詩經通論》十八卷，姚氏《九經通論》之一，今見道光十七年鐵琴山館刻本，前有四川總督長白鄂山、布政使蘇廷玉、鹽運使周貽徽及學政王篤諸序，蓋爲王篤（字寶珊）家藏抄本，督學蜀中，鑒定梓行之。

　　卷首又有康熙四十四年姚際恒自序及《詩經論旨》十九則，頗可窺見作者《詩》學觀點：

> 　　自東漢衛宏始出《詩序》，首惟一語，本之師傳，大抵以簡略示古，以渾淪見該，雖不無一二宛合，而固滯、膠結、寬泛、填湊，諸弊叢集。其下宏所自撰，尤極踳駁，皆不待識者而知其非古矣。自宋晁說之、程泰之、鄭漁仲皆起而排之。而朱仲晦亦承焉，作爲《辨說》，力詆《序》之妄，由是自爲《集傳》，得以肆然行其說；而時復陽違《序》而陰從之，而且違其所是，從其所非焉。武斷自用，尤足惑世。因歎前之遵《序》者，《集傳》出而盡反之，以遵《集傳》；後之駁《集傳》者，又盡反之而仍遵《序》；更端相循，靡有止極。窮經之士將安適從哉？予嘗論之，《詩》解行世者有《序》，有《傳》，有《箋》，有《疏》，有《集傳》，特爲致多，初學茫然，

〔註75〕姚際恒：《儀禮通論》，陳祖武標點，顧頡剛之鈔本，中國社會科學出版社，1998 年版。

〔註76〕支偉成：《清代樸學大師列傳》，頁二九三，二九四，「南北懷疑派兩大家列傳」，嶽麓書社，1998 年版。

周知專一。予以爲《傳》、《箋》可略，今日折中是非者，惟在《序》
與《集傳》而已。《毛傳》古矣，惟事訓詁，與《爾雅》略同，無關
經旨，雖有得失，可備觀而弗論。《鄭箋》鹵莽滅裂，世多不從，又
無論已。惟《序》則昧者遵之，以爲子夏作也，《集傳》則今世宗之，
奉爲繩尺也。

《詩經通論》既不依傍《詩序》，亦不附和《詩集傳》，指斥《詩序》爲衛宏
所作，駁雜不可信，並舉《大雅·抑》、《周頌·潛》兩篇序文，以爲《詩序》
晚出之證；認爲朱熹雖反《詩序》，卻又不免「時復陽違之而陰從之」，於《詩
集傳》貶斥尤力，且多過激之詞。姚際恒力辨《詩序》、《集傳》之妄，旨在
恢復《詩經》本來面目。鄭振鐸曰：「要研究《詩經》，便非先把這一切壓蓋
在《詩經》上面的重重疊疊的注疏的瓦礫爬掃開來而另起爐竈不可」，「這種
傳襲的《詩經》注疏如不爬掃乾淨，《詩經》的眞相便永不能顯露。」〔註77〕

　　姚際恒《自序》批評「漢人（說詩）之失在於固，宋人之失在於妄，明
人之失在於鑿」，惟有「涵泳篇章，尋繹文義，辨別前說，以從其是而黜其非，
庶使詩意不致大歧，埋沒於若固、若妄、若鑿之中。」〔註78〕主張擺脫漢宋
門戶之見，由詩篇文本探求詩旨。認爲將《關雎》「雎鳩」申衍爲「摯而有別」，
將《漢廣》「喬木」比附爲「上疏無枝」，皆「陳言習語，鑿論妄談」〔註79〕，
此眞歷代說詩儒生之通病！

　　綜覽其書，能力去陳言，以文學觀點解釋詩義，爲一大特色。就具體詩
篇，或詮釋詩旨，或分析做法，或圈評鑒賞，皆有獨到之見，如《碩人》篇，
詩序云：「閔莊姜」，姚氏云：「詩中無閔意，此徒以莊姜後事論耳。」《小雅·
四牡》篇，詩序云：「勞使臣之來也」，姚氏云：「此使臣自詠之詩，王者採之，
後或因以爲勞使臣之詩焉。」又《鄘風·君子偕老》中「邦之媛」，猶後世所
言「國色」，認爲此篇乃宋玉《神女賦》、曹植《感甄賦》之濫觴。藝術性之
獨特發揮，以此釋《詩》爲漢唐經解所無。

　　姚氏好學深思，別具心眼，書中評注鑒賞，不乏精彩生動之論：如《葛
生》第四章「夏之日，冬之夜」，第五章改爲「冬之夜，夏之日」，姚氏評曰：

〔註77〕鄭振鐸：《讀毛詩序》，顧頡剛編《古史辨》第三冊，頁三八五，上海古籍出
　　　　版社，1982年版。
〔註78〕姚際恒：《詩經通論》，序，續修四庫全書本。
〔註79〕姚際恒：《詩經通論》，詩經論旨。下所引文字皆「續修四庫全書本」，免避其
　　　　煩，不另注出矣。

「此換句特妙，見時光流轉。」《碩人》篇「手如柔荑」全章下，評曰：「千古頌美人者無出其右，是爲絕唱。」《七月》篇「七月在野，八月在宇，九月在戶，十月蟋蟀入我床下」之下，姚氏評曰：「無寒字，覺寒氣逼人。」凡此皆賞析獨到，大可啓發讀者文思，亦見姚氏獨特之文藝鑒賞能力。

姚際恒深入考證書史，逐檢各家注疏，立論嚴謹，有益詩說。如《野有死□》一詩臚列眾說，並一一駁斥，其立論云：「此篇是山野之民相與及時爲昏姻之詩。昏禮，贄用雁，不以死；皮、帛必以制。皮、帛，儷皮、束帛也。今死□、死鹿乃其山中射獵所有，故曰『野有』，以當儷皮；『白茅』，潔白之物，以當束帛。所謂『吉士』者、其『赳赳武夫』者流耶？『林有樸□』亦『中林』景象也。」（卷二）擊中禮制與原始狩獵相合之處，從而於詩義解釋可稱準確。又如《秦風・黃鳥》詩序云：「哀三良也。國人刺穆公以人從死，而作是詩也。」姚氏云：「不知從死乃秦戎狄之俗，非關君之賢否也。」以爲此詩旨在哀三良，而無刺義，眞平和之論者也。

姚氏剖析詞語，時見機趣。如《關雎》篇「窈窕」，毛訓「幽閒」，姚氏云：「幽或有之，閒則於窈窕何見乎？」以爲「窈窕」有如「後世深閨之義」。《豳風・東山》篇「其新孔嘉，其舊如之何？」姚氏云：「如之何者，乃是勝於新之詞也。……俗云：『新娶不如遠歸。』即此意。」

姚際恒亦有「淫詩」認同，嘗以男女戀歌，指爲「刺淫」之詩。如《靜女》篇，詩序云：「刺時也。」姚氏云：「此刺淫之詩也。」《將仲子》篇詩序云：「刺莊公也。」姚氏云：「淫詩也。」如《溱洧》篇，姚氏云：「序謂淫詩，此刺淫詩也。篇中『士』、『女』字甚多，非士與女所自作明矣。」

至於《商頌》，姚氏認定其爲殷商之詩，此可謂其不廢漢學之處焉。

詩學進步，實非易事。姚氏尙疑古精神，於清初有開風氣之功。反漢反宋，自有膽識，然僅能廢其端，不能竟其委，故在探討詩義之際，仍只徘徊於漢宋之間。

第三章　乾嘉詩經學研究

　　乾嘉兩朝經學於近四百年間蔚爲鼎盛，詩經學亦成就斐然，素有「詩經清學」代表之目，本章分兩節作總體研究與個案研究，而總體研究中亦有個案者二三家，以免空論；個案研究分家述及以繫聯總體特徵，以免就人而論，一葉不見泰山者也。

第一節　乾嘉詩經學總體風貌

　　乾嘉兩朝歷時八十餘，詩經學成就突出者不下百人，其總體特徵：詩經學成就「大」、學問「精」者在小學文獻；漢學宋學交互影響，攻訐激烈多意氣，借鑒補足爲求眞，在朝者或漢或宋皆由聖意出，在野者不漢不宋多獨立。此二者可謂乾嘉兩朝詩經學總體風貌。

一、乾嘉詩經學之「精」

　　前人云：「由小學入經學者，其經學可信；由經學入史學者，其史學可信」〔註1〕乾嘉詩經學共同趨向即《詩》小學──《詩》經學──《詩》史學。

　　恪守漢學者成就在《詩》學，嘗以《詩》小學補之，惠、戴二氏均屬此列，將於個案研究中述論。

　　《詩》史學研究可稱者如崔述《讀風偶識》，崔氏爲史學家。其以史學觀念治《詩》，開疑古之風，於「國風」創獲尤多，考證周史多成定說。其它制

〔註1〕范希增：《書目答問補正》，頁三四四，上海古籍出版社，1986年版。

度、輿地、詩世稽考之著亦不在一二部，其學之「精」，視今人之著亦未能有總體越過者。

論者嘗以惠、戴爲乾嘉漢學學術代表，各論吳皖。愚則以爲詩經學於乾嘉二朝成就最大者當爲金壇段玉裁，段氏由戴受學，轉出而益「精」，開常州派學術成爲祭尊，兼皖、吳兩派之長而又獨造。影響揚州學派，〔註2〕道光朝毛詩學成就之特起，亦多由段氏開啓，陳奐即其入室弟子。張舜徽論清代學術「以爲吳學最專，徽學最精，揚州之學最通」〔註3〕。若以詩經學而論，段玉裁詩經學既專亦精能通，足可稱爲乾嘉詩經學之代表。

段玉裁（1735～1815）字若膺，號懋堂，晚號硯北居士，江蘇金壇人。乾隆二十五年舉人，會試屢不中。三十五年授貴州玉屏知縣，調四川富順、南溪、巫山等縣，稱疾告歸。移居蘇州閶門外之枝園，閉門讀書。段玉裁在京時，得師事戴震，並結識錢大昕、邵晉涵、姚鼐等學者。返里後，又得與盧文弨、劉台拱、汪中、金榜等人交。晚歲再入都，得識王念孫、王引之父子，商討音韻、訓詁，頗爲契合。積數十年之精力，專攻《說文解字》，著《說文解字注》，體大思精，風行一時，《說文》之學由此而盛。其《六書音均表》則於顧炎武《音學五書》江永《古韻標準》之後剖析加密，分古韻爲十七部，爲古韻學一部劃時代著作。此外有《經韻樓集》等。《清史列傳》卷六十八、《清史稿》卷四百八十一、《碑傳集補》卷三十九有傳。

段玉裁博覽群書，小學根基尤爲充實，由音韻入手以治訓詁，深得體要。所著《詩》學著作二種，《詩經小學》爲傳統詩經學首部自覺運用文字音韻學理論系統深究《詩經》文字、訓詁、語音之專著，爲「詩經清學」文字訓詁方面卓越成就之一；《毛詩故訓傳定本》則以校定《毛詩故訓傳》並將其合爲一編，置於詩文之後，以復古時經傳別行之舊。《毛詩故訓傳定本》可稱段氏詩經學之「精」者。

《詩經小學》三十卷，清道光五年，1825 年，抱經堂刻本，無序。三十卷者，正與《毛詩故訓傳定本》卷數同，乃按照經文順序，依次擇目訓詁，專明字義，補《定本》所未逮，故每篇皆先錄題目，然後釋詞：如《周南》，《關雎》五章章四句，然後才是「關關」、「雎」、「在河之洲」、「君子好逑」、「參差荇菜」、「荇菜」、「輾轉」、「左右芼之」、「鐘鼓」等九條釋詞。此書蓋

〔註 2〕 參見張舜徽：《清代揚州學記》，《張舜徽集》，華中師範大學，2005 年版。
〔註 3〕 張舜徽：《清代揚州學記》，《張舜徽集》，頁六。

段玉裁撰寫《毛詩故訓傳定本》時所得，礙於體例，不得大量屬入定本，故另出《小學》以補之。其間多有相同之點，如《定本》卷五《河廣》，「一葦杭之」，段加小注謂「杭，《說文》作□」；《小學》卷五則演爲「《說文》：亢，方舟也。從方，亢聲。徐鉉等曰今俗別作航，非是。」又《定本》卷十九《鶴鳴》，於小序「錯，石也」，段加小注「此謂錯即厝之假借」；《小學》卷十九則演爲「說文，厝，厲石也。從厂，昔聲。詩曰：它山之石，可以爲厝。《五經文字》曰：厝，見詩。詩又作錯。經典或並用爲措字。玉裁按，今詩作錯，爲厝字之假借也。」

　　此書旁徵博引處，頗顯大家風範。李慈銘謂之「簡核精深，治詩者不可不讀」〔註 4〕。又此書精善處悉經陳奐採入所著《詩毛氏傳疏》中。《詩經小學》可稱段氏詩經學之「專」者。

　　《詩經小學錄》四卷，武進臧氏拜經堂刻本，前有嘉慶二年臧鏞堂序，臧鏞堂，即詩經學家臧庸，其謂「《詩經小學》數十篇，亦段君所授讀，鏞堂善之，爲刪繁纂要，國風、小大雅、頌各錄成一卷，以自省覽。後段君來，見之，喜曰：『精華盡在此矣！當即以此付梓！』時乾隆辛亥孟秋也。……段君所著《尚書撰異》、《詩經小學》、《儀禮漢讀考》，皆不自付梓，有代爲開雕者，又不果，而此編出鏞堂手錄，卷帙無多。復念十年知己之德，遂典裘以畀剞劂氏。」該書牌記作「詩經小學錄」，然每卷首頁正文皆題作「詩經小學」，署金壇段氏。不明眞相者，遂訛爲二書。《續修四庫全書總目提要》及夏傳才、董治安先生編《詩經要籍提要》均二者兼收，一題段著，一題臧撰，而張壽林提要謂有乾隆十年辛亥刊本猶誤，乾隆十年既非辛亥（乾隆五十六年爲辛亥），而此時段氏年方十二，豈能寫出如此扛鼎力作？

　　臧刻本僅爲摘錄之本，非段氏原貌。是書共考詩經文字四百零八條，較三十卷本僅爲三分之一。如三十卷本卷一《關雎》篇有九條釋詞，較臧氏所錄多出五條，小標題亦有變化，臧錄本作「關關雎鳩」、「在河之洲」、「君子好逑」、「輾轉反側」。又如三十卷本卷一「肄」條下說：「《方言》：『椓，余也，陳鄭之間曰椓。肄，係也，秦晉之間曰肄。』玉裁按：肄即椓字，方言異耳。《說文》椓作槸。」四卷本中則無。

　　然四卷本所取既爲精華，所刪頗多糟粕，如被李慈銘所詬病之《葛覃》

〔註 4〕李慈銘：《越縵堂讀書記》，頁三十七，上海書店出版社，2000 年版。

三章章六句中「歸寧父母」條，玉裁按「歸寧父母謂文王之父母也」，便被刪掉。

　　《詩經小學》三十卷本，有《經韻樓叢書》本，道光五年抱經堂本；四卷本有：嘉慶二年《拜經堂叢書》本，道光九年廣東學海堂《皇清經解》本，咸豐十一年增刻《皇清經解》本，2002 年北京學苑出版社《詩經要籍集成》本。《書目答問》卷一、《續修四庫全書總目提要》皆謂《詩經小學》四卷有經韻樓本，恐誤，因為似無可能同一叢書，而兼刻四卷本、三十卷本兩種。又《清史稿·段玉裁傳》謂有《詩經小學》三十卷，而《藝文志》著錄為四卷。

　　《詩經小學》內容如次：（一）列舉異文，不加解釋。如卷一「關關雎鳩」下說：「《爾雅》、《說文》皆作鵙。」卷二「我車既攻」下曰：「石鼓文作『我車既工』」。（二）列舉異文，並加解釋。如卷一「朱幩鑣鑣」下曰：「《玉篇》引《詩》『朱幩儦儦』，此誤作鑣鑣者，因傳有『以朱纏鑣』之文也。《說文》引『朱幩儦儦』，俗本亦改作鑣鑣。」（三）辨析古音。如卷四「奄有九有」下曰：「《韓詩》作九域。按有古音如以，域為其入聲。毛公曰：『固所以域養禽獸也。』囿、域亦當於音求之。」（四）辨別古今字、俗字、異體字等。如卷一「輾轉反側」下曰：「按古惟用展轉。《詩·釋文》曰：『輾，本亦作展，呂枕從車展。』知轉字起於《字林》。」《說文》：「展，轉也。」卷一「施于中逵」下曰：「按逵、馗本同字，《毛詩》作逵，《韓詩》作馗，與『公侯好仇』為韻……逵與馗一字，古皆讀如求也。」（五）說明假借字、正字。如卷一「割瀚害否」下說：「傳：『害，何也。』按古讀害如曷，同在第十五部，於六書為假借也。《葛覃》借害為曷，《長發》則『莫我敢曷』傳：『曷，害也。』是又借曷為害。」卷二「可以為錯」下曰：「按錯為厝之假借字。」（六）說明同義通用。如卷一「不可襄也」下說：「按古襄、攘通。《史記·龜策列傳》：『西襄大宛』。徐廣曰：『襄，一作攘。』」卷一「迨冰未泮」下曰：「古泮與判文通。（七）指出誤字或倒脫。如卷一「上入執宮公」下曰：「今本公作功，誤也。」卷三「同爾兄弟」下曰：「顧寧人曰：《伏湛傳》引『同爾弟兄』入韻。按王逸《九辯》注『內念君父及弟兄也』，與上文長、王、煌、黨並陽韻，今訛兄弟，則非韻矣。」（八）解釋字（詞）義。如卷二「且多」下曰：「按：且，此也。箋云：『酒美而此魚又多也。』」又「削屢馮馮」下曰：「按屢古作婁。婁，空也，削婁謂削治牆空竅坳突處使平。」（九）指明同音異形詞。如

卷二「八鸞瑲瑲」下曰：「《有女同車》、《終南》、《庭燎》皆作將將，又《烈祖》『約軝錯衡，八鸞鶬鶬』，《載見》『鞗革有鶬』。又《韓奕》『八鸞鏘鏘』《禮記》『玉鏘鳴也。』皆作鏘。」（十）申釋傳義。如卷二「赤帶金舃」下曰：「傳：『舃，達屨也。』按復下曰舃，單下曰屨。達，還字通用，是重還之義爾。不於《狼跋》言之，而於此言之者，金舃謂金飾其下，其上則赤也。達屨蓋漢人語如此。孔沖遠不得其旨而強爲之解。」（十一）申釋箋義。如卷四「閟宮有侐」下曰：「箋云：『閟，神也。』按《說文》：『祕，神也』鄭以閟爲祕之假借。」《十二》指出毛、鄭異義。如卷三「反予來赫」下曰：「毛作赫，鄭作嚇。」卷二「六月徂暑」下曰：「傳『徂，往也。』箋云：『徂，始也。』按鄭蓋易爲祖字，《爾雅》：『祖，始也。』今文《尚書》曰：『黎民祖饑』。」（十三）辨析句意。如卷二「有渰淒淒，興雲祁祁」下說：「按詩人體物之式，於此二句可見。凡夏雨時行，始暴而後徐，其始陰氣乍合，黑雲如春，淒風怒生，衝波掃葉，所謂『有渰淒淒』也。繼焉暴風稍定，白雲漫汙，彌布宇窮山惡水，雨腳如繩，所謂『興雨祁祁，雨我公田』也。『有渰淒淒』，言雲而風在其中，『興雲祁祁』，言雲而雨在其中。雨字分上、去聲，古無是也。」

《詩經小學》特點如次：

（1）考證字義注意語法結構：本書以所考字詞之詩句標目，不列經文，爲考證《詩經》字義專著。書中或考古體，或訂誤字，或明通假，或述聲訓，皆有創獲。段氏除考證字義外，亦關注語法結構。《大雅·蕩》「侯作侯祝」，段氏指出：「《毛傳》：『作、祝，詛也。』四字一句，言『侯作侯祝』者謂『作祝詛』之事也。『詛』是『祝』之類，故兼云『詛』，經文三字不成句，故『作』字之下益『侯』字以成之。」並指出「《詩》中如此句法甚多」，舉「乃慰乃止」、「乃宣乃畝」、「爰始爰謀」以爲例證，批評「陸、孔以《毛傳》『作』字爲逗，『祝詛也』爲句，大誤」。既訂正句讀，亦闡明詩文體例。

（2）補充或訂正戴氏之說：段氏師事戴震，頗得其傳，書中多處引用「戴先生曰」云云，皆述戴氏之旨，亦有較戴說更爲精審者。《六月》「我是用急」。「《鹽鐵論》引《詩》『我是用戒』。顧寧人云當從之。戴先生曰『戒猶備也，治軍事爲備，御曰戒，訛作『急』，義似劣，於韻亦不合」。段玉裁據他處引《詩》及《釋言》等解釋，肯定「『烕』、『恆』、『亟』、『棘』、『革』、『戒』六字同音，義皆『急』也」，從而作出結論說：「此詩作『棘』作『戒』皆協。今作『急』者，後人用其義改其字耳。」綜合考察，因聲求義，自較顧、戴之說爲勝。

　　《墓門》「歌以訊之，訊予不顧」，「『訊』乃『誶』字轉寫之訛」，繼徵引《離騷》王逸注引《詩》「誶予不顧」爲證，首倡者戴震。段氏繼起，發現「之」字亦誤。其言曰：「《廣韻》引『歌以誶止』，今本『止』訛爲『之』。《列女傳》作『歌以訊止』，『訊』字雖誤，『止』字尚未誤。」此問題遂獲圓滿解決。《女曰雞鳴》「雜佩以贈之」，段氏指出「戴先生云作『怡』……此『來』『贈』爲韻，古合韻之一也，不當改爲『怡』云云，以糾其師之誤。梁啓超總結乾嘉學風「雖弟子駁難本師，亦所不避，受之者從不以爲忤」〔註5〕。觀此信然。本書頗采其師戴震之說，書中精善處又爲其弟子陳奐採入所著《詩毛氏傳疏》之中，乾嘉學術，薪火相傳，有足多者。

　　書中不足之處間亦有之，如《陟岵》謂「岵有陽道，故以言『父』」、「屺有陰道，故以言『母』」，似爲謬說。棄短取長，讀者當善別擇。

　　《毛詩故訓傳定本》三十卷，嘉慶二十一年段氏七葉衍祥堂刻本。前有乾隆四十九年玉裁自撰題辭，謂時人言治《毛詩》，而所治者實爲朱熹《詩集傳》，名實相乖，尚訛已久，且「《故訓傳》與《鄭箋》久與經文相雜廁」，爲此發願校定《毛詩故訓傳》，合《傳》爲一編，置於詩文之後，以復古時經傳別行之舊，改定今名。

　　本書體例不同一般，章句列在最前，每篇詩文之前列《詩序》，詩文之後列《毛傳》傳文，作者有關校語，用小字雙行夾註於所釋字句之下。「其通釋大義者，則必復舉經文；其訓釋一字一物者，則否」。（段氏《題辭》，下同）

　　段氏認爲「周末漢初，《傳》與《經》必各自爲書」。《漢志》著錄《毛詩經》二十九卷，《毛詩故訓傳》三十卷，乃經傳別行之證。至於《傳》與《經》雜廁始於何時，則認爲「蓋鄭君箋《詩》所爲也」。

　　於《詩序》作者，段氏贊同沈重據《鄭譜》所說「《大序》是子夏作，《小序》是子夏、毛公合作」，不信衛宏作《序》之說。

　　此書一出，爲世推重。《皇清經解》本此書後有錢塘嚴傑識語，謂「後之人有專爲《毛傳》作疏者，宜以此書爲定本云」。其後陳奐作《詩毛氏傳疏》，果多從之。

　　《定本》除恢復舊觀外，還間作考辨，以「正其訛踣，補其脫落」。如卷一《葛覃》「害澣害否」，段氏曰：「凡經典然否字，古只作不，後人改加口耳！」又如《漢廣》，《毛傳》「五尺以上曰駒」，段氏曰：「經傳駒字依《株林》、《皇

〔註 5〕梁啓超：《清代學術概論》，頁四十四。

皇者華》正之，皆當作驕。」再如《山有扶蘇》，《毛傳》：「扶蘇、扶胥，木也」，段云：「此從《釋文》無小字爲長，《正義》作小木，乃淺人用鄭說增字，非也……《呂覽》及《漢書》司馬相如、劉向、楊雄傳、枚乘《七發》、許氏《說文》皆謂扶疏爲大木。」要之，本書貢獻亦在於恢復古時經傳別行之舊，至於校勘文字，則《詩經小學》較此尤詳。丁晏《毛鄭詩釋》後附有《書段氏校定毛詩故訓傳後》一文，指出段氏誤改傳文十餘例，頗中其失，然則此書蓋瑕瑜互見，讀者亦當善加別擇。此書尚有經韻樓叢書本。

　　集「專」「精」二者於斯二著，其說不可不謂「通」，於其上略述內容特徵可知之者也。

二、漢學宋學：別而融

　　乾嘉八十年間漢學自乾隆中期興起得官方認同，由聖主親爲之推波助瀾，至嘉慶初年失去官方首要地位，近三十年漢學主導吾國學術走向。

　　然，在朝爭論常出於意氣，姚鼐之於戴震，戴氏四庫館多次面斥宋學者，皆可作如斯觀。後詳其說，不贅。在野學者多守漢學家法，然門戶不甚謹嚴，爲求真亦嘗取宋儒之論，乾嘉兩朝最有代表者：牟應震。

　　牟應震（1745～1827），字寅同，號盧坡，山東棲霞人。乾隆四十八年（1783）舉人，官禹城訓導，立書院，修縣志，啓迪後進，振拔單寒，慷慨多義。升青州教授，後棄官歸里，皓首窮經。著述宏富，與族兄弟牟昌裕、牟庭皆以經學知名。著有《夏小正考》、《毛詩質疑》、《周易直解》、《四書貫》、《胡盧山人詩稿》等。其治學方法，既不篤守漢人家法，亦不妄從宋人議論，折衷其間，獨創新解，務實求是，成一家言。王承略先生有《清中葉棲霞學者牟應震的行年和著述》〔註6〕。

　　《毛詩質疑》共收牟氏治《詩》著作六種，計有《詩問》六卷、《毛詩物名考》七卷、《毛詩古韻雜論》一卷、《毛詩古韻》五卷、《毛詩奇句韻考》四卷、《韻譜》一卷。嘉慶年間棲霞牟氏刻，後版多散佚，道光二十九年，歷城朱畹補刊，工未竣而畹卒，畹子廷相受命藏其事，於咸豐五年修畢重刊。

　　六種翹楚，首推《詩問》。是書前有嘉慶二十三年自序，又有咸豐五年歷城朱廷相識語。形式上有句解、章說、總論，對歷來存疑章句篇義，如班固

〔註6〕王承略：《清中葉棲霞學者牟應震的行年和著述》，《山東圖書館季刊》1995
　　　　年第三期。

之《答客難》，故設問答，予以辨識，因題名「詩問」，實爲自難自疑，自解自答，並非郝懿行夫婦「閒居答問之語」（郝懿行《詩問序》）也。

乾嘉以後，古文《詩》學盛行，虔奉毛鄭，道統森嚴。牟氏則不遵舊說，書中採《小序》或《集傳》，不過十一，主張循文立論，多疑善辨，大膽探索，思路之活躍，持論之新奇，一時罕見。如論《小雅》、《大雅》之分，《毛序》以爲「政有小大，故有《小雅》焉、有《大雅》焉」，《正義》發揮其觀點：「歌其大事，制爲大體；述其小事，制爲小體。體有小大，故分爲二焉」。蘇轍由思想內容方面言之，嚴粲《詩緝》從詩體風格言之，程大昌《詩論》、朱熹《詩集傳》自音樂方面言之，牟應震則認爲：「《小雅》者，畿內民詩，暨國小臣、外諸侯之詩；《大雅》者，公孤卿士之詩也」（卷四《小雅》）。又如論「正變」云：「說者以二南及大小雅首數篇爲正，餘俱爲變，且曰至某公、某國之變風始作，此說《詩》之陋也。死麋、雀角，何必非變？淇奧、楚宮，何必非正？」（卷二《邶》）此以正變無據駁《序》之例。《素冠》，《序》謂「刺不能三年」，後人無異詞，牟氏云：「古人喪服，以麻布之粗細分，不以青素別也。……定白色爲喪服，自是戰國以後制，愈以知《小序》之不足信也。」（卷三《素冠》）此從禮制駁《序》之例，所論皆有見地。

牟氏嘗言：「後人論古，都是說夢，只宜就文論文，省卻許多穿鑿。」（卷四《采薇》）牟氏讀書精細，領悟彌深。如論《衡門》：「衡門棲遲，居無室矣；泌水樂饑，食無粒矣。而食必鯉魴，取必姜子，世家而貧者，大率類此。」（卷三《衡門》）故斷此詩爲「刺貧而自矜者」之作，能發人之所未發。

牟氏治學謹嚴，凡詩義與史事相關者，務必考其究竟，以求確解。如《出車》，《詩序》以爲周文王勞還帥之作，牟氏則斷爲「宣王勞南仲也」。或問：「《序》以爲文王，今以爲宣王，何也？」曰：「文之功，《大雅》詳之……伐玁狁如此大舉，奚不一表章之？……文之臣，《書》詳之……南仲如此大功，奚不一稱述之？……西北之狄各爲部落，遞爲盛衰，《大雅》曰『串夷載路』……玁狁如此大害，奚不一指斥之？吾是以知非文王也。」（卷四《出車》）並進而論證云：「玁狁之號，見於《六月》，南仲之名見於《常武》，而二詩之文，鋪張揚厲，確爲宣時風氣，吾以是知爲宣王也。」先破後立，援據鑿鑿，卓然成一家之言。再如謂《國風》之名爲後世所題；謂《南》統列國之詩，周主畿內，採之周畿內者謂之《周南》，召主列邦，採之列邦者謂之《召南》，二《南》詩十之七八爲後世增入；謂《關雎》「成婚禮也」，《葛覃》「勸婦功

也」，皆與文王、后妃無涉；又謂《汝墳》「周公東征也」，《旄丘》「衛人責晉文公」，《泉水》「長衛姬唁戴公」，《河廣》「衛人美宋桓公」；等等新解，皆援據立說。而尤妙者，莫如論《騶虞》，謂《傳》以騶虞爲仁獸，「以爲仁獸不食生也，白虎黑文則以食生爲生矣。必食自死之物，則種類早餓絕矣，詩人何自詠歎之？《魯詩》、《韓詩》皆以爲養鳥獸官，是矣」；又如解《還》「並驅從兩牡兮」，謂「牡，牡雉也，以禽之中，一見而知爲雌雄者惟雞雉，故決之也」，可謂從無字處覓得眞解。善說《詩》，解人頤，亦匡衡之流亞也！惟受同族牟庭影響頗深，疑古過甚，是其小疵。

其它五種詩經學著述簡述如下：

《毛詩物名考》六卷。前有嘉慶十九年牟應震潔東學舍自序，稱自童年喜考較物類，於物之形色性情，或能得其一二。及反而證之《爾雅》諸書，多不合者。今古異呼，方土殊名，傳寫之訛謬，假借轉注之變移，以物注詩，不如以詩注物。因「原其興感之由，參以比興之義，合眾說以折疑，憑目見以徵信」。又有道光二十八年孟廣均序，稱應震與其族兄弟牟昌裕、牟庭共同研討，互相發明，復兼採眾說，引古證今，於《詩》中所載名物折衷異同，析疑辨似，詳考備錄，著爲一編。此書鳥、獸、鱗介、昆蟲、木、草、穀各爲一部，每部前仿《爾雅》彙錄與該部相關動詞、形容詞語，省卻讀者許多翻檢功夫。其所考有詩中未見者，也有詩中已見而以待考者，倫明撰《續修四庫全書總目提要》，稱其「理精而語奧，可作《爾雅》讀，蓋精心結構之作」。如卷一《雉》下，引諺云「鵲分樹，雉分山」，驗之信然；又《桃蟲》下，言布穀卵其巢中，此鳥不知，伏哺長成，故引俗語「□鷦窩裏出布穀」，皆新警可喜。尙有嘉慶十九年刻本，未見。

《毛詩古韻》五卷，前有張鵬序，又有嘉慶十六年自序，謂：「童年受詩，師以集傳協音教讀，讀而樂之。顧又往往不韻，還質諸師。師曰：『古韻之亡久矣！此紫陽所不能定者，但依本音讀之，勿強作解事也！』由是不復置意。歷四十餘年至丁卯冬，以詩受孫，取嚮之疑團未釋者反覆之，覺有異。而春秋以後之書，不足爲春秋以前證，乃返而求之詩。讀六七過，益覺有異。積半年凡讀八十餘過，而始恍然於古韻未嘗亡也，人弗求之耳。詩三百篇，分而爲章，得一千一百四十有二，再分而爲句，得七千三百七十有七，有韻之句，十之七八，共得五千餘句，合五千餘句之韻，尙不可引而申之，推類以通其委乎？……是編以經文爲主，經合用者合之，不合用者分之，旁及者通

轉之，不借證於漢魏，不受欺於隋唐，較諸前輩爲少進焉。」其疑古精神可嘉！應震認爲古韻即存於《詩經》，即以經爲主探索古音，力闢沈約分部之濫及所定四聲之非，間採陳第、顧炎武、江愼修之說，亦間有駁正，將《詩經》音韻學推進一步。

《毛詩古韻雜論》一卷，該書雜論古韻，不專屬毛詩，蓋因治毛詩而兼及之。內容包括論古韻，論沈韻、等韻、分部、本音、元音、五音、八聲、通轉、不必改音、古無叶音、以音釋義等，亦有創見，如謂以《詩經》證之，古時已有韻書，三百篇上自《商頌》，下迄陳靈，十五國之地，千數百年，而用韻一致，並不以方音爲韻，可證有標準音。

《毛詩奇句韻考》四卷，前有嘉慶二十三年七月自序，謂：「余考古音也，始於丁卯，屏絕諸韻書，取證於經」，頗與顧炎武、江聲、段玉裁等說合。指出「顧、江分四聲，而詩無四聲，顧江不言通轉，而詩之通轉觸處皆是。乃合四聲爲一，而別立通轉一門。」……「詩之作也，爲歌，非爲觀也。觀者治形，歌者治聲。形者滯，聲者靈；滯則固，靈則通」……「乃取全詩，統注奇句讀音，付諸前考之後，俾童年讀詩者開卷了然，適於口，協於聽，無詰屈聱牙之患」，又謂「博採群書不如取證於經，以經證經不如取信於一己之口一己之耳也。」書中謂《詩》不獨偶句見韻，即奇句亦無不韻，不獨奇句見韻，分四字爲二句，其爲句中韻者十之八九，分二字爲二句，其爲韻亦十之一二，並舉《關雎》、《葛覃》、《卷耳》三篇爲例，一一注明其中雙聲、疊韻、通音。以「奇句皆韻，世無知者」，故於篇後每每標明用韻之格，說明其用韻非爲一格，如《桃夭》後有云：「有通章一韻者，如《卷耳》之後三章是也；有一三句一韻者，如《兔罝》之以罝夫爲韻是也；有一三句各本句爲韻者，如此篇是也；有一、二、四一韻、三句換韻者，如《擊鼓》之前三章是也；若六句爲章，則多於五句換韻，八句爲章，則多於七句換韻，《楚茨》二、三章十二句，則於十一句換韻」，等等，均細緻考究，皆應震所自得，歷來言韻家之不及也。

三、由漢宋學而別開一途：乾嘉詩經學之別調

漢學宋學本經學二途，立足志趣不同而方法相異，乾嘉兩朝中亦有兼採漢宋別開一途者，此有論者或稱文學派，或稱獨立思考派。愚所論者非此。愚之所論者融漢、宋、文學於一爐而冶，爲求眞，眞正貼近《詩》之本原並立足當代者，姚際恒之後乾嘉朝牟庭最可稱述。

　　牟庭（1759～1832），原名庭相，字陌人，一字默人，山東棲霞人。天資聰穎，十九歲補諸生，受知於學使詩經學家趙祐，稱爲「山左第一秀才」。又以經學受知於儀徵阮元，額其室曰「橫經精舍」。乾隆六十年（1795）優貢，任觀城訓導。其爲校官，專以古學勵諸生。爲學穿穴經史，旁及諸子百家。一時名士，若江南汪中輩多有書信往來辨難。與同鄉郝懿行友善，同研樸學，懿行每有著述，輒與商榷。性恬退，不以聲氣自通，博通群經，閉戶著書。尤好今文《尚書》之學，於《同文尚書》一書用力最勤，冶今古眞僞爲一爐，不株守一家之學，旁參博證，精闢獨到，開創了牟氏尚書學。平生著書立說，不下五十種，歿後其子房纂其遺書刻之，曰《雪泥書屋雜誌》。《清史列傳》卷六十九有傳。

　　牟庭《詩切》取荀子「《詩》、《書》故而不切」一語名書，意謂依經爲說，案循文義，如切脈然。作者認爲，周秦諸家治《詩》，但訓詁字義，鮮能切說文意，以致詩義難明，因在《自序》中慨乎而言：「居今日而學詩，古法盡湮，遺經僅在，法當就毛氏經文，校群書，考異聞，劾鄭箋，黜衛序，略法轅韓，推詩人之意，博徵浮丘、申培之墜義，以質三百篇作者之本懷。如有所合，試誦其篇，即聞詩人歎息之聲。又觀其俯仰之情，音辭婀娜，枯槎春生，能如是者，詩人所諾，未能如是者，詩人所否。」其著書旨趣大致如此。蓋牟氏所謂切者，切迎於人情，切靡於詞義，以己心合於作者之本懷，以己情透入《詩》文，得詩人之旨也。

　　牟氏論詩，提出「除七害」「屛五迂」。所謂「七害」是指誤解《樂》、《禮》、《左傳》、《國語》、《史記》、《爾雅》、《小序》，以及誤讀四子書理解《詩經》所造成之困難。所謂「五迂」指「以六義論詩」、「以正變論詩」、「以雅頌分什」以及「笙詩」、「協韻」。以上皆爲傳統《詩經》學之基本論點，牟氏則視爲弊端欲除之而後快，破故壘，張新幟，擺脫依傍，言人之不敢言，令人耳目一新。

　　牟氏所標榜並非效宋明諸儒之空論，而以紮實樸學功底，涵詠細究文理詞義，博考經典古籍，明古今音變，以俗言證古，校訛求正，於《詩》所關涉史實、地理、名物、制度，多所考證。如言「泛彼柏舟」一詩「蓋夷姜即從宣公而憂憤所作也」，依《左傳》駁漢劉向說，言以爲上古婚嫁原本「民俗自然」，未有時日定限，非如前儒曲意成說。又如據《左傳》、《管子》、《方言》郭注，考定《鄭風·遵大路》「摻執子之袪」的「袪」爲「衣裾」而非「衣袖」，訂正《毛傳》及諸家注疏之非，即爲顯例。

　　牟氏持論篤實，大抵多自出己見，破除前人家法。如《羔羊》一詩，前人多以美立說，牟庭首倡刺詩說，以為乃「刺餼廩（膳食待遇）儉薄也」。又如謂《揚之水》之旨在「兄弟相約不分財」，十分適切。即如頗為保守派詬病之解《澤陂》第三章：「彼澤之陂，有蒲菡萏。有美一人，碩大且儼。寤寐無為，輾轉伏枕。」為陳人怕婦詩，雖非確解，殊有巧思，令人忍俊不禁。

　　此書最引人注目之處者「更用古今字相比，切為韻語」（王獻唐《序言》），用較通俗詩體對每篇詩作了翻譯，以幫助讀者理解原文。如《碩人》「手如柔荑，膚如凝脂，領如蝤蠐，齒如瓠犀，螓首蛾眉。巧笑倩兮，美目盼兮，素以為絢兮」（末句係牟氏據《論語》補入），牟氏譯為：「手指纖白如柔荑，膚白而滑如凝脂，領之白長如蝤蠐，齒瑩而白如瓠犀，廣而方者螓之首，細長而曲蛾之眉。嫣然巧笑靨輔見，粉白黛綠爭美倩。美目曼澤向人時，姿態橫生在一盼。不使絢裝奪素顏，而以質素為絢爛，是為身形美麗逾錦片。」此拓開民國後《詩經》翻譯之門徑，由此可見一斑。雖不能句句對應，篇篇瞭然，而遠在二百多年以前，能提出並切實做到古詩今譯，導夫先路，誰與比肩？

　　乾嘉漢學鼎盛，至於王、段，樸學觀止，其勢亦窮。牟氏能橫刀躍馬，另闢蹊徑，獨開一面，可謂襟懷坦蕩，有膽有識，卓爾不群。王獻唐評云：「詩學至先生，相因之風氣有以激迫使然。沈霾數百年，舉而出之，使震旦虛僞，煥發異彩，亦一快事也。」〔註7〕傅斯年先生則認為《詩切》中「實有特別見地」，並譽牟氏為「鄭夾漈後第一人也」。〔註8〕

　　然大凡勇開風氣者，必有大力，亦必多誤謬，能博不能精之故也。牟氏學名既立，謗亦隨之。江瀚以為牟氏所改詩序類多影響依附，或鑿空臆撰，如說「《桑中》刺醜夫欲得美室而不諧也；《有蓷》詠醜婦欲去其夫也；《有狐》童子宦學，其友作詩戒之，以衛多女閭也；《葛生》刺寡婦不謹也；《東門池》觀美女戲舟也；《東門楊》詠夜遊張燈也；《澤陂》嘲人怕婦也；《魚麗》刺眾客無廉恥而嗜飲食也」；等等，最可嗤鄙，「說《詩》至此，風雅掃地矣」〔註9〕，「而欲劫鄭黜衛，凌駕三家，益見其不自量也」。〔註10〕洪湛侯氏亦認為

〔註 7〕　王獻唐：《山左先哲遺書提要・詩切》，瑞安儆古書局，1937 年版。
〔註 8〕　愚按：此參見張書學、李勇慧《新發現的傅斯年書簡輯錄》，油印本。
〔註 9〕　愚按：參見《石翁山房札記》，卷三，民國十三年，太原鉛印本。
〔註 10〕　愚按：參見《續修四庫全書總目提要》，經部詩類，《詩切》條，中華書局，
　　　　　1993 年版。

其缺點在於議論「刻意求新，流於武斷。如釋《竹竿》爲「衛姬作也，自請和親，以釋獻公於曹也」，釋《蒹葭》爲「百里奚作以薦蹇叔於秦也」，釋《生民》爲「刺康王後祭祀不親春也」，等等。牟氏既斥《詩序》多附會史事，列爲「七害」之一，欲一掃而空之，然而自己卻又別出新裁，代之以新的附會，以謬易謬，非五十步笑百步者乎！」〔註11〕

此外，其《詩》學可商之弊尚多。

一曰獨尊浮丘、申培。牟氏治《詩》，直宗浮丘伯、申培公，以爲「申培師法古正，轅、韓變古而不欺人，毛公最叵信」，然申培傳浮丘之說幾何？其說自漢流傳而至於清者又幾何？僅以漢儒諸籍所存之鱗光片羽，而求故與切，法乎下矣！

二曰變亂篇章次序。如合併《邶》、《鄘》、《衛》三風；「依文義」合《周頌》三十一篇爲十二篇；析《鄭風·豐》自「衣錦褧衣」句以下二章爲一篇；移《王風·黍離》至《衛風》之末，合《豳風》之《破斧》、《伐柯》、《九罭》三篇爲一，又移《曹風·下泉》入《豳風》，並認爲《關雎》可以移入《大雅》，等等，如此憑主觀臆斷，調整分合，竄亂典籍，缺乏確鑿依據，容易重蹈宋代王柏之覆轍。

三曰臆變篇章名稱。或只取舊名之首字爲題，如《鶉之奔奔》、《定之方中》、《節南山》；或截取舊名二字爲題，如《君子偕老》、《山有扶蘇》、《南有嘉魚》、《菁菁者莪》、《文王有聲》；或截取舊名三字爲題，如《女曰雞鳴》、《有女同車》、《出其東門》、《東門之楊》；或篇名全改，如《君子陽陽》作《執簧》、《東方未明》作《折柳》、《閟宮》作《新廟》，等等。詩之篇名流傳數千載，本已約定俗成，必欲擅改而使之面目全非，實不足法。

牟氏著《詩切》，孜孜三十餘年，手稿凡六易，寫定於嘉慶二十一年，是爲《雪泥屋遺書》抄本，一直未得刊印，稿本輾轉爲日照丁氏收藏，世人罕睹，故張之洞《書目答問》、孫殿起《販書偶記》、《清史稿·藝文志》皆未著錄，學界多年只聞其名，未見其書，每每引以爲憾。《續修四庫全書總目提要》著錄原刻本者，蓋提要撰者僅憑其子牟房刊於道光二十三年《雪泥屋遺書目錄》中所載《詩切》序文及小序推論，並未獲見牟書。其家藏稿遲至蘆溝橋事變後始願求售，王獻唐先生輾轉尋覓，與丁伯燾各過錄一部，擬編入《山

〔註11〕洪湛侯：《詩經學史》，頁五二八。

左先哲遺書》，未果。今王抄本只剩殘卷，丁抄本由山東大學圖書館珍藏，1983年齊魯書社據抄本影印，收錄於《山左名賢遺書》中，惜《小雅‧鹿鳴》至《雨無正》三十三篇已缺失，遍尋不獲。1998 年，法國巴黎第三大學中文系教授徐廣存先生訪書臺灣，得其失稿，遂成完璧。

於此附錄傅斯年《致王獻唐》書，以備有興趣者考索云耳，傅書曰：

「弟近晤張溥泉先生，牟陌人手稿《同文尚書》允於日內搬家了結後找出借弟，當寄上供校。弟近借得《雪泥書屋讀書雜志》二本，讀之爲之大快，頗思出資爲之影印。又錢玄同先生處有其著述目，弟借之二次，大約日內可得。其文集聞有刻本，不知何處可以見到？又其《詩切》之下落如何？便中乞惠示，至感！弟如可但以其《雜志》及眞有益齋、《越縵堂日記》所引（後當詰）及其論崔氏《易林》文爲斷，則牟君地位，確有其偉大處，實在值得爲之表揚一回。弟以爲近千年來之實學，一炎於兩宋，一炎於明清之際。兩宋且不論，明中世後焦竑、朱謀㙔、方密之實開實學之風氣。開風氣者能博不能精。然朱書一部分雖佚，而方君所引及其未佚之書，實是偉大。朱氏《水經注箋》，亭林稱之爲有明一部書者，久而愈覺其可信。方之見解亦有其博大處。若非有此諸君，亭林、西河諸人，亦焉能早歲便即從事樸學也？大約開風氣者，必有大力，必多誤謬，後人但執一件一件之事而評明賢，轉忘其整個的立場，所繫實大，斯後學者之過也。亭林、百詩謹嚴了許多，同時亦將範圍縮小了許多（亭林尚不如此。百詩死於一物不知，實則百詩比其朱、方諸人來見聞陋矣）。然此時問題仍是大問題，此時材料仍不分門戶也。至乾嘉而大成，亦至乾嘉而硬化，專題能精研之，而忘卻整個的立場。至於王、段諸人，而樸學觀止。此後如再開大路，非（一）有大批新材料使用不可；（二）或一返明清之季之風氣，擴大其範圍，認定大題目，能利用乾嘉樸學之精詣，而不從其作繭自縛之處。否則流爲瑣碎，而不關弘旨；流爲今文，而一往胡說。瑣碎固是樸學，今文亦是家法，然其末流竟如此無聊也。乾嘉學問勢窮之後，有牟陌人之所爲，自是當然。其大力所及，在精神上實已返至明清之際。先生所謂「知家法而不拘家法」者，正其能別開一面之處。其受人最多譏彈者，當爲其《詩切》。然弟意其中實有特別見地。蓋釋《詩》必求與《詩》本文無悖，於是《毛序》及魯齊佚文有與《詩》本文不合者，自不可從。牟君之荒唐處當亦不少。然其如此辦法，鄭夾漈後第一人也。膽大的人，而能精細，思想馳騁的人，而能質實，誠可憑乾嘉之所至，一返明清之季所認識

之大題目，惜乎不能獨樹一風氣，並其著作亦散佚也！先生如設法爲之刊佈，弟亦當竭力贊助之。」云云〔註12〕

第二節　乾嘉詩經學個案研究

本節以個案研究乾嘉時期詩經學三家詩經學成就，以此代表清代詩經學家之詩經研究水準，力求述論體現清代詩經學巔峰時期之主要貢獻。

一、戴震詩經學研究

戴震（1724～1777），字東原，一字慎修，又字杲溪，安徽休寧人。乾隆二十七年舉人。三十八年被召爲《四庫全書》纂修官。四十年會試下第，特命參加殿試，賜同進士出身。在館五年，病歿。博聞強記，音韻、文字、曆算、地理諸學，無不精通，尤精名物訓詁，爲一代考據大師。又進而闡明義理，對理學家「去人欲，存天理」之說有所抨擊，認爲酷吏以法殺人，而後儒以理殺人。著有《屈原賦注》、《考工圖記》、《孟子字義疏證》、《原善》、《聲韻考》等，又校《大戴禮記》、《水經注》等，後人便有《戴氏遺書》。《清史列傳》卷六十八、《清史稿》四八百十一有傳。今人彙刊爲《戴震全書》。〔註13〕

戴震爲乾嘉學派中成就最大學者之一，「詩經清學」中堅力量。才氣高超，成果豐碩，詩經學著述：《毛鄭詩考正》、《杲溪詩經補注》等著作，別撰有《聲韻考》、《聲類表》等音韻學專著，於研究《詩經》古韻參考很大，既重理論，亦有實踐，非空言說經者所能望其項背。

《毛鄭詩考正》四卷，卷首一卷，乾隆四十二年微波榭刻《戴氏遺書》本，卷首爲《鄭氏詩譜》，謂：鄭氏譜亡，歐陽修得其殘本於絳州，取孔穎達正義所載之文補之，今其譜又復訛闕，聊加訂正，以存梗概。

今存乾隆四十二年曲阜孔氏微波榭《戴孔叢書》本，學海堂《皇清經解》本，民國二十五年安徽叢書本，1994 年黃山書社《戴震全書》本。另有道光二十四年吳江沈氏世楷堂《昭代叢書》一卷本，未見。

《考正》一書，爲戴氏考證毛詩鄭箋詞語訓詁著作，重在考辨《傳》《箋》

〔註12〕愚按：此參見張書學、李勇慧：《新發現的傅斯年書簡輯錄》，油印本。
〔註13〕戴震：《戴震全書》，黃山書社，1994 年版。本文所引皆出此本。

注釋之非而提出自己解釋。戴氏實事求是，不主一家，此書考辨《傳》、《箋》誤釋共一百八十八條，補《傳》《箋》未注者近九十條，皆能不輕立論，反覆參證，言而有據，確而後安。

其從音韻角度考訂誤字，所考頗多創見。如常為後世學者所樂道者，《墓門》二章「歌以訊之・訊予不顧」條，戴震曰：「『訊』乃『誶』字轉寫之訛。《毛傳》云：『告也』，《韓詩》云『諫也』，皆當為『誶』，『誶』音『碎』，故與『萃』韻。『訊』音『信』，問也，於詩文及音韻咸扞格矣。屈原賦《離騷》篇『謇朝誶而夕替』，王逸注引《詩》：『誶予不顧。」近年安徽阜陽漢墓出土《詩經》竹簡，正作「歌以誶口」。戴氏判斷『訊』當作『誶』，得到確證。

其次，戴氏據古注以正《傳》、《箋》，亦多創獲。《小明》二章「昔我往矣，日月方除」條，戴氏舉例論證詩中所用為「周正」而非「夏正」，戴氏曰：「《詩》中用『周正』不一而足，何說《詩》、說《春秋》者盡欲歸之『行夏之時』一語，而謂古人皆不奉時王正朔，可乎！」封建社會膽敢質疑並持異議於孔子之說「行夏之時」，可謂確有膽識！

復次，戴氏嘗歸納富有普遍意義之解說，如《關雎》篇：「考詩中比興，如螽斯但取於眾多，雎鳩取於和鳴及有別，皆不必泥其物類也。」《無羊》篇說：「眾維魚矣」、「旐維旟矣」二句，「雖曾以『維』字為辭助，不拘於對文。詩中此類甚多，蓋言夢而見魚之眾，又見旐與旟耳」。凡此，皆有發凡起例之功。

《杲溪詩經補注》成於《毛鄭詩考正》後十三年，僅有「周南」、「召南」二卷，當為未完之本。王昶《戴先生墓誌銘》作《詩經補注》一卷，洪榜《戴先生行狀》作《毛詩補注》一卷，《清史列傳》作《詩經二南補注》二卷。蓋稿本或為一卷，故王《墓誌銘》、洪《行狀》皆據全書之名而云一卷。刻《遺書》時區分為二卷，故《清史列傳》據已成之書而言二卷也。

本書就全詩考其字義名物於各章之下，依次列毛傳、鄭箋、朱熹集傳說解，另有足資參證之資料，則以夾註形式置於相關條目下，復以「按語」表明去取，或闡述己見。作詩之意，則附於篇題後。「補注」以「補傳」為基礎，文字考訂、詞語釋義、典制辯證、篇旨探索，乃至行文修辭等，均有不同程度刪補加工，其學術水準無疑高出《毛詩補傳》。

戴氏嘗云：「先儒為《詩》者，莫明於漢之毛、鄭、宋之朱子。」〔註14〕

〔註14〕戴震：《毛詩補傳序》，《戴震全書》第一冊，頁一二五。

故補注首列《列》、《箋》或朱熹《集傳》，然後闡述己意。書中《兔罝》、《草蟲》、《小星》諸篇，與《傳》、《箋》比較之後明確宣稱「《集傳》是也」，與其時「主漢者必攻宋，主宋者必攻漢」的門戶之爭，迥然異趣。

本書首重考釋字義，自云：「今就全詩，考其名物字義於各章之下，不以作詩之意衍其說。蓋名物字義，前人或失之者，可以詳覈而知，古籍具在，有明證也。作詩之意，前人既失其傳者，非論其世、知其人，固難以臆見定也。姑以夫子之斷夫三百者，各推而論之，用附於篇題後。」（《戴震全集·毛詩補傳序》）《卷耳》「我僕痡矣，云何籲矣」，戴氏曰：「籲當作盱，《何人斯》之詩曰：『壹者之來，云何其盱。』《都人士》之詩曰：『我不見兮，云何盱矣。』皆不得見而遠望之意。《說文》：『盱，張目也。』《爾雅》：『盱，憂也。』《毛詩》於一起上字不復釋，則皆蒙《卷耳傳》矣。今此詩及《傳》作籲者，後人轉寫之訛耳。」此判斷，極有說服力。

戴氏極力詆斥毛《傳》「緣辭生訓」，以「通證」之法，以詩證詩，即羅列事項之同類者為比較研究，而求得其公則，字字精審，句句允當，令人無懈可攻。如《周南·卷耳》「采采卷耳」，毛《傳》說「采采，事採之也」；朱熹說「采采，非一採也。」戴氏不以為然，以為「詩曰『采采茉苢』，又曰『蒹葭采采』，又曰『蜉蝣之翼，采采衣服』，皆眾多者。卷耳、茉苢又以見其多而易得之物。」（《詩經補注》）由此斷定「采采」應作「眾多貌」解。又如《螽斯篇》「宜爾子孫，振振兮」，毛《傳》釋為「仁厚也」。戴氏攻擊道：「《毛詩》於『振振公子』，『振振君子』，皆曰『信厚也』；於『振振鷺』曰『群飛貌』……緣辭生訓，故說各不同。」（《詩經補注》）經歸納總結，斷定「振振，儀容之盛也」。此種統核全書、用類比方式釋詞之法，後常為經學研治者借鑒。

本書篇後所列題目之下，均標有類似《詩序》形式解題，提示作詩之意。戴震解《詩》，兼取毛、鄭、朱三家，每篇皆以己意為衡，毫不曲徇。如說《桃夭》「歌於嫁子之詩也」；《鵲巢》「言夫人始嫁之禮也……周初作之以為房中之樂」；《采蘋》「女子教成之祭所歌也」；《騶虞》「言春搜之禮也」等，與舊說大不相同，雖所定詩旨，有失有得，不若考訂文字可取者之多，然能提出《詩》「有專為樂章，非詠時事者」（《詩經補注·關雎》），掃除附會，可算一大進步。

今存《杲溪詩經補注》二卷，有乾隆四十二年曲阜孔氏微波榭刻《戴氏

叢書》本，道光九年廣東學海堂《皇清經解》本，道光三十年金山錢氏漱石軒《藝海珠塵》本，光緒十四年上海書局石印本，1994 年黃山書社《戴震全書》本等。

附記不可不述者，戴氏《詩經補注》、《毛鄭詩考正》未及討論《詩》比興賦及正變問題。僅有幾篇短文可資參考。

戴氏《詩比義述序》論及賦、比、興，主張「比通賦興」，以為：「《詩》之比、興固如是，舉比以通賦與興……賦者，比之實也；興者，比之推也。得比義，於興不待言，即賦之中復有比義。」〔註15〕可謂獨標新解，言人所不敢言。

戴震《書小雅後》〔註16〕論及雅有無正變，以詩不依世代為由，而謂《雅》有正變：

> 《鹿鳴》以下二十二篇，漢經師以為「正雅」，亡其詞者六。故鄭康成《詩譜》云「《小雅》十六篇為正經」。《采薇》、《出車》、《杕杜》，漢世有謂為懿王時詩者，據詩中曰「天子」曰「王命」，毛、鄭解為殷王，徒泥「正雅」作於周初耳，苟其詩得乎義之正，而為治世之正事，何必非「正雅」乎？……《南陔》以下，則又周初雅樂，未可泥今之篇什第次，定作詩時世也。

戴氏採三家詩說，以駁毛、鄭，膽量之大，識力之高，後世豈可以「謹守家法之領袖人物」評戴震？

二、惠棟與《毛詩古義》

惠棟（1697～1758）字定宇，號松厓。江蘇元和人。學者稱為小紅豆先生。早年，隨父至廣東提督學政任所，父卒歸里，課徒著述，終身不仕。乾隆十五年，1750 年，詔舉經明行修之士，陝甘總督尹繼善、兩江總督黃廷桂交章論薦，會大學士九卿索所著書，未及呈進，罷歸。一生治經以漢儒為宗，以昌明漢學為己任，尤精於漢代《易》學，所著《易漢學》、《易例》、《周易述》等，駁詰宋人《河圖》、《洛書》、先天、太極之說，為清代吳派經學奠基，深得乾嘉學者推重。又撰《古文尚書考》，繼閻若璩之後，辯證《古文尚書》為晉人偽作。著述尚有《後漢書補注》二十四卷、《王士禎精華錄訓纂》二十

〔註15〕戴震：《詩比義序》，《戴震全書》第六冊，頁三七九。
〔註16〕戴震：《書小雅後》，《戴震全書》第六冊，頁二三二。

四卷、《九曜齋筆記》、《明堂大道錄》、《松厓文鈔》等。《清史列傳》卷六十八、《清史稿》卷四百八十一有傳。

　　吳郡惠氏一門，自明末惠有聲肇始，經惠周惕、惠士奇奠立藩籬，至乾隆初惠棟崛起，四世傳經，咸通古義，自成一派。世人皆重其家傳研「易」之學，不知其治詩亦淵源有自。江藩《漢學師承記》卷二載惠有聲「以九經教授鄉里，尤精於《詩》」，而惠周惕少傳家學，曾撰《詩說》三卷，德州田雯評曰「其旨本於小序，其論採於六經，旁搜博取，疏通證據，雖一字一句必求所自，而考其義類，析其是非。蓋有漢儒之博而非附會，有宋儒之醇而非膠執，庶幾得詩人之意。」（《硯溪先生〈詩說〉序》）。汪琬也贊其「博而不蕪，質而不俚，善辨而不詭於正」，「多所發明」。（《詩說序》）《四庫總目提要》則謂：「類皆引據確實，樹義深切，與枵腹說經徒以臆見決是非者，固有殊焉。」今觀其書，如謂「大小二雅當以音樂別之，不以政之小大論也」（卷上）；謂正雅變雅，美刺雜陳，「不必《鹿鳴》以下為正，《六月》以下為變，《文王》以下為正，《民勞》以下為變」（卷上），謂「二南二十六篇皆疑為房中之樂，不必泥其所指何人」（卷上）；謂「不得以風詩專屬之諸侯，雅頌專屬之天子」（卷上），天子諸侯均得有頌，魯頌非僭，率有依據。前已有詳論，不贅。

　　惠棟受家學，益弘其業。於經、史、諸子、稗官野乘及七經讖緯之學，靡不津逮。小學本《爾雅》，六書本《說文》，餘及《急就章》、《經典釋文》、漢魏碑碣，自《玉篇》、《廣韻》而下勿論也。以為「漢人通經有家法，故有五經師。訓詁之學，皆師所口授，其後乃著竹帛，所以漢經師之說立於學官，與經並行。五經出於屋壁，多古字古言，非經師不能辨。經之義存乎訓，識字審音，乃知其義，是故古訓不可改也，經師不可廢也」。（《九經古義序》）因述家學，作《九經古義》一書，盧文弨推揚之，謂「單詞片義，具有證據，正非曲徇古人。後之士猶可於此得古音焉，求古義焉，……承學之士要必於此問途，庶乎可終身不惑也。」（《抱經堂文集》卷二《九經古義序》。）

　　《九經古義》原本包括《周易》、《尚書》、《毛詩》、《周禮》、《儀禮》、《禮記》、《左傳》、《公羊傳》、《穀梁傳》、《論語》十經，其中《左傳》六卷，後更名《左傳補注》刊版別行，故惟存其九，凡十六卷。所謂「古義」，指漢儒專門訓詁之學得以考見於當時者。惠棟作此書，搜採舊文，相互參證，原原本本，精覈者多。然其愛博嗜奇，不能割愛，牽強附會亦所難免，或者徵引

旁文，無關訓詁，爲例不純。《四庫全書》收錄桂林府同知李文藻刊本，又有乾隆潮陽縣署刻本、乾隆刻《貸園叢書》本、蔣光弼刻省吾堂四種本、學海堂本，《昭代叢書》補編本，吳縣朱記榮刻《槐廬叢書》本等。《書目答問》謂馬應潮有《九經古義注》，未刊。

《九經古義》之卷五卷六即爲《毛詩古義》，計一百二十七條，凡漢儒舊說，上自天文地理，下至鳥木蟲魚，從文字校勘，到音韻轉變，廣徵博引，無所不考。如卷五「采采卷耳」條，引荀子說，證大毛公之師承；「鶉之奔奔」條，引《呂覽》諸書作「賁」，證古音之從同；「胡取禾三百億」條，引徐岳《數術記遺》，謂《毛傳》云萬萬曰億、《鄭箋》云十萬曰億，各有所本；卷六「檀車煌煌」條，引《史記》、《漢書》及朱浮墓石壁畫，謂《傳》《箋》所言「鮮明」乃當時之語，皆確當有所受。而卷五「于以湘之」條，徵引《韓詩》異文以正毛本；卷六「乃慰乃止」條，引《方言》以證《毛傳》；「有兔斯首」條，引《爾雅》、《說文》、《經典釋文》以旁證《鄭箋》，諸如此類，並有功於訓詁。

又，《毛詩古義》多用金石文字作爲證據，一特色也。如卷五「江之永矣」條，惠棟考證云：

> 《說文》于「羕」字下，引詩云「江之羕矣」，《韓詩同》。《爾雅》云：「羕長也」。郭璞云「羕所未詳」，是未考《韓詩》。齊侯鎛鐘云「士女考壽，萬年羕保其身」，又「子子孫孫，羕保用昌」。是羕乃古永字，《韓詩》從古文，故作羕。《說文》永部別載羕字，未之考也。

繼之論云：「證以金文《陳逆簠銘》，『永命』亦作『羕命』」足見惠氏慧眼卓識。如卷五《采蘩》引《尉氏令鄭君碑》，「河上乎逍遙」條引《張平子碑》，「子之昌兮」條引《漢王政碑》，「赫赫宗周」條引《靈臺碑》、《驪氏鏡銘》；卷六「去其螟螣」條引《唐公房碑》、《孫叔敖碑》，「患夷載路」條引《晉姜鼎銘》，「用逷蠻方」條引《漢都鄉正街彈碑》等等，皆是。惠棟爲清代參照金文以訂《詩經》本字收穫最多者。

惠棟宗尚漢儒，然並無鄙薄宋儒之意，其曰：「漢人經術，宋人理學，兼之者乃爲大儒！」（《九曜齋筆記》卷二《漢宋》），故戴震總括其經學思想：「先生之爲經也，欲學者事於漢經師之故訓，以博稽三古典章制度，由是推求理義，確有據依。」（《戴震文集》卷十一《題惠定宇先生授經圖》）然，惠棟距

其設定之目標似只進半程，未得全程而旋。正如「理義」恰爲彼岸，故訓乃河渡中踏腳石，惠氏似將一生躑躅於河石之上而未能渡河涉岸。然，惠棟無愧開創漢學吳派一代宗師，惟古是尊，惟漢是信，考古雖勤，識斷卻淺，以致當時及後世有「株守漢學」、「嗜博泥古」之譏者，嗚呼，爲學執著似亦一痼疾也。

三、焦循詩經學研究

　　焦循（1763〜1820），字里堂，一字理堂，江蘇甘泉人。嘉慶六年，1801年，舉人。於家築雕菰樓，讀書著述其中。博聞強記，識力精卓，著書數百卷，皆精博。學宗戴震，曾作《申戴篇》。用力最深爲《周易》，有《易章句》十二卷、《易圖略》八卷，《易通釋》二十卷、《易廣記》三卷、《易話》二卷，於《論語》、《左傳》、《禮記》、《孟子》均有補疏。經學以外，又精天算、考古，有《雕菰樓集》二十四卷。《清史稿》卷四百八十二、《清史列傳》卷六十九皆有傳。其詩經學研究著述有《毛詩補疏》五卷、《毛詩地理釋》四卷、《毛詩鳥獸草木蟲魚釋》十一卷、《陸璣疏考證》一卷、《詩陸氏疏疏》二卷、《毛詩物名釋》不分卷等。

　　《毛詩補疏》五卷，有《焦氏叢書》本、《皇清經解》本。

　　是書爲焦氏《六經補疏》之一，前有嘉慶二十三年《自序》，謂「幼習《毛詩》，嘗爲《地理釋》、《草木鳥獸蟲魚釋》、《毛鄭異同釋》三書，共二十餘卷。嘉慶甲戌（十九年）暮春，刪錄合爲一書，戊寅（二十三年）夏，又增損爲五卷」。

　　焦氏治《詩》，服膺《毛傳》，以「西漢經師之學，惟毛詩傳存，鄭玄箋之，二劉疏之，孔穎達本而增損爲《正義》，於諸經爲詳善。然毛、鄭又有異同……《毛傳》精簡，得《詩》意爲多。鄭生東漢，是時士大夫重氣節，而溫柔敦厚之教疏，故其《箋》多迂拙，不如毛氏，則《傳》《箋》之異不可不分也。」（《自序》）而孔穎達《正義》又「往往混鄭於毛，比毛於鄭，而聲音訓詁之間疏略亦多」（同上），明確指出「訓詁之不明，則詩辭不可解，必通其辭而詩人之旨可繹而思也」（同上），故此書少言大義，而專究名物、地理之考證，明毛、鄭之異同，辨孔疏之是非。大抵申毛難鄭者多，指謫孔穎達混同毛鄭及誤釋者亦不少。所載經文，僅節取補疏所涉之句，次列《毛傳》、鄭《箋》，附以「循按」，雜採諸家之說辯證之，其於注疏，實可謂融會貫通，不爲枝言曲說。

其駁《鄭箋》誤釋，如《伐木》「有酒湑我，無酒酤我。坎坎鼓我，蹲蹲舞我。迨我暇矣，飲此湑矣」，焦氏認爲「五『我』字一貫，爲屬文之法」，並批評「鄭氏拙於屬文，而以上四『我』字爲族人，下一『我』字爲王」。此外如《草蟲》「亦既覯止」、《溱洧》「伊其相謔」等句，亦均作嚴肅駁正。

其摘《孔疏》之失，如《采蘩》：「于以采蘩，于沼于沚。」《傳》：「蘩，皤蒿也。于，於。」《箋》云：「于以，猶言往以也。執蘩菜者以豆薦蘩菹。」《傳》先訓「蘩」，後訓「于」，表明所訓是「于沼于沚」的兩個「于」字。《鄭箋》補充《毛傳》，解釋「于以，猶言往以」，次序放在「執蘩菜者」之前。是毛、鄭二家釋詞體例，分毫不紊，井然有序。可是《正義》卻說：「經有三『于』字，《傳》訓爲『于』，不辨上下。」焦氏批評說：「《傳》明示『于』在『蘩』下，何爲不辨乎？」又如《關雎》「窈窕淑女」《正義》云：「窈窕者，淑女所居之宮，形狀窈窕然。」焦氏批評其「失《傳》義，亦非《箋》義」，所論均極精當。

焦氏精於名物訓詁及天文、曆算、地理之學，故從訓釋經文思考細緻，言而有徵，論析精到。如卷二「差池其羽」條，《箋》云：「興。戴嬀將歸，顧視其衣服。」焦氏先引《左傳・襄二十二年》杜注：「差池，不齊一。」再就詩本文加以審視：「下章，《傳》云：飛而上曰頡，飛而下曰頏。飛而上曰上音，飛而下曰下音。即差池之不齊也。蓋莊姜送歸妾，一去一留，有似於燕燕之差池而上下者。」因而駁《箋》「其說已迂……至解『下上其音』，謂戴嬀將歸，言語感激，聲有大小，則益迂矣」。慎審精覈，詳實可信。

焦氏雖爲經學家，亦通曉文學，爲文習柳宗元，簡古有法，又善塡詞，故於《詩經》文學性質亦有所發明，曾云：「夫《詩》，溫柔敦厚者也。不質直言之，而比興言之。不言理而言情，不務勝人而務感人。」（《自序》）

此外，不可不察者，焦氏書中雖個別處論及毛《傳》之失（卷一「濟盈不濡軌」條），然其皆由毛《傳》出發而審視《箋》、《疏》，故思維與論述頗受局限。

《毛詩地理釋》四卷，分別考證《詩經》中天文、地理名詞，有《焦氏遺書》本、《皇清經解》本。

《毛詩草木鳥獸蟲魚釋》十一卷，附《陸璣疏考證》一卷，上海圖書館藏稿本，前有嘉慶四年十一月自序，謂「自辛丑至己未，共十有九年，稿易六次」，視諸草創之初，十不存一。其間，雖他有撰述，必兼治之，歷喪荒疾

病，未嘗或輟，蓋亦費日力之甚者。其書體例，「列傳箋、釋文、正義於右，以己說釋於左，不必釋者，不贅一詞，不做類書臚列而無所折衷，不為空論，不尚新奇，毛鄭有非者，則辯正之，不敢執一以廢百也。」《續修四庫全書》據以影印。

焦氏另有《毛詩物名釋》稿本，初名《毛詩多識》，以朱筆改今名。其書末自識云：「辛亥九月初二日錄畢。此書作之八年，易稿五次，然須刪改者尚有十之二，甚矣著書之難也！」而《毛詩草木鳥獸蟲魚釋》自序有云：「辛丑、壬寅間，始讀《爾雅》，又見陸佃、羅願之書，心不滿之，思有所著述以補兩家之不足。創稿就而復易者三。丁未館於壽氏之鶴立堂，復改訂之，至辛亥改訂訖為三十卷。」二者相較，易稿次數與撰述年時皆略符，當係《毛詩草木鳥獸蟲魚釋》之未定稿，蓋分言之曰草木鳥獸，統言之則曰物名也。此稿民國時已殘，今國家圖書館善本部僅存一卷。江瀚謂其考釋頗多可採者，《續修四庫全書總目提要》著錄。

《陸氏草木鳥獸蟲魚疏疏》二卷，光緒十四年王先謙、繆荃孫輯《南菁書院叢書》本。目錄題《詩陸氏疏疏》。書前有乾隆五十九年（1794）自序，略謂：「余以元恪之書既殘闕不完，而後世為是學者，復不能精析，因撰《草木鳥獸蟲魚釋》，既成，又據毛晉所刻之本，參以諸書，凡兩月而後定。」

此書與毛晉《廣要》、趙祐《校正》雖同為《陸疏》之校本，而面貌迥異，趙祐曾謂原書「編題先後，復不依經次」，卻未曾改訂。焦氏乃重新編排體例，較舊本次序之淩亂大為改觀，開卷即令人面目一新。先按草、木、鳥、獸、蟲、魚為序，分為六大類，然後依詩文篇目次序排列，仍以包含所考名物之詩句為題。嘗謂：「陸氏名其書曰『義疏』，所以疏毛義也……載毛氏傳於經文之下。」（「參差荇菜」條案語）然後考出徵引各書，每題疏文之下，皆用雙行小字標明後世徵引之書，間有案語，亦附於後。焦氏曾謂此書「訛舛相承，次序淩雜，明係後人摭拾之本，非璣之原書」（《自序》），乃全面重核徵引之書，予以考訂校補。

書中各類皆有小計：草凡得五十三條，木四十條，鳥二十一條，獸十條，蟲十四條，魚十一條，共一百四十九條，較趙祐本新增十一條。改題各條，與趙本不謀而合者固多，自創新意者亦復不少。諸如改「取蕭祭脂」為「彼采蕭兮」，改「采荼薪樗」為「蔽芾其樗」，改「翩彼飛鴞」為「有鴞萃止」，皆是。於《詩經》名物，用力之深，亦一時所僅見。再如題下增列《毛傳》

傳文，其意固在闡明《陸疏》疏毛之微旨，而兩說並列，又有利於辨其異同，
「綠竹猗猗」條、「陰有六駁」條，疏文訂《毛傳》之失，固不待言；「山有
栲」條更是又一顯例。《毛傳》云「栲，山樗」，《陸疏》則謂「山樗生山中……
方俗無名此爲栲者，似誤也。」故焦氏案云：「首辨山樗非栲，所以辨《毛傳》
也。」尊信《毛傳》而又不墨守，是此書之成就，不僅校訂異同而已也。

第四章　道光朝詩經學研究

　　道光朝三十年爲清代詩經學之轉折期，本章亦將分兩節述論道光朝過渡期特徵，繼以三個案研究述論此間詩經學成就。述論之例同前章。

第一節　道光朝詩經學過渡特徵

　　道光朝詩經學爲傳統詩經學中興期之「夕照」，絢爛極斑斕。漢學毛鄭詩經學於此間集大成，詩經學著作之彙刻，《詩經》文字之校勘刊印普及，詩經學漢宋之融合，今文詩經學之崛起，皆道光朝過渡特徵也。

一、標舉一家，「破門」博採

　　道光朝過渡特徵之一便是標舉一家，亦非恪守門戶，常「破門」博採，非惟漢宋兼採，亦古今文同參，經學中時有文學體味之言。此特徵之代表馬瑞辰也，馬、胡、陳三家向爲論者稱爲「毛詩」研究三鼎足，而愚以爲馬氏最善標舉一家而「破門」博採。

　　馬瑞辰（1782～1853），字元伯。安徽桐城人。嘉慶十年進士，選翰林院庶吉士，改工部營繕司主事，擢都水司郎中，官至工部員外郎。在京任職時與胡培翬、劉逢祿、郝懿行友善，切磋學術。胡氏治《儀禮》，劉氏治《春秋公羊傳》、郝氏治《爾雅》，馬氏治《詩經》，俱有成就。因事坐發配黑龍江。獲釋後歸鄉，潛心著述。歷主江西白鹿洞書院、山東嶧山書院、安徽廬陽書院講席。咸豐三年，太平軍下桐城，不降，被殺。《清史列傳》卷六十九、《清

史稿》卷四百八十二、《續碑傳集》卷七十三有傳。今人陳金生校點有《毛詩傳箋通釋》行世。〔註1〕

馬瑞辰博研經籍，尤善於《詩》，歷時凡十六載，撰成《毛詩傳箋通釋》，可謂一生精力盡注於此。此書三十二卷，初名《毛詩翼注》，嗣改今名。道光十五年（1835）馬氏學古堂刻本，前有道光十五年《自序》及《例言》七則。

卷一「雜考各說」十九篇，通考《毛詩》源流和《傳》《箋》《正義》異同得失。論詩每多創見，如《詩入樂論》篇提出「《詩三百篇》未有不可入樂者」，駁斥程大昌所言自《邶》至《豳》爲徒詩之說，進而論證「古詩入樂，類皆有散聲疊字以協於音律，即後世漢魏詩入樂，其字數亦與本詩不同，則古詩之入樂，未必即今人誦讀之文，一無增損，蓋可知也。古樂失傳，故《詩》有可歌有不可歌」。

於十五國風次序，馬瑞辰贊同鄭玄《詩譜》所列之次序，認爲如此安排，「可以見殷周之盛衰」，「可以覘春秋之國勢」及「詩之興衰所關」（《十五國風次序論》），不能以國之大小和採之先後來定次序。又認爲《風》《雅》之正變，亦以政教之得失爲分，以世運盛衰來分正變不符實際，「政教誠失，雖作於盛世，非正也；政教誠得，雖作於衰時，非變也」（《風雅正變說》）。由此進一步引經據典，力證《豳風》非變風。

馬氏認爲「《毛詩》爲古文，其經字類多假借。《毛傳》釋詩，有知其爲某字之假借，因以所假借之正字釋之也；有不以正字釋之，而即以所釋正字之義釋之者。說詩者必先通其假借，而經義始明。」（《毛詩古文多假借考》）其如《詩人義同字變例》、《鄭箋多本韓詩考》、《周南召南考》、《豳雅豳風說》等，亦皆考證精審，斐然可觀。其《毛詩各家義疏名目考》、《魏晉宋齊傳詩各家考》等篇，則皆可補史之缺。

卷二以下，乃依詩詮釋，先列傳箋，下申己意，專釋詞語，不列經文。有新解方標專條，所釋詩句爲題，下列考釋文字，體例與胡承珙《毛詩後箋》略同。書名「傳箋通釋」，其實並不盡從《傳》，亦不盡從《箋》，不盡從《序》。既不黨毛，也不護鄭，其旨在於「述鄭兼以述毛，規孔有同規杜」（《自序》），其功則在於能知毛鄭之同，又能仔細辨別毛鄭之異，著重糾正孔穎達《毛詩正義》強合毛鄭爲一家而依違其間錯誤。

《毛詩傳箋通釋》論詩宗旨，標榜「漢學」，以《詩序》爲準，疏通《傳》、

〔註 1〕馬瑞辰：《毛詩傳箋通釋》，陳金生點校，中華書局，1989 年版。

《箋》，其詮釋詩句，也參考三家，辨其異同，且能夠概括全書，說明同類義例；文字聲韻方面，以古音古義來糾正訛誤，又以雙聲疊韻原理等來指明通假。《毛詩傳箋通釋》文字訓詁成就最大，有糾毛、鄭之失誤者，有補毛、鄭之闕遺者，率皆立論有據，勝於毛、鄭舊說。

　　如《秦風・蒹葭》「宛在水中央」句，馬氏通觀詩義，據《說文》釋「央、旁同義」，指出：「《詩》多以中為語詞，『水中央』猶言水之旁也，與下二章『水中坻』、『水中沚』同義。若如《正義》以『中央』二字連讀，則與下章坻、沚句不相類矣。」用同類義例概括全書，持論通達。又如《巧言》「無拳無勇」，《毛傳》：「拳，力也。」馬氏按云：「拳者，播之假借。《說文》：『捲，氣埶也。』引《國語》曰：『有捲勇』……捲亦為勇。古人不嫌語複。猶之『無罪無辜』，辜亦為罪耳。」訂正古音古義訛誤，確為達詁。又如《皇皇者華》「我馬維駒」，《釋文》：「駒音俱，本亦作驕。」瑞辰按：「《說文》：『馬高六尺為驕。』引《詩》『我馬維驕』，是《毛詩》古本作驕之證。驕與駒雙聲，古蓋讀驕如駒，以與濡、驪、諏合韻，與《漢廣》詩以駒韻蔞、《株林》詩以駒韻株者，其本字皆當為驕正同，後人據音以改字，遂作駒耳。」利用雙聲疊韻原理釋詞，舉重若輕。再如《邶風・靜女》「愛而不見」句「愛」字，《傳》、《箋》都作本義解，馬氏以為愛即「薆」或「僾」的假借字，即「隱蔽」之意，釋此句句意是「隱而不見」。如《邶風・凱風》篇「吹彼棘心」句的「棘心」一詞，《孔疏》釋為「棘木之心」，經其考證，釋為初生棗樹苗。此訓釋較確切。

　　馬瑞辰能破除門戶，於今文三家詩及漢魏以來舊說，也多取納，從而成為以古文為主、今古文兼採之詩經學家。本書《凡例》云：「《三家詩》與《毛詩》各有家法，實為異流同源。凡三家遺說有可與《傳》、《箋》互相證明者，均各為引證，剖析是非，以歸一致。」如《東方之日》篇，《毛傳》：「日出東方，人君明盛，無不照察也。」馬氏據《文選》李善注引《韓詩薛君章句》曰：「詩人所說者顏色盛也，言美如東方之日出也。」認為《毛傳》之說「與詩取與『彼姝者子』義不相協，不若《韓詩》以東方之日喻顏色美盛為善。」並總結云：「古者喻人顏色之美，多取譬於日月。」此引《韓詩》以訂《毛傳》舛誤之例，較之陳氏恪宗《毛傳》，尺寸不逾，更為通達可貴。

　　乾嘉時代，考據學已燦然花開，碩果累累，小學及名物典制地理等研究成就斐然。馬氏全書徵引賅博，盡採時賢之說，擇善而從，為己所用。不完

全統計，其援引清人之說達六十家六百五十餘次，諸家中則以段玉裁、胡承珙、王引之爲多，均在百條之上。馬氏與胡承珙最相友善，曾謂胡氏之書「有與余說大略相同，而徵引博於余者，有余蓄疑既久未能得其端緒，讀是書而昭若發矇者，亦有與余論互異而不妨並存其說，以待後人論定者……余既錄其說之精覈可懸國門者百數十條，將以補入余書，示服膺之篤」。(《毛詩後箋序》) 故馬氏之書反映治《詩》最新成果最高水平，稱其爲清代詩經學名著，諒無不可。《毛詩傳箋通釋》當爲後世讀《詩》者必讀之書，治《詩》者必參考之書。

此書缺點仍正統經學角度解詩，缺乏文學意味，汁釋過於瑣碎，讀久生倦。

《毛詩傳箋通釋》有道光十五年學古堂刊本、光緒十四年廣雅書局《廣雅叢刻》本、同年南菁書院《皇清經解續編》本、光緒十五年上海蜚英館《皇清經解續編》本、民國中華書局《四部備要》本、1989 年中華書局陳金生點校本、2002 年北京學苑出版社《詩經要籍集成》本等。

二、「通」漢宋於一杭：頡頏今文詩經學

今文經學興起於「春秋學」，固然有其政治緣由在，而學理言之，一種新學術之興起必根於別一種學術之巔峰，一種學術新途之拓開必起因於別一種學術舊途之無邊蔓延。

今文經學興起消解漢宋學分爭已有論者關注，而漢宋學消解分爭後於一個體則「通」二者於一杭者不乏其人，道光間方法融通成大家者非丁晏莫屬。有論者以爲丁晏治經主漢學〔註2〕，誤解也。丁氏深得漢學眞髓，重毛好鄭，而其亦重宋儒義理發微。

丁晏（1794～1875），字儉卿，號柘堂，江蘇山陽人。性嗜典籍，勤學不輟。阮元攝漕督，以漢易十五家發策，條對萬餘言，精奧冠當世。道光元年舉人。兼通史事，經世優裕。嘗在籍辦堤工，司賑務，修府城，濬市河，有功鄉里。咸豐間，以在籍辦團練，由內閣中書加三品銜。終身不仕，除研究經學外，教授生徒，歷主觀海書院、麗正書院、文津書院，有「江淮經師」之稱。生平篤好鄭學，於詩箋、禮注研討尤深。曾輯《鄭康成年譜》，署其堂曰「六藝」，取康成六藝論，以深仰止之思。丁晏治經，兼容漢宋，以漢儒正

〔註 2〕洪湛侯：《詩經學史》，頁五一三。

其詁，詁正而義以顯；宋儒析其理，理明而詁以精，二者不可偏廢。晏少多疾病，迨長讀書養氣，日益強固。治一書畢，方治他書，手校書籍極多，必徹終始。所著書四十七種，凡一百三十六卷，已刊者為《頤志齋叢書》，較著者有《尚書餘論》二、《禹貢集釋》三卷、《三禮釋注》八卷等。《清史列傳》卷六十九、《清史稿》卷四百八十二、《續碑傳集》卷七十四有傳。

丁晏治《詩》推崇毛公，亦篤好鄭氏。以毛公之學，得聖賢之正傳，其所稱道，與周、秦諸子相出入。康成申暢毛義，修敬作箋。孔疏不能尋繹，誤謂破字改毛，援引疏漏，多失鄭旨。因博稽互考，證之故書雅記，義若合符，撰《毛鄭詩釋》四卷。此書有道光二年自序，稱本名《毛詩古學》，蓋年十五即讀《毛詩注疏》，後又兼及鄭義，經十四年，所得滋多，因取舊稿，刪存什之五，改題今名。書前冠有《毛詩古學原序》嘗謂「漢世言《詩》者有齊、魯、韓三家，惟毛公之學，獨得子夏、荀卿之傳，為後儒言《詩》者所宗」，「三家詩多從今文，而毛公皆依古文，其曰故訓者，古言也，明其信而好古，不敢以臆見廁其間也。」可以知其治《詩》宗旨。其書以詩句為題，下列《傳》、《箋》，所加論斷，以「案」字別之。雖為少作，而考訂詳明，可取者尚多，實卓然漢學也。末附《詩序證文》、《毛傳格言錄》等，惟《書段氏校定毛詩故訓傳後》一篇，指陳補正段氏誤斷十餘例，皆能深中其失，俱極允愜，最是力作。

《毛鄭詩釋》特點如下：

其一，從聲音求訓詁例如「鱣鮪發發」（《碩人》）條，《傳》：「發發，盛貌。」丁氏案云：「《廣韻》十三『末』，鱍，北末切，魚掉尾也。《說文》魚部『鮁』：『鱣鮪鮁鮁』，從魚、發聲，《呂氏春秋·季春紀》注引《詩》『鱣鮁潑潑』，鮁、鯠、潑、發，聲相近。」丁氏從聲音以求訓詁，是以多有創獲。

其二，釋詞直溯本原如「追琢其章，金玉其相」（《棫樸》）條，《傳》：「追，雕也，金曰雕，玉曰琢。」丁氏案：「《荀子·富國》篇引《詩》『雕琢其章』，毛公親事荀卿，故訓本於師說也。」又舉「勉勉我王，綱紀四方」（《棫樸》）條，加案云：「《荀子·富國》篇引《詩》『亹亹我王』，《文王》篇《毛傳》『亹亹，勉也』，亦本於師說也。」凡此皆能直溯本源，持之有據。

其三，持論恪遵《毛傳》：丁氏遵信《毛傳》，《皇矣》篇《韓詩》作「維此文王，帝度其心」，而不作「文王」。《閟宮》「新廟奕奕。奚斯所作」，丁氏確信《毛傳》「有大夫公子奚斯者作是廟也」之說，並力斥段玉裁改《傳》云

「作是詩」之誤。所持《毛詩》立場堅定不移，於此可見。此外，書中精義尚多，可供借鑒。如謂《魚藻》「有頒其首」，據《易‧賁卦：》《釋文》引傳氏曰「賁，古斑字，賁、墳、頒、斑聲相近」。今人于省吾《澤螺居詩經新證》開卷第一條即「有頒其首」，亦徵引「《釋文》引傳氏曰」爲說，是否曾受丁氏啓發，不得而知，而丁說早出，自無疑義。

該書有咸豐二年聊城楊以增海源閣《六藝堂詩禮七編》本，同治元年《頤志齋叢書》本，1989 年臺北新文豐出版公司《叢書集成續編》本。

丁氏《詩》學著作，《六藝堂詩禮七編》收錄四種，除《毛鄭詩釋》外，尚有《詩考補注》二卷《補遺》一卷、《鄭氏詩譜考正》一卷，此外尚有二種《毛詩草木鳥獸蟲魚疏校正》二卷、《詩集傳附釋》一卷，今簡介如次：

《毛詩陸疏校正》二卷，復旦大學藏咸豐七年刻本，牌記、版心皆作「毛詩陸疏校正」。前有咸豐五年（1855）自序，序題《毛詩草木鳥獸蟲魚疏敘》。體例與趙祐《草木疏校正》同，蓋皆據毛本，然兩書相較，並未見因襲之跡，所引《初學記》、《御覽》、《類聚》、《類證》、《本草》諸書，亦趙氏所未及。《陸疏》舊本一百三十三條，丁據《御覽》引補入「投我以木瓜」一條，據《經典釋文》引補入「浸彼苞蓍」、「駉駉牡馬」、「野有死麕」三條，共一百三十七條，尚屬完備。其後羅振玉作《毛詩草木鳥獸蟲魚疏新校正》，嘗用爲主要底本之一，說明尚有相當影響。丁氏斷言：「今所傳二卷，即機之原書，後人疑爲掇拾之本，非也。」所見與同時諸家不同，可備一說。書後附錄魯齊韓毛四家傳授考略。

此書一名《校正陸璣毛詩草木鳥獸蟲魚疏》（見《書目答問》），又名《毛詩草木鳥獸蟲魚疏校正》。尚有《頤志齋叢書》本，《六藝堂詩禮七編》本，《古經解彙函》重刻丁本。

《鄭氏詩譜考正》一卷：咸豐二年楊以增刻本。前有嘉慶二十五年丁晏自敘。此書蓋爲訂正歐陽《詩譜補亡》而作，正文分列《周南召南譜》、《邶鄘衛譜》、《檜鄭譜》、《齊譜》、《魏譜》、《唐譜》、《秦譜》、《陳譜》、《曹譜》、《豳譜》、《王譜》、《小大雅譜》、《周頌譜》、《魯頌譜》、《商頌譜》。三頌譜後皆注明「歐譜闕」，蓋從《毛詩正義》錄附。詩譜圖中所列詩篇，篇後往往加注《序》、《傳》、《箋》、《疏》與該詩時地有關之論述，雖注語極其簡要，與他本之僅列篇名者，仍不盡同。丁氏所加案語，涉及面較廣，或考歐補世系，或補脫漏詩篇，或訂《鄭譜》舊次，是爲本書精粹所在。

　　考訂歐陽《詩譜補亡》之世系：如《檜鄭譜》云「文公，惠王五年立，襄王二十四年卒，補亡下迄惠王，亦非，今正之」，改爲下迄惠、襄。《唐譜》原譜首列靖侯，繫於共和，丁氏案云：「考靖侯周厲王二十一年立，在共和前，且譜中無靖侯詩，不應廁入，今刪。」《秦譜》丁氏案云「史表康公三年頃王即位，至匡王四年卒，《補亡》僅下及襄王，亦非，今補正」，改爲下迄襄、頃、匡。《陳譜》丁氏案云：「《史記》幽公立當厲王二十五年，共和尚未秉政，《歐譜》起自共和，非也。」以上四例，戴震《詩譜考正》皆未刪未改，一仍《歐譜》之舊。

　　丁氏於《檜鄭譜》下又稱：「《歐譜》桓公繫於共和，甚誤。宣王二十二年初封桓公，遠在共和之後。」故改將桓公繫於宣、幽。戴氏《詩譜考正》則將醒公繫於宣王；丁氏又謂《魏譜》歐陽《補亡》「統敘一君，違失鄭旨」，改列平王、桓王二君，戴氏《詩譜考正》亦已改爲平王、桓王，並加注云：「魏無世次，其詩在平、桓之間。」不分何詩屬平，何詩屬桓，似更客觀。丁氏又謂《陳譜》「靈公，定王八年爲夏徵舒所弒，《補亡》迄於頃王，亦非也，今正之」，改爲下迄頃、匡、定。戴氏《考正》同。以上三例，丁、戴二家見解一致，尤可據信。

　　考證《鄭譜》舊次，應爲本書精彩筆墨之一。馬瑞辰云：「《毛詩》次序，當以《詩譜》爲正，今世所傳《詩譜》，與注疏本先後次序異者二，一以檜、鄭爲一譜，一以《王風》居鄶後。」而丁氏此書，於「檜鄭同譜」、「王居鄶下」皆有周密考釋。《檜鄭譜》云：「歐公以檜鄭同譜……首尾聯貫，本爲一篇，唐孔氏引譜各冠風首，故割分爲二，此由仲遠之失。且各譜每篇起首，如『周召者』、『邶鄘衛者』、『齊者』、『魏者』文法皆同，而《鄭譜》獨不然，則知自『檜者』以下合爲一篇。歐公此譜，與鄭旨相符，今依用而申證其說焉，並將《正義》所載譜文，合鈔如右，以還舊觀。」此則案語，不僅指出檜鄭二譜史實相承、文勢銜接之內在聯繫，以證原爲完整之篇，復從語法角度指出孔穎達割裂爲鄭檜二譜之遺留痕跡，皆很有說服力。關於「王居鄶下」則引《正義》曰：「《王譜》次在鄭上，譜退鄶下者，欲近《雅》、《頌》，與王世相次故也。」又引《國風》《正義》曰：「《鄭譜》王在鄶後者，退後《雅》、《頌》並言王世，故耳。」可知鄭氏舊次如此。然馬瑞辰則另有說，其言曰：「《二南》、邶、鄘、衛、王，可以見殷周之盛衰焉，《二南》，周王業之所起也，邶鄘衛，紂之舊都也，王，東遷以

後之地也。首《二南》見周之所以盛，次邶鄘衛，見殷之所以亡，次王，周周之所以始盛而終衰也。」（《毛詩傳箋通釋・十五國風次序論》）馬氏所言，剖析尤美，可以互參見義。

清代輯校《詩譜》者多家，丁氏此書，有本有原，有識有斷，最爲詳悉，非好爲異論者比，當爲諸家翹楚。

該書有嘉慶南河節署刊本，及邵武徐氏刊本。咸豐二年聊城楊以增海源閣《六藝堂詩禮七編》本，同治元年《頤志齋叢書》本，光緒間蛟川張壽榮《花雨樓叢鈔》本，1989 年臺北新文豐出版公司《叢書集成續編》本。

《詩考補注》二卷《補遺》一卷（補遺，六藝堂本、頤志齋本皆作一卷，《花雨樓叢書》本作二卷）

王氏《詩考》爲草創之本，未及審定，故其中有前後重出者，有編次失當者，有援據未精者，加之近世刊本之訛，魯魚帝虎，觸目紛如。晏乃刪其複，正其訛，移其失次，申其未詳，爲《補注》二卷。後捃摭缺略，搜羅遺佚，爲《補遺》一卷，可謂有功前儒，有益後學。劉師培論曰：「近儒丁晏作《詩考補注》，而《詩考》之書咸可觀矣。」（《經學教科書》第二十五課）

此書取王應麟《詩考》所引之言，一一注其出處，並及詩異字異義及逸詩。《補遺》則《詩考》所遺三家詩說，詩異字異義及逸詩。

《詩集傳附釋》一卷，前有自序：「取朱子詩傳抽繹讀之，兼採漢唐宋諸家之解，斷以己意，集眾說之長，未有一字無來歷者，然後歎朱子之學之大也。」又云：「朱子初解，亦用序說，《呂氏讀詩記》多引之。至作《集傳》，乃盡棄小序。……其後作《白鹿洞賦》云『廣青衿之疑問』，《孟子注》亦以柏舟爲衛之仁人，皆從序說，是《集傳》未爲定論也。」蓋意在持平，與守門戶之見者迥異。然於《集傳》義有未安者，亦悉爲摘出，但不詬詈耳。

有光緒二十年《廣雅叢書》本，民國九年《廣雅叢書》本，1994 年上海書店《叢書集成續編》本。

丁晏綜漢宋詩經學成顧問詩經學集大成者之一，足與正興起之今文詩經學頡頏成行。

今文詩經學之陳氏父子於個案研究中詳述，略述道光朝詩經學過渡特徵如此。

第二節　道光朝詩經學個案研究

　　本節擷取道光朝詩經學三家作個案研究，旨在剖析其轉折期詩經學研究之特徵，詩經學至道光朝已成傳統詩經學之迴光返照。

　　所論三家陳奐、陳喬樅雖卒於道光朝後，然其詩經學著述多完成刊行於道光朝，故其轉折意義在焉，特此說明。

一、陳奐與《詩毛氏傳疏》及其它詩經學著述

　　陳奐（1786～1863），字倬雲，號碩甫，又號師竹，晚號南園老人，江蘇長洲人。諸生。少師段玉裁治《毛詩》、《說文》，入都與王念孫父子游，學益進，後主杭州汪遠孫家振綺堂，潛心著述。陳氏精於訓詁考證，段玉裁刻《說文解字注》，校訂之力陳奐居多；王引之著《經義述聞》，每一卷成，必出相質；其友人棲霞郝懿行《爾雅義疏》、績溪胡培翬《儀禮正義》、臨海金鶚《求古錄》，皆為其校刊以行。咸豐初，舉孝廉方正。著有《師友淵源記》、《公羊逸禮考徵》、《三百堂文集》等。《清史列傳》卷六十九、《續碑傳集》卷七十四有傳。

　　《詩毛氏傳疏》有道光二十六年陳氏掃葉山莊原刊本，二十七年復刊，收入陳氏《毛詩五種》，光緒九年翻刻五種本，民國鴻章書局五種本，光緒十四年南菁書院《皇清經解續編》本，光緒十五年上海蜚英館《皇清經解續編》本，1930 年上海商務印書館《國學基本叢書》本。今有中國書店影印本。〔註 3〕

　　其學專攻《毛傳》，成就斐然。殫精竭慮，以十八載之功，撰《詩毛氏傳疏》三十卷（一稱《毛詩傳疏》），並撰有《毛詩音》四卷、《毛詩說》一卷、《毛詩傳義類》一卷、《鄭氏箋考徵》一卷、《毛詩九穀考》一卷。胡承珙撰《毛詩後箋》未竟，由其補作。

　　《詩毛氏傳疏》三十卷，道光二十七年掃葉山房刻本。前有敍錄及條例，略述學術源流和作書緣起：「《毛詩》多記古文，倍詳前典。或引申，或假借，或互訓，或通釋，或文生上下而無害，或辭用順逆而不違。要明乎世次得失之跡，而吟詠情性有以合乎詩人之本志，故讀《詩》不讀《序》，無本之教也；

〔註 3〕陳奐：《詩毛氏傳疏》，北京中國書店，1984 年。所引例文皆本於此，不注出矣，其它處同此。

讀《詩》與《序》而不讀《傳》，失守之學也，文簡而義贍，語正而道精，洵乎小學之津梁，群書之鈐鍵也。……今置《箋》而疏《傳》者，宗《毛師》義也。」（《敘錄》）對《毛傳》推崇備至，其書可視為《毛詩》一家之言。其為《毛傳》作《疏》，「訓詁準諸《爾雅》，通釋證之《說文》，引據賅博，疏證詳明，毛義彬彬，於斯為最，潛研考索之深，駕先儒而上之，洵毛氏之功臣也」（朱記榮《詩毛氏傳疏・後序》）。

漢代經學，不同門派各有其傳授，各有所長，不能偏廢。然乾嘉漢學肇興，汪龍《毛詩申成》，胡承珙《毛詩後箋》，段玉裁《毛詩小箋》等，皆竟申毛說，不主鄭《箋》。風氣影響，陳氏治詩，亦云「齊、魯、韓可廢，毛不可廢」。（《敘錄》）此書尊崇毛義，不滿鄭玄兼採「三家」詩說，置《鄭箋》而不顧，專疏毛傳，以矯毛、鄭兼習之弊。從文字、聲韻、訓詁、名物等方面闡發《毛詩》本義，揚其精好，頗多精當見解，總結大量《毛傳》訓釋通例，尤其《傳》、《箋》為後人所竄亂訛誤者，一一詳辨而區分之。陳氏嚴守其師段玉裁《毛詩故訓傳》之說，所疏亦一以段注《說文》為宗，對名物制度考訂最詳，多有勝義，成為清代治《毛詩》集大成著作。

《毛傳》文字簡約，陳氏撰寫此書採用注疏之體，每篇之前，首列《毛詩序》，每章詩文之下，列《毛傳》及自作之疏，逐字逐句加以訓釋，發明其本義。

其釋詞最有特色，疏釋簡要易解，無煩瑣旁衍之累。例如《葛覃》：「言告師氏，言告言歸。」《傳疏》：「言歸，曰歸也。此篇及《黃鳥》、《我行其野》、《有駜》皆作言歸，《齊・南山》、《東山》、《采薇》皆作曰歸，《黍苗》作云歸。言、曰、云三字同義，……全詩言字有在句首者，為發聲，若《漢廣》之『言刈其楚』之類是也，有在句中者，為語助，若《柏舟》『靜言思之』之類是也。」此類詮釋，皆可舉一反三，用作通例。

釋義與胡、馬二家或有異同。如《氓》「抱布貿絲」，《傳》：「布，幣也。」馬瑞辰以布為布匹，謂為古時以物易物之習俗，陳則仍堅守毛說。《權輿》「於我乎夏屋渠渠」，《傳》「夏，大也」。陳氏《疏》云：「夏屋，大屋也」，而胡承珙、馬瑞辰二家皆從《鄭箋》以夏屋為禮食大具。上述諸例之歧異，蓋皆陳奐恪遵《毛傳》解說所致。

本書原以訓詁為重點，間亦有考據成果。例如《周頌・維天之命》《序》「太平告文王也」下，陳氏《疏》云：「《書・雒誥》篇《大傳》云：『周公攝

政六年，制禮作樂，七年致政，《維天之命》制禮也，《維清》作樂也，《烈文》致政也，三詩類列，正與《大傳》節次合，然則《維天之命》當作於六年之末矣。」觀此，知陳氏不僅精於訓詁，且亦長於考證。

梁啓超評論道咸間三部《詩》學名著，謂「三書比較，胡、馬貴宏博而陳尙謹嚴，論者多以陳稱最」，並盛讚陳之疏解《毛傳》，「常能廣採旁徵，以證成其義，極潔淨而極通貫，眞可稱疏家模範」（《中國近三百年學術史》），前有引述。

而陳氏闕誤亦顯然，陳奐《傳疏》，始終堅守《毛傳》之說，疏不破注，《毛傳》有誤，亦必曲爲迴護，因循墨守之弊，自所不免。時人業已解決之問題，陳氏拘泥傳義，沿襲其誤。如《邶風・終風》「終風且暴」，王引之已用大量《詩經》句式證明「終，猶旣也」，「終……旣……」句式即「旣……且……」句式，而陳奐仍守《毛傳》「終日風爲終風」之誤說而強爲辯解。至於忽略詩篇之文學意義，則爲《詩》古文學派共有之缺點。

陳氏另著有《釋毛詩音》四卷、《毛詩說》一卷、《毛詩傳義類》一卷、《鄭氏箋考證》一卷，可視爲毛氏詩學論述一系統，今簡述如下：

《釋毛詩音》四卷，咸豐元年（1851）蘇州漱芳齋刻，前有陳氏自序，謂「三代同文而不同音，古韻書久亡，六書諧聲韻書之權輿也。詩三百篇，韻書之經緯也，大毛公生周季，去古近，作故訓傳，與三百篇韻甚諧也。由韻以知音，因音以求義，奐之作爲詩疏也，明其義也，而詩音之釋惡可已也？……音之轉也，南北之殊也，古今之變也，一字而數義也，數義有數音也。執古音不兼通今音，不可與言音也。泥今音而反昧古音，不可與言詩也。」正文以國風、小大雅什爲節，不按篇分段，著重解釋疊韻、雙聲、通假等及與今音相異字之讀音。不做繁複考據，間引說文、釋文、顧氏、段氏諸說。謂字之古聲與今音不同，同部者謂之音變；異部者謂之音轉，訓詁廣泛運用雙聲疊韻之理；古本音、古合韻、古無四聲，悉依段氏之說。

《毛詩說》一卷，道光二十七年（1847）武林愛日軒刻。無序，有簡短前言。此書爲陳氏疏《詩》條例，有本字借字同訓說、一義引申說、一字數義說、一義通訓說、古字說、古義說、《毛傳》章句讀例、轉注說、假借說、《毛傳淵源通論》《毛傳》《爾雅》字異義同說、《毛傳》《爾雅》訓異義同說、《毛傳》用《爾雅》說、《毛傳》不用《爾雅》說、《毛》用借字三家用本字亦有三家用借字《毛》用本字者說、三家《詩》不如《毛詩》義優說等以及

《毛傳》淵源通論，條例分明而論說簡要，可作爲《毛詩》訓詁學之總結。

於名物制度與歷史地理之考證，《毛詩說》附有圖表，計有宮室圖說、四廟五廟表，於城郭、五門、宗廟、朝堂、諸侯城闕、路寢、明堂、郊學均有載；另有四時禘祫表、天子大禘表、文王受命七年表、周公受命七年表、樂縣方位圖說、衣服圖說、車輔、旂、旛，以及邶鄘衛及韋顧昆吾圖、邰邠岐豐鎬及秦圖。此類圖說、年表和地圖，爲陳氏綜合乾嘉考據學及其個人之考據成果。陳氏前言云：「大毛公訓詁傳，言簡理賅，漢儒不遵行，錮蔽久矣，奐殫精極慮，爲傳作疏，疏中稱引廣博難明，更舉條例立表示圖，凡制度文物，可以補《禮經》之殘闕，而與東漢諸儒異趨者，揭著數端，學者省覽焉。」

《毛詩傳義類》一卷，咸豐九年（1859）王載雲刻，前有自序。謂「大毛公生當六國，去周初未遠，孔子沒而七十子微言大義，殆未掃滅，故其作詩故訓傳，傳義有具於《爾雅》，有不盡具於《爾雅》，用依《爾雅》編作《義類》。胡子培翬曰：子既宗毛詩而爲傳作疏矣，引推傳義，通釋群經。經有未備者，則補綴之，釋有未當者，則振救之。若然則毛詩傳可以紹統《爾雅》而旁通發揮，淹貫博洽，以餉後之學者，不亦美備矣乎？奐曰：善。請爲胡子略陳之。《北山》傳曰：『賢，勞也。』不作賢才解。《論語・憲問篇》『賜也賢乎哉？夫我則不暇。』賢訓勞，言賜勞而我無暇也。《陽貨篇》『不有博弈者乎，爲之猶賢乎已？』賢訓勞，言博弈猶勞用其心也。若作賢才解，失其義矣。」又舉《小宛》傳「齊，正也」。不作齊截解。《論語・里仁篇》「見賢思齊焉」，齊訓正，言見賢而思就正也。蓋古義韜晦而今義熾昌，古音古義載見諸傳者有足據也。又言「畢生思力，薈萃於《疏》，而以經通傳，以傳證經，引而伸之，擴而充之，切切然恐不能卒其業也，姑就與胡子之言，舉其二三，著爲略例，疏明詳說，則俟諸後賢。」

此書仿《爾雅》體例，將《毛傳》訓詁按義類分十九類：釋故、釋言、釋訓、釋親、釋宮、釋宮、釋樂、釋天、釋地、釋丘、釋水、釋草、釋木、釋蟲、釋魚、釋鳥、釋獸、釋畜。逐詞注釋，檢索方便，類似《毛詩詞典》。

此書缺點：陳氏認定《爾雅》爲周公所作，又認爲《毛傳》詁義之精殆在《爾雅》之上，難免尊經太過。

《鄭氏箋考徵》一卷，咸豐八年（1858）許文一刻本。無序，有陳氏簡短前言：「鄭康成習韓詩，兼通齊魯，最後治毛詩，箋詩乃在注禮之後，以禮注詩，非墨守一氏。箋中有用三家申毛者，有用三家改毛者，例不外此二端。

三家久廢，姑就所知得如干條。毛古文，鄭用三家從今文，于以知毛與鄭固不同術也。」分別考列《鄭箋》用《韓詩》、《魯詩》、《齊詩》之例證。

二、陳喬樅父子詩經學研究

陳壽祺（1771～1834 年），字恭甫、介祥，號左海、梅修、隱屏山人。嘉慶四年進士，選庶吉士，散館授編修。歷任廣東、河南鄉試副考官、會試同考官，文淵閣校理、教習庶吉士。後主泉州清源書院、福州鼇峰書院者二十年。倡修《福建通志》，任總纂。壽祺初治宋明理學，後專漢學以治經。主要著作有《五經異議疏證》三卷、《尚書大傳定本》三卷、《左海經辨》三卷、《洪範五行傳輯本》三卷、《歐陽夏侯經說考》三卷、《齊魯韓詩說考》三卷、《禮記鄭讀考》四卷、《說文經話》二卷；《左海文集》十卷、《左海詩鈔》、《蹳跗草堂詩集》六卷，彙編爲《左海全集》。

陳喬樅（1809～1869），字樸園，一字樹滋，號禮堂。福建閩縣人。陳壽祺之長子。道光五年，年十七，舉於鄉。二十三年，以大挑分發江西，歷官分宜、弋陽、德化、南城等縣，署袁州、臨江、撫州諸府。用經術飭吏治，居官有聲。嘗獨居深念，撫其先人遺著，慨然憶其父遺訓：「吾生平疲於文字之役，纂述匆匆未盡就，爾好漢學，治經知師法，他日能成吾志，九原無憾矣！」乃力自奮勉，每當簿書之隙，紬繹舊聞，次第勒爲定本。著作有《禮堂經說》、《齊詩翼氏遺說考》、《毛詩鄭箋改字說》、《齊詩遺說考》、《詩緯集證》各四卷，《詩經四家異文考》、《韓詩遺說考》各五卷、《禮記鄭讀考》、《魯詩遺說考》各六卷、《歐陽夏侯經說考》一卷，《今文尚書經說考》三十四卷。彙編爲《小嫏嬛館叢書》，又名《左海續集》。凡所論列，一時名公碩彥莫不欽服。阮文達稱爲「析前人所未析」，湯文瑞以爲「見博而思精」。年六十一，卒於撫州官舍。身後蕭然，惟書籍刻版百有餘篋而已。《清史列傳》卷六十九有傳。

《詩經四家異文考》五卷，湖北省圖書館藏道光刻本。此書專述魯、齊、韓、毛四家異文，蓋撰次《三家詩遺說考》既成，繼而增緝四家詩異文，薈爲此編。前有道光二十三年自敘，謂：「四家之詩，其始口相傳授，受之者非一邦之人，人各用其鄉音，故有同言而異字、同字而異音者。然而古人文字聲音訓詁通假之源，未始不可於彼此同異之間觀其會通，觸類而引伸之，足以舉一反三焉。則網羅眾家，統同而辨異，沿流以溯源，誠學者集思廣益之助也。」

其體例，按今本次第，以異文標題，下注出處，復加按語進行疏釋。條列清爽，一目了然。此書羅舉四家異文，最爲詳備；所作考釋，時有發明；且能與所著諸書，互證互補，闡其義蘊。且「凡近儒所討論有資校勘者，靡不參互稽核」，故能集其大成，爲不刊之作。

其羅舉異文之例如卷一《摽有梅》：《毛詩》「摽有梅」；《魯詩》作「莩有梅」；《齊詩》作「蔈有梅」；《韓詩》作「莩有楳」。喬樅案：「莩當作莩……楳與梅同，古梅字作某。」

考釋字句之例：如卷五《有駜》「歲其有」，《隸釋西嶽華山碑》「歲其有年」。喬樅案：「《毛傳》明云歲其有豐年也，是《毛詩》本亦當有年字。」

互證互補之例：如卷一「鼓鐘樂之」，詳見《韓詩考》；卷二「其人美且□」，詳見《鄭箋改字說》；卷三「宗周既滅」，詳見《魯詩考》等。

清末江瀚著《詩經四家異文考補》，補陳著之不足。有宣統元年番禺沈宗畸刻《晨風閣叢書》本。

《毛詩鄭箋改字說》四卷，有道光十年小嫏嬛館叢書本，未見，見《左海續集》本，前有道光九年自序。蓋其父壽祺主講鼇峰書院時，曾以該書課士，陳喬樅隨侍從學，謹遵所聞，搜討群書而成。其時壽祺之《齊魯韓詩說考》尚未殺青，喬樅此書乃其旁緒，意在從鄭箋中尋繹三家遺說，不想竟成專著，實日後研究三家詩發軔之作也。

此書專門考證鄭《箋》和毛《傳》不同。鄭玄兼通今、古文經，注「三禮」用今文《詩》，而「注《詩》宗毛爲主，其義若隱略，則更表明，如有不同，即下己意，使可識別。」（《六藝論》）鄭箋申說毛傳，與毛傳不同者，往往變換傳意，或改易文字。孔穎達早就指出「箋所易字多矣」。

本書無目錄，共列毛、鄭異文或箋改毛字計一百二十條，分國風三十六條、小雅四十二條、大雅二十五條、頌十七條各一卷。每條先引箋文，再行辨析，並指明鄭氏往往據三家今文改毛傳。如卷一《新臺》二章「蘧篨不殄」箋：「殄當作腆，腆善也。」喬樅案：「《毛詩》皆古文，古文殄爲腆之假借字，箋蓋改從今文也。」卷四《周頌・敬之》「佛時仔肩」傳：「佛，大也。」箋云：「佛，輔也。」正義曰：「箋讀佛爲輔弼之輔。」喬樅案：「《韓詩外傳》引《詩》曰：『弗時仔肩』……三家當作輔弼解，箋之以輔詮佛，即從三家弗字爲訓。」有的則指明鄭箋改字其實是申明毛義而非另作別解。如卷三《桑柔》四章「孔棘我圉」傳：「圉，垂也。」鄭箋：「圉當作禦。」喬樅案：「圉之訓垂，義本取於拒邊，此箋破圉爲禦，正訓禦寇之事以申毛說也。」

　　《三家詩遺說考》十五卷，敘錄三卷。華東師範大學圖書館藏《左海續集》本。（《皇清經解續編》本作《魯詩遺說考》二十卷、《齊詩遺說考》十二卷、《韓詩遺說考》十八卷，共五十卷。）

　　《魯詩遺說考》，前有光緒八年林新圖序，次嘉慶二十四年陳壽祺《三家詩遺說考自序》，次道光十八年陳喬樅《魯詩遺說考自敘》，次《敘錄》一卷，乃為傳授考，始子夏，終於魯峻，計六十四人。考錄源流，有參考價值。魯詩考分國風二、小雅二、大雅、頌各一，共六卷。

　　《齊詩遺說考》，前有道光二十二年陳喬樅自敘，次敘錄一卷，始轅固生，終於陳紀，計二十八人。齊詩考分國風、小雅、大雅、頌各一，共四卷。

　　《韓詩遺說考》，前有道光二十年，陳喬樅自敘。次《敘錄》一卷，始韓生，終於樊安，計五十五人。次《韓詩外傳附錄》一卷、次《韓詩內外傳補逸》一卷。韓詩考分國風二、小雅、大雅、頌各一，共五卷。

　　先是壽祺輯錄三家詩未成，後經喬樅補輯，經二十餘年，次第成書，今遺說考卷首正文前皆題「侯官陳喬樅樸園著」。所輯佚文頂格排列，前標篇名，後列考釋文字，壽祺原加之案語稱「案」，喬樅所加之案語稱「喬樅謹案」，凡補輯之資料，末皆標一「補」字，釐然可別。陳氏用於輯錄佚文之典籍皆據各家傳授源流選取。其中《魯詩》佚文輯自《爾雅》、王逸《楚辭注》、《潛夫論》、《說苑》、《淮南子》、《白虎通》等書凡七十一種；《齊詩》佚文輯自《易林》、《鹽鐵論》、《漢書·地理志》、鄭玄《禮記注》、《儀禮注》、《春秋繁露》等書凡三十六種；《韓詩》佚文輯自《釋文》、《玉篇》、《後漢書注》、《眾經音義》、《太平御覽》、《三國志注》、《吳越春秋》書凡四十六種。經統計，本書所輯各家佚文，《魯詩》一千七百餘則，《齊詩》八百餘則，《韓詩》六百餘則。

　　《魯詩》保存之佚文，較齊、韓為多，篇題章句與《毛詩》差異，也較齊、韓為甚。愚一一統計，《魯詩》佚文篇題與毛異者凡三十七例，《齊詩》篇題與毛異者二十餘例，《韓詩》篇題與毛異者十八例。

　　《齊詩》魏代散佚以後，至宋末王應麟始著手輯佚，編入《詩考》，惟所輯寥寥，又持論不根，難以徵信。清代余蕭客、范家相、盧文弨、王謨、馮登府諸家先後續輯《詩考》，亦皆「擇焉不精，語焉不詳，於《齊詩》專家之學，究未能尋其端緒。」（《自序》）。創始難密，踵修易工，《齊詩遺說考》，可謂清代《齊詩》輯本中集成之作。

　　《韓詩》至宋而亡，陳氏之前，宋綿初曾輯《韓詩內傳徵》，《韓詩》遺說大致輯及，開創之功難泯，惟不作考釋，簡略殊甚，案語亦復寥寥，且不錄《韓詩外傳》。喬樅頗重其書，多次徵引。

　　《毛詩正義》說「《毛詩》字與三家異者，動以百數」，或三家爲本義，毛用假借義；或毛爲本義，三家用假借義；又或爲古今字，或爲異體字、訛文，不一而足。陳氏輯佚，於三家遺說，保存不少，足資參考，如《魯詩遺說考》據蔡邕《獨斷》引《魯詩・周頌》之《序》三十一則，又據《史記・宋世家》有關記載，論定《商頌》爲宋詩。《齊詩遺說考》於《齊詩》所謂「四始」、「五際」、「六情」、「十二律」諸學說輯錄較多，喬樅案語稱翼奉「言《齊詩》始際，皆推本五行，以著天人之應」（「正月繁霜」條），當爲概括性結論。又據《下泉》篇所輯《易林・蠱之歸妹》「下泉苞稂，十年無王」之語，考定此篇爲《詩經》最晚之篇，已入東周，其考釋文字，較何楷《世本古義》所言，尤爲精密有據。

　　《詩》本同源，雖四家師承各異，說解有殊，然能採摭佚文，廣其異義，是皆有助於讀《詩》。壽祺、喬樅父子世業，經數十年，遍尋古書，輯成此書，實乃搜輯三家詩遺說首次完備著作，爲其後王先謙撰《詩三家義集疏》奠定堅實基礎。

　　此書有光緒八年林新圖補刻《左海續集》本，光緒十四年南菁書院《皇清經解續編》本，光緒十五年上海蜚英館《皇清經解續編》本，2002 年北京學苑出版社《詩經要籍集成》本。

翼氏學研究

　　《三家詩》中《齊詩》亡佚最早，清人三家輯本中雖亦輯及《齊詩》，終嫌簡略，其輯爲專書且較詳審者莫如迮鶴壽《齊詩翼氏學》、陳喬樅《齊詩遺說考》、《齊詩翼氏學疏證》與《詩緯集證》。詩緯佚文，陳喬樅《詩緯集證》舉例最詳；於《齊詩》異文、篇題與別家歧異，《齊詩遺說考》例舉最備；而據《漢書・翼奉傳》，《齊詩》四始五際之說，皆翼奉所傳，今存《齊詩》遺說，多屬翼氏之學，陳氏之《齊詩翼氏學疏證》又最精審。夫以二千餘年湮沒無傳之絕學，墜緒茫茫，苟能獲其單詞隻義，已不啻吉光片羽，良可寶貴，況乎沿流溯源，尋其涯涘，扶微學，廣異義，闡其義蘊，存亡繼絕，有足稱者。謂陳氏爲翼氏功臣，殆不爲過。

　　陳氏三書，《遺說考》刻於道光二十二年，次年《翼氏學疏證》刊，又三

年而《詩緯集證》成。《疏證》前有道光二十三年自敘及道光二十四年泉州陳慶鏞敘。其自敘曰：「先大夫曩嘗鉤討魯齊韓佚義與毛氏異同者，爲參互考證，輯而未就，命喬樅卒爲之成《魯詩遺說考》六卷、《齊詩遺說考》四卷、《韓詩遺說考》五卷。尚欲細加疏釋，未敢即以問世。竊惟三家，齊詩先亡，最爲寡證……其間微言，有綫未絕，獨賴《漢書・翼奉傳》一篇存什一於千百而已。先大夫嘗言：……翼氏之治詩，精通乎律曆陰陽，以窮極性命告往知來，夫非聖門言詩之微旨與？喬樅不揣固陋，爲疏通而證明之，其佚見於他說者，並爲採錄，俾齊詩翼氏之學略存梗概，亦敬承先大夫之訓云爾。」慶鏞敘亦云：「樹滋孝廉……成《齊詩遺說考》四卷，……余屢索讀，因道路悠遠，行笥難於攜帶，憮然急欲得見。甲辰春，樹滋計偕來都，出所刻《齊詩翼氏學疏證》一書讀之，覺於始際之義，渙然以釋。」洪湛侯先生據《齊詩遺說考》卷五數次述及「說詳《齊詩翼氏學疏證》」，而《詩緯集證》寫作又在《遺說考》之後，斷定《疏證》爲三書中成書最早，似乎下語未確矣。

　　《齊詩翼氏學疏證》上下二卷，敘錄一卷。華師大藏《左海續集》本。其敘錄，乃齊詩傳授考，功用與《齊詩遺說考》前之敘錄相似。本書自《漢書》本傳、《五行大義》、《漢書注》、《後漢書注》、《開元占經》諸書，輯錄翼奉詩說三十一條，後附疏證，引錄各種有關文獻，加「案」語予以疏解。引書少而疏證詳，旁徵博引，最多時竟長達數千字。

　　《齊詩》學派在西漢分化爲匡氏、伏氏、孫氏、翼氏、蕭氏各派，翼氏一派因其詩說與陰陽五行說結合，言災異，雜讖緯，受當局崇尚，盛極一時。齊詩翼氏學的理論基礎是天人感應論，將《詩經》篇章與陰陽五行相配，用以推論時政，比附人事。喬樅嘗云：「《齊詩》之學，宗旨有三：一曰四始，明五行之運也；二曰五際，稽三期之變也；三曰六情，著十二律之本也。」（《詩緯集證》自序）書中主要闡述「四始」、「五際」、「六情」、「十二律」等。《疏證》稱「陽六爲律，陰六爲呂，陰陽各六，合爲十二。言律不言呂者，陰統於陽，舉六律即該六呂矣」。至於六情如何與十二律相通相配，仍是語焉未詳。江瀚譏其「恐亦未必盡通其說」（《續修四庫總目提要》經部《詩類》），良有以也。

　　《詩緯集證》四卷

　　緯書乃古代方士假託孔子，用詭秘語言解釋經義之著作。自漢武帝獨尊儒術，經學地位日高，依傍經義緯書遂由是而生，緯以配經，衍及旁義，故

稱經緯。隋朝焚禁讖緯，詩緯日趨散佚失傳，只少數古書中留有殘文剩義，清人輯三家遺說，間有採及。緯說爲《齊詩》重要特點之一。陳喬樅嘗云：「《齊詩》湮而詩緯存，雖亡而猶未盡泯也，詩緯亡而《齊詩》遂爲絕學矣。」（《自序》）至陳喬樅始輯成專書。

此書前有道光二十六年正月自序，歷舉前人輯錄詩緯舛誤和疏失，自稱「網羅散佚，視各家輯本增十之三」。今覈其書，徵引材料遠較成書較早《齊詩翼氏學疏證》爲廣，取材之書有《開元占經》、《太平御覽》、《說郛》、《《易緯注》、《史記索隱》、《五行大義》、《毛詩正義》等凡三十二種，全書總計輯錄詩緯佚文一百七十則；其疏解亦較前書爲精，訂正前人誤釋亦確，故自問世，便被推爲名著。

三、胡承珙與《毛詩後箋》

胡承珙（1776～1832），字景孟，號墨莊。安徽涇縣人。幼稟異，十三歲補博士弟子，嘉慶六年，以拔貢中式江南鄉試爲舉人，十年成進士，選庶吉士，散館授編修。十五年，充廣東鄉試副考官，遷御史，轉給事中，陳奏民生利病、吏治得失，多見施行。在京師與郝懿行、胡培翬等聚談經義。嘉慶二十四年出巡福建，調補臺灣兵備道，兼學政加按察使。在臺三年，政效卓著，四十五歲辭官還鄉，閉戶著書。沉潛經義，於毛詩用力尤深。廣證博考，以求本義，成《毛詩後箋》。另有《儀禮古今文疏義》十七卷、《爾雅古義》二卷、《小爾雅義證》十三卷、《求是堂詩文集》四十一卷等。《清史稿》卷四百八十二、《續碑傳集》卷七十二有傳。

《毛詩後箋》三十卷，歷時十年，四易其稿，至第二十九卷，承珙臥病，寫至《魯頌・有駜》，絕筆而卒。因撰述中曾與陳奐往復討論，遺言囑陳奐校補，《泮水》以下各篇乃由陳奐續成之。

本書有道光十七年胡氏求是堂刊本，光緒七年蛟川奇（三點水）園方氏刻本，光緒十四年南菁書院及光緒十五年上海蜚英館《皇清經解續編》本，光緒十六年及民國九年《廣雅書局叢書》本，1994 年上海書店《叢書集成續編》本，1999 年黃山書社郭全芝校點《安徽古籍叢書》本，2002 年北京學苑出版社《詩經要籍集成》本等。〔註4〕

此書道光十七年胡氏求是堂刊本，前附胡培翬撰《胡承珙別傳》，有馬瑞

〔註 4〕 愚按：本文所引，胡承珙：《毛詩後箋》，郭全芝點校，黃山書社，1999 年版。

辰道光十四年序，陳奐道光十七年序。承珙畢生精力專注《毛詩後箋》一書，以毛氏之學文簡而義贍，體略而用周，其著書宗旨在於申述毛義，自注疏以外，唐、宋、元諸儒之說，及近人爲詩學者，凡有所發明，無不廣徵博引；而於名物訓詁及毛與三家詩文有異同，務求剖析精微，折衷至當。是者錄之，似是而非者辨之，而其最精者能於毛傳本文前後會出指歸，又能於西漢以前古書中反覆尋考，貫通詩義，證明毛旨。

胡承珙以爲「《箋》之於《傳》，有申毛而不得毛意者，有異毛而不如毛義者。蓋毛公秦人，去周甚近，其語言文字名物訓詁已有後漢人所不能盡通者。……鄭學長於徵實，短於會虛，……或《箋》本申毛，而以爲易《傳》；或鄭自爲說，而妄被之毛；至毛義難明，不能旁通曲鬯，輒以『傳文簡質』四字了之而已」（胡培翬《胡承珙別傳》）故《後箋》準之經文，參以傳箋，從毛者蓋十八九，而從鄭者亦一、二焉。

當時漢宋門戶既成，壁壘分明，胡氏論《詩》，一宗《毛傳》，卻能兼採宋儒，證成己說，頗具求實精神，故所見多準確。如注《十月之交》，《詩序》謂「大夫刺幽王」，《鄭箋》謂「刺厲王」，胡氏從《詩序》說，認爲此詩與厲王風馬牛不相及。今據天文學家研究，《十月之交》中提及日食當發生在周幽王六年，科學角度驗明「刺幽王」說之正確。又如注《敝笱》篇「其從如雲」，謂「如雲」「如水」「如雨」皆言其盛，以見豪奴悍婢簇擁而來，其驕亢難制之意，隱然言外。駁斥《鄭箋》將三「如」字皆解爲「從者心意無定，可善可惡之比」。而《正義》遂云「由文姜淫泆，故從者亦淫」，更爲荒謬。

胡氏所訂舊說之誤，更多不刊之論。如《北山》「或王事鞅掌」，《毛傳》「鞅掌，失容也。」《箋》云：鞅，猶何也，掌，謂捧之也。「胡氏辨之云：「鞅掌，疊韻字。猶之憔悴、棲遲，憔悴爲雙聲，棲遲爲疊韻，此類形容之詞，義多即寓於聲……此詩十二或字各兩兩相反，棲遲、偃仰爲從容自如之貌，鞅掌反之，義自可見。」批評《鄭箋》「逐字生解……殊爲迂曲」云云。至謂《中谷有蓷》「何嗟及矣」當作「嗟何及矣」，稱「『何及』二字相連爲義」，《園有桃》「不知我者」當作「不我知者」，凡此之類，非深諳古書文法者，不能辨此。至於《黃鳥》篇，駁匡衡所言「秦穆貴信，而士多從死」之說，謂：「若果許公以死，何得云『殲我』？又何必云『可贖』乎？」按「從死」之說，歷代相沿，流毒甚廣，胡氏此辨，可謂一言中肯，千年積誤，煥然冰釋。凡此種種，皆爲精闢之論。

　　《鄘風‧載馳》「載馳載驅，歸唁衛侯」，《毛傳》未釋「衛侯」，《鄭箋》曰：「衛侯，戴公也。」胡承珙徵引《春秋》經傳諸書，考證立論說：「戴公已卒，文公雖立尚無寧居，許穆夫人所為賦載馳……揆之情理，衛侯似指文公為近。」是補《傳》而糾《箋》之例也。

　　《衛風‧有狐》「有狐綏綏，在彼淇厲」，《傳》曰：「厲，深可厲之旁。」胡氏曰：「此厲當為瀨之借字。」更舉《史記》《說文》《楚辭》諸書，說明「是瀨為水流沙石間，當在由深而淺之處，上章，石絕水曰梁，為水深之所；次章言厲，為水淺之所；三章言側，則在岸矣。」此為《毛傳》箋釋之例，確使詩義明晰。

　　《後箋》體裁類似札記隨筆，語言溫潤，饒有風趣。

下編：清代詩經學與文學

第五章　清代文學視野中之詩經學

　　清代文學發展與詩經學發展密切相關，清代詩風與清代學風密切相關，本章將研討清代詩經學之發展軌跡、總體特徵及其與清代文學發展軌跡嬗變之特徵。

第一節　清代詩經學發展軌跡

　　自甲申國變鼎革之後四百年間，吾國學術亦爲之一變，詩經學由漢宋之學中掙扎而出，自成面目，論之者謂爲「詩經清學」。

　　前已述及，愚將清代詩經學劃分爲四期，即清初發軔期，包括順、康、雍三朝（1644～1735）九十年；清中葉鼎盛期爲乾嘉二朝（1736～1820）亦近九十年；道光朝（1821～1850）三十年，承乾嘉樸學餘緒，孕育近世學風，爲轉折期；晚近嬗變期，包括咸、同、光、宣以迄五四前（1851～1919）近七十年。若以近四百年詩經學作一整體考察，則當將革新期——現代詩經學附於其後，以「五・四」（1919）起始，斷至文革結束後新時期前（1976）爲止，近六十年。

　　本文題名爲「清代詩經學」研究，實爲「近四百年詩經學」〔註1〕研究，循歐洲學術慣例亦可謂爲「1644～1976中國詩經學」研究。

〔註1〕愚按：按實際年數計爲三百三十二年，而本文前有述論清遺民詩經學者，故取陳伯海著《中國近四百年文學思潮史》之例，稱爲「近四百年詩經學」。

一、發軔期：清初詩經學

　　清初三朝九十年為清代詩經學發軔期，治《詩》士人力糾晚明空疏學風，明遺民則由歷史興亡視角痛詆「清談誤國」，不時抒發亡國憂思。

　　王國維嘗論清三百年學術嬗變曰：「我朝三百年間，學術三變。國初一變也，乾嘉一變也，道咸以降一變也。順康之世，天造草昧，學者多勝國遺老，離喪亂之後，志在經世，故多為致用之學。求之經史，得其本原，一掃明代苟且破碎之習，而實學以興。雍乾以後，紀綱既張，天下大定，士大夫得肆意稽古，不復視為經世之具，而經史小學專門之業興焉。道咸以降，塗轍稍變，言經者及今文，考史者兼遼金元，治地理者逮四裔，務為前人所不為，雖承乾嘉專門之學，然亦逆睹世變，有國初諸老經世之志。故國初之學大，乾嘉之學精，道咸以降之學新。」〔註2〕

　　繼之，王氏以顧炎武為國初學術之開創者稱之，顧炎武以《日知錄》名世，《日知錄》卷三專論《詩經》，計四十二條，其它各卷語涉《詩經》者百二十二條，將別為文論清人筆記中之詩經學。顧氏另有《詩本音》一種收入《音學五書》。以顧氏為代表之明遺民詩經學為清初九十年中第一道絢爛之光，開清初經世之學風氣，為「國初學之大」主力。

　　明遺民作為一學術群體或詩人群體，之前論者多揭示其共性，少論及其個性。明遺民前朝是否得功名，是否出仕為官，是否出仕南明朝，於前朝或南明朝仕途順逆，甲申之後或抗清，或奔走深山野林，或講學書院社學，或落髮為僧，或遁為仙道，各有不同。故論明遺民詩詞文藝學術因其人生際遇之不同不能一概論之。〔註3〕明遺民詩經學者如陳子龍、王夫之、朱鶴齡、陳啟源、賀怡孫、錢澄之諸氏。

　　錢澄之（1612～1693），原名秉鐙，字幼光，號田間，別號四頑，桐城人，明末諸生。南明唐王時，授彰州府推官，桂王時，授禮部儀制司主事。永曆三年授翰林院庶吉士。曾因避南明黨禍出亡浙閩至粵，削髮為僧，後還俗歸

〔註2〕 王國維：《沈乙庵先生七十壽序》，《觀堂集林》，卷二十三，《王國維遺書》，第二冊，頁五八二，五八三，上海書店出版社，1996年版。
〔註3〕 今人蔣寅序馬大勇博士論文《清初金臺詩群研究》有此觀點，馬著即將付梓。愚碩士學期論文「論明遺民詩人群體類型研究」便有此論述，此一觀點曾得錢師鼓勵，拙文未刊。錢師講論清詩即持此論，參見：錢師仲聯：《錢仲聯講論清詩》，魏中林整理，頁一，「但遺民詩不是流派，其中個性不同，藝術風格亦不同。」蘇州大學出版社，2004年版。

隱故鄉，改名澄之，不再出仕。著有《田間易學》、《田間詩學》、《莊屈合詁》、《藏山閣集》、《藏山閣詩集》、《田間文集》〔註4〕。《田間詩學》十二卷，有四庫本，爲清初詩經學著作「學之大者」典範。其前有徐元文、張英二序，徐張二人於序中均稱道錢氏正風正雅變風變雅之論，徐序曰：「夫有先生之詩學，而後能爲先生之詩，惜乎其放棄而不復返，其言無所施之於清廟明堂，爲光華碩大之辭，而弟仿闕體於變風變雅，以寫其憂思牢愁也。此余所以因序其《詩學》而不勝慨然也。」徐序作於康熙己巳年冬十月，即康熙二十八年，1689 年。徐元文，官至大學士，爲刑部尙書徐乾學胞弟，元文作序時徐乾學已革職，恰此月乾學復遭副御史許三禮疏劾，准假歸籍，〔註5〕經此一變元文序遺民《田間詩學》之慨然豈非別有心曲歟？所謂詩寫「憂思牢愁」，而箋釋《詩經》三百篇豈不亦在抒憂思牢愁乎？明遺民詩經學色彩於此可見一斑。

　　與明遺民群體相對清初詩經學者爲孫承澤輩之貳臣，貳臣乃中國文化史上一特殊群體。貳臣自李陵西域始至明清易代錢、吳、龔諸人傳列一類止，清亡民國立，似無人復稱貳臣，新中國 1949 年建國以來亦無人論某某爲貳臣。《清史列傳》列「貳臣傳」二卷，百二十餘人，後《續通志》亦列貳臣傳，六卷，收唐至明貳臣四十餘人，〔註6〕此帝乾隆於史學一「創建」也！同理，貳臣群體中個體個人際遇不盡相同故論之一概亦大不可，其於舊朝獲皇恩得皇寵，其於舊朝逆上意獲牢獄，雖同爲貳臣不可同一視之。貳臣中於《詩經》深有研究者孫承澤，「清初詩經學」章中有詳論。

　　清初詩經學發展中另一學者群體爲生於「清順治朝」長於「清康雍朝」之「清朝新學者」（或稱國朝學者），此一群體以姚際恒（1647～約1715）、惠周惕（約1646～約1695）爲代表，李光地（1642～1718）似亦可歸入。姚惠二家詩經學於「清初詩經學」章中有論。

二、鼎盛期：乾嘉詩經學

　　乾嘉二朝八十餘年爲清代詩經學鼎盛期，論「清學」多指乾嘉之學。乾

〔註4〕今有「安徽古籍叢書」第二輯整理本，黃山書社，1998 年版。

〔註5〕戴逸、李文海：《清通鑑》，第五冊，頁一九二八至一九三二，山西人民出版社，2000 年版。

〔註6〕張仲謀：《貳臣人格》，頁十二，十三，長江文藝出版社，1996 年版。

嘉之學素有「（新）漢學」、「樸學」、「考據學」、「實學」諸多稱謂，〔註7〕「在一般情況下指稱清代學術，刻意地褒貶哪（原文爲『那』）一個稱名，並不足取。」〔註8〕作爲鼎盛期之乾嘉學術凸現有清一代三百年學術基本特徵，或曰有清一代學術精神體現爲乾嘉學術之特徵。梁啓超曾論清代學術「正統派之學風」〔註9〕有十大「特色」：〔註10〕

1、凡立一義，必憑證據。無證據而以臆度者，在所必擯。

2、選擇證據，以古爲尚。以漢唐證據難宋明，不以宋明證據難漢唐；據漢魏可以難唐，據漢可以難魏晉，據先秦西漢可以難東漢。以經證經，可以難一切傳記。

3、孤證不爲定說。其無反證者姑存之，得有續證則漸信之，遇有力之反證則棄之。

4、隱匿證據或曲解證據，皆認爲不德。

5、最喜羅列事項之同類者，爲比較的研究，而求得其公則。

6、凡採用舊說，必明引之，勦說認爲大不德。

7、所見不合，則相辯詰，雖弟子駁難本師，亦所不避，受之者從不以爲忤。

8、辯詰以本問題爲範圍，詞旨務篤實溫厚。雖不肯枉自己意見，同時仍尊重別人意見。有盛氣淩轢，或支離牽涉，或影射譏笑者，認爲不德。

9、喜專治一業，爲「窄而深」的研究。

10、文體貴樸實簡絜，最忌「言有枝葉」。

又曰：「當時學者，以此種學風相矜尚，自命曰『樸學』。其學問之中堅，則經學也。」

以此論乾嘉詩經學情狀似無不可。惜梁啓超繼論曰「清學自當以經學爲

〔註7〕 郭康松：《清代考據學研究》，緒論，湖北辭書出版社，2001年版；李海生：《中國學術思潮史》，卷七，《樸學思潮》，第一章，上海社會科學院出版社，2006年版。

〔註8〕 李海生：《中國學術思潮史》，卷七，《樸學思潮》，頁十五。

〔註9〕 此即指乾嘉學風。

〔註10〕 梁啓超：《清代學術概論》，頁四十三、四十四，東方出版社，1996年版。

中堅，其最有功於經學者，則諸經殆皆有新疏也。……其在《詩》，則有陳奐之《詩毛氏傳疏》，馬瑞辰之《毛詩傳箋通釋》，胡承珙之《毛詩後箋》。」〔註11〕以「新疏」爲準的，梁氏則於乾嘉時期詩經學者論著一無所稱，而其論乾嘉學術代表以惠棟、戴震分屬吳皖二派之首，其之論略同王國維。〔註12〕惠棟一生學術功績固然在《易》在《書》，然其於《詩》亦極爲用力，著《毛詩古義》二卷（收入《九經古義》），所謂「古義」旨在考證毛鄭，恢復原貌。惠氏治《詩》，古今文一爐而冶，《毛詩古義》上卷，引「三家詩」不下二十處，「齊詩」一處，魯詩二處，餘及多爲「韓詩」。〔註13〕西漢今文經學東漢古文經皆屬「漢學」，其視「漢學」爲一整體明矣，且「先秦西漢可以難東漢。以經證經，可以難一切傳記。」此乾嘉一時代學術風尚，於詩經學則以「三家詩」證「毛詩」，以本經（「詩經」）正本經（「詩經」），惠氏《毛詩古義》於「乾嘉詩經學」部分有個案分析，不贅。

　　戴震爲乾嘉學術標誌，開創皖派學術爲領袖。戴震治《詩》重小學考證，文字音韻名物訓詁均有精審之識斷。著有《毛鄭詩考正》及《杲溪詩經補注》，於「乾嘉詩經學」部分亦有專論。

三、轉折期：道光朝詩經學

　　道光朝三十年爲清代詩經學轉折期，所謂「轉折」期即指一時代學風延蔓至巔峰，另一種新學風正悄然應運而生。粗論有清詩經學清初三朝主流爲朱說宋學，乾嘉二朝回歸毛鄭漢學，道光朝漢學毛鄭三家胡、馬、陳承乾嘉餘緒幾成此一學途總結，於此時也，今文經學悄然而生，三家詩整理輯佚成爲詩經學新路徑，古今文詩經學此時共生，是爲清詩經學轉折期也。

　　梁啓超云：「清學分裂之導火綫，則經學今古文之爭也。」又曰：「道、咸以後，清學曷爲而分裂耶？其原因，有發於本學派之自身者，有由環境之變化所促成者。」〔註14〕道光朝三十年間詩經學古今文分裂清學，道光初年

〔註11〕梁啓超：《清代學術概論》，頁四十五、四十六。
〔註12〕王國維：《沈乙庵先生七十壽序》，《觀堂集林》，卷二十三，《王國維遺書》，第二冊，頁五八三。
〔註13〕李海生：《中國學術思潮史》，卷七，《樸學思潮》，頁二八一。
〔註14〕梁啓超：《清代學術概論》，頁六十五、六十三。

陳壽祺陳喬樅父子整理「三家詩」始，道光中期今文詩經學經義闡釋以龔自珍爲首倡，其著有《詩非序》《詩非毛》《詩非鄭》各一卷，與魏源《詩古微》相鼓蕩。道光末年魏源著《詩古微》二十卷刊行，於是時也，詩經今文學復蘇矣！〔註15〕

　　梁啓超論清代學術中詩經學著作列舉三家：「其在《詩》，則有陳奐之《詩毛氏傳疏》，馬瑞辰之《毛詩傳箋通釋》，胡承珙之《毛詩後箋》。」〔註16〕此三家爲毛鄭古文詩經學研究典範之作，陳奐之《詩毛氏傳疏》成書於道光庚子二十年，1840 年；馬瑞辰之《毛詩傳箋通釋》成書於道光乙未十五年，1835 年；胡承珙之《毛詩後箋》成書於道光丁酉十七年，1837 年，胡氏卒於道光壬辰十二年，1832 年，道光十七年陳奐爲之補《魯頌·泮水》以下諸篇成完璧，於其年多十月付梓。〔註17〕於是時也，詩經古文學巔峰矣！

　　道光年間詩經學轉折期別一特徵爲文獻整理與學術史總結成爲經學研究之新域，阮元整理經學典籍始於嘉慶年間，其於道光六年（1826 年）倩朱華臨重校刻宋本《十三經注疏》，並附「校勘記」於其後，《宋本十三經注疏》校刻始於嘉慶二十年 1815 年，歷時十九月，1816 年八月刻竣；〔註18〕阮氏於道光九年 1829 年彙刻畢《皇清經解》，斯刻始於道光五年，1825 年，歷時五年〔註19〕。道光年間其它叢書所刻清人詩經學著述亦不可不謂豐夥。

　　江藩著《國朝漢學師承記》八卷、《國朝宋學淵源記》二卷及《國朝經師經義目錄》一卷，方東樹著《漢學商兌》三卷皆經學史總結反思之著也，詩經學研究史論爲江、方二人四著中重要關目。由學術史路徑梳理清以前詩經學發展軌跡，道光朝之前清代詩經學研究一併作爲考察對象，江、方二人成績最著，似亦可謂轉折期一特徵耳。

〔註15〕愚按：魏源於個案研究則置入晚近詩經學，因其影響及學術活動主要在晚近之故，因此晚近詩經學個案研究首列魏源，於此並無牴牾，特作說明。
〔註16〕梁啓超：《清代學術概論》，頁四十六。
〔註17〕陳奐：《詩毛氏傳疏》，北京市中國書店，1984 年版：馬瑞辰：《毛詩傳箋通釋》，中華書局，1989 年版：胡承珙：《毛詩後箋》，黃山書社，1999 年版。三著梓行年月參見上述版本「序跋」。
〔註18〕參見《十三經注疏》，「四部精要本」，上海古籍出版社，1992 年版，卷首，朱華臨：《重校宋本十三經注疏跋》。
〔註19〕陳祖武、朱彤窗：《乾嘉學術編年》，頁八六六，河北人民出版社，2005 年版。

四、嬗變期：晚近詩經學

晚近嬗變期，[註20] 包括咸、同、光、宣以迄五四前（1851～1919）近七十年。咸豐朝以降國門爲西方利炮堅艦敲開，西學亦隨之大肆迫近侵入，吾國學術經歷生民以來從未有之裂變，今文經學附維新思潮更爲騰湧，古文經學雖餘勇可賈而頹勢已現。

道光三十年，1850 年二月帝旻寧駕崩，三月皇太子奕詝即位，是年十一月林則徐卒，昔年（道光二十九年，1849 年）十二月阮元卒。明年（咸豐元年，1851 年）一月金田起義，太平天國建號，辛開元年亦爲 1851 年。前有洋虜侵國，今又國民起義；社稷板蕩，新君舊臣靡不惶恐；宗廟飄搖，詩人文士盡皆避亂。一學術史舊時代將落幕矣！一學術史新時代將揭幕矣！

陳奐卒於同治癸亥二年，1863 年，其晚年之作《鄭氏箋考徵》一卷初刻於咸豐八年，1858 年，[註21] 後有《毛詩釋義》一卷亦當作於咸豐間，[註22] 可見陳奐爲轉折期詩經學之延續，前已於道光朝個案論及，而其亦爲嬗變期詩經學之先聲名宿。

晚近嬗變期詩經學佼佼者：王闓運、方玉潤、王先謙、皮錫瑞、俞樾、劉師培、廖平諸人，以今文經學派成就最高。

與陳奐性質相同者，由道光朝轉折期跨入晚近嬗變期者爲丁晏，晚近治毛鄭詩學無出丁晏左右之人，丁氏所著《毛鄭詩釋》四卷、《續錄》一卷，刻於咸豐二年，1852 年，別有《鄭氏詩譜考證》一卷，《毛氏陸疏校證》二卷，鄭玄之《詩》箋千載以下得近原貌，丁晏可謂鄭玄知音！丁晏於宋代詩經學著作王應麟《詩考》與朱熹《詩集傳》亦有補釋，著有《王氏詩考補注》二卷，《補遺》二卷，《詩集傳附釋》一卷，前「道光朝詩經學」已有詳論。

〔註20〕謹按：時下大多學者論「近代」或仍斷上限於道光庚子二十年，1840 年，或斷上限於道光辛巳元年，1821 年，前者大多文學史著通例，後者如劉再華著《近代經學與文學》等（東方出版社，2004 年）。再者如嚴迪昌師著《清詩史》斷上限則更早，爲嘉慶朝後半期，論晚近詩自王曇、孫原湘諸革始，論清及晚近詩歌史可謂慧眼如炬。愚斷晚近詩經學史上限爲咸豐辛亥元年，於「晚近詩經學史」有詳論，愚以爲「文學史」斷限或早於「史學」爲當，「學術史」斷限或晚於「史學」似妥。另有湯志鈞：《近代經學與政治》，頁三六六，斷近代爲嘉慶己卯二十四年，1819 年。

〔註21〕今有「續修四庫全書」本，即影此許文一刻本。

〔註22〕今北京大學藏有繆荃孫所校之清鈔本。

　　王闓運著《詩經補箋》二十卷與《湘綺樓詩經評點》二十卷，或以「禮」說「詩」間下己意，或遠承明末評點詩經之制分章評點三百篇。〔註23〕

　　方玉潤著《詩經原始》十八卷，歷來論者有「獨立思考派」目之。此一「野狐禪說詩派」「在清初有姚際恆發其韌，清中期有崔述繼其武，而清代後期，則有方玉潤踵其後」，於清代「詩經學上放一奇葩」。〔註24〕一如洪湛侯論姚際恆《詩經通論》別樹一幟，主張「排除漢、宋門戶之見，從詩篇本文去探求詩旨」〔註25〕，而同為文學派之《詩經原始》實本漢宋門戶之外說詩，但求「原始」詩義，故自然無論所謂門戶之見矣，其之所論亦常見引稱於現代文學角度說詩者著作間。

　　王先謙為晚近今文詩經學集大成者，著《詩三家義集疏》，綜兩漢古今文治「詩」之法於一體，以還原「三家詩」舊說為皈依，此「集疏」幾成「三家詩」定本。

　　晚近另一極有影響之今文經學家為皮錫瑞，皮氏湘人，著《詩經淺說》二卷收入《九經淺說》，著《經學通論》中有「論詩」一卷。論詩主今文而棄信毛鄭，以為「說經必宗古義，義愈近古愈可信」，「凡經學愈古愈可信」。〔註26〕皮氏著《經學歷史》於詩經學史有簡括論述，立場亦為今文經學。

　　近四百年詩經學若以學派言之，清初浙派主盟詩經學界，乾嘉詩經學以吳派皖派齊驅成主流，道咸以降詩經學則揚州學派、常州學派、湘派挺起與浙、皖、吳三派交織行進。晚近詩經學名家多為揚州常州及湘、浙、皖籍人，此外滇人有著名詩經學家方玉潤，魯人有孔廣森，蜀人有廖平，維新派今文學家多出粵籍，然其詩經學著述不多。

　　劉師培卒於 1919 年，廖平卒於 1932 年，二人可謂晚清詩經學嬗變期之殿軍，劉氏於學持「國粹」論，有《毛詩詞例舉要》出版於 1919 年。廖氏於學嘗好發奇論，逞臆說。著有《詩經經釋》、《詩緯新解》、《詩經提要》、《詩本義》〔註27〕等。

〔註23〕戴維：《詩經研究史》，頁五八五。
〔註24〕戴維：《詩經研究史》，五九五。
〔註25〕洪湛侯：《詩經學史》，下冊，頁五二二。
〔註26〕皮錫瑞：《經學通論》，卷二，頁二，頁十九，中華書局，1995 年版。
〔註27〕戴維：《詩經研究史》，頁五八六。洪湛侯：《詩經學史》，頁六二零。

五、革新期：現代詩經學

　　現代詩經學非從天而降，其爲清詩經學發展之延續，由中國學術內部發展蛻變而出。遺老之堅守，西學之影響，政治之紛爭，王權之更迭，話語方式轉變，研究方法多元，一嶄新之學術時代誕生！有論者曰「19 世紀末 20 世紀初中國社會經濟、政治、文化因爲受西方列強的侵略，在整個社會的價值和意義領域都發生了劇烈的動搖，中國學術思潮也因此而產生了前所未有的變化，即：中國傳統學術思潮的終結和現代多元學術思潮的興起。」〔註 28〕持論不無道理。

　　現代詩經學開創者爲出生晚清活躍民初之學者，以梁啓超、王國維及章太炎、胡適爲發端。其間，廖平可視爲過渡性人物，其論學好變，嘗自述其學有「六變」，故號署「六譯（一作六繹）老人」。廖氏詩經學著述除一種外均刊行於「五・四」前，1919 年之後廖氏僅發表《今文詩古義證疏凡例》一卷，是著收「新訂六譯館叢書」，1921 年，存古書局梓行。〔註 29〕

　　現代詩經學家與傳統詩經學略有不同，清詩經學家以其刊行至少一種詩經學專門著述爲標準，「五・四」以後學術報刊蜂出，大學上庠名家學者講論《詩經》之講義自印傳播，此皆爲新時代學術傳播之新景況，故如梁啓超、王國維、章太炎及胡適雖均無詩經學專門著述名世，然其散見各種學術報刊論《詩經》之文極有影響，故稱其四人爲現代詩經學開山人似無不可。

　　胡適於 1925 年發表長文《談談詩經》〔註 30〕，文中曰：

　　　　研究《詩經》大約不外下面這兩條路：

　　　　第一　訓詁　用小心的精密的科學的方法，來做一種新的訓詁功夫，對於《詩經》的文字和文法上都從新下注解。

　　　　第二　題解　大膽地推翻二千年來積下來的附會的見解，完全用社會學的、歷史的、文學的眼光從新給每一首詩下個解釋。

　　　　所以我們研究《詩經》，關於一字一句，都要用小心的科學方法

〔註 28〕方松華：《中國學術思潮史・卷八・現代多元學術思潮》，頁三，上海社會科學院出版社，2006 年版。

〔註 29〕參見，上海圖書館編：《中國圖書綜錄》，頁五七二，第一冊，上海古籍出版社，1993 年版。夏傳才：《二十世紀詩經學》，頁四十六，學苑出版社，2005 年版。

〔註 30〕顧頡剛：《古史辨》，第三冊，下編，頁五七六至五八七，上海古籍出版社，1982 年版。

　　去研究；關於一首詩的用意，要大膽地推翻前人的附會，自己有一
　　種新的見解。

一如夏傳才先生所論：「胡適所提出的《詩經》研究的指導理論，是『五・四』
新文化運動時期所建立的《詩經》研究的綱領。」〔註31〕

　　現代詩經學史近六十年中最體現革新性者聞一多也！聞一多著有《風類
詩鈔》、《詩經新義》、《詩經詞類》及《詩經通義》，等〔註32〕並有其它散論專
文若干。聞氏以文化人類學治詩提出《詩經》傳統讀法與現代讀法，〔註33〕
聞氏詩經學於「現代詩經學」有詳論。

　　現代詩經學者恪守傳統詩經學方法（傳統經學、史學讀法）研究《詩經》
者寥若晨星，吳闓生著《詩義會通》為其佼佼者。

　　新方法治《詩》者以「疑古派」顧頡剛諸人刊發於《古史辨》中論文為
最耀目，現代詩經學賴其墨楮而有燦爛之色。

　　現代詩經學與「文革」一同結束，1976 年之後雖亦有老輩詩經學者如程
俊英、陳子展、于省吾、朱東潤、錢鍾書等新著面世，然畢竟「餘霞成綺」，
只可當作現代詩經學精彩落幕。新時期之後西方學術二度狂湧，詩經學又一
新時代啟幕矣！

　　略述近四百年詩經學發展軌跡如此，而其間特徵如：古文今文之交互影
響，漢學宋學之嬗變融合及經學政治之壓力張力則下一節述論。

第二節　清代詩經學總體特徵

　　千年以來經學嬗變最直接動因多為政治風雲，經學依附政治而起伏，經
學發展既有政治外部之壓力，亦有內部應對政治之張力。「詩經學」雖不如「尚
書學」「春秋三傳學」之更近於政治，而於此壓力張力二者亦不能免。自清初
至現代，詩經學發展中漢學宋學、古文今文交織遞變，此既有學理內部發展
動因，亦有外部政治需求。綜近四百年詩經學發展之特徵為：經學發展政治
需求之壓力張力消長更迭。此特徵具體體現為：漢學宋學之交互影響，古文
今文之嬗變融合。清代詩經學別一特徵為「詩經清學」所展示之文獻整理詩

〔註31〕夏傳才：《二十世紀詩經學》，頁八十九。
〔註32〕參見聞一多：《聞一多全集》，第三冊，第四冊，「詩經編」上、下，湖北人民
　　　　出版社，1993 年。
〔註33〕聞一多：《風詩類鈔甲》，序例提綱，《聞一多全集》，第四冊，頁四五六。

經小學成就，此一特徵亦乃經學至清應對政治壓力所形成張力所因也，於此則俟他文詳述。

一、經學與政治──壓力與張力

「經學」誕生「註冊」時「戶口簿」「戶主」即爲「政治」！經學一固執幼兒也，故時不引發執拗脾氣。

兩漢古今文之爭，〔註34〕六朝王學鄭學之爭；〔註35〕北宋新學變法，〔註36〕南宋理學宗法；〔註37〕朱明王守仁創心學風靡百年，〔註38〕乾嘉戴震惠棟復興「漢學」，晚近「今文」特起大倡維新「改制」，於此等等皆可作經學於政治所受壓力而形成張力之注腳。

清初政治與經學前已述及，於此申論者：清初鼎革朝野雙方各以經學爲中介闡發各自立場之政治主張及觀念爲經學史不可忽視現象。

「到晚明諸儒起來，激於王學流弊，又受時代刺激，頗想由宋明重返到先秦。他們的思想，顯然從個人轉向於社會大群，由心性研討轉向到政治經濟各問題。由虛轉實，由靜反動。有個人修養轉入群道建立，這是晚明儒思想上一大轉變。」〔註39〕

「清初學術思想，實宋明理學之反動。明社覆亡以後，一些士大夫沉思之餘，去空疏而趨於沉實。因滿族入主中夏，志節之士，恥立其朝，亦刊落聲華，致力專精於樸學。脫舊學的牢籠，開研究之新路。」〔註40〕

梁啓超論清代學術一言蔽之「以復古爲解放」，誠哉斯言！清初統治者以

〔註34〕此問題，歷來論者甚多，愚深服程應鏐論述，要言不煩，極中肯綮。參見程應鏐：《流金集》，「經學舉例」，頁一四五至一五五，上海古籍出版社，1995年版。另見，劉立志：《漢代〈詩經〉學史論》，「《詩》學闡釋的旗幟：政治化」，頁五十八至六十三，中華書局，2007年版。
〔註35〕戴維：《詩經研究史》，頁一八零至一九三。
〔註36〕關長龍：《兩宋道學命運的歷史考察》，頁九十九至二四六，學林出版社，2001年版。
〔註37〕徐洪興：《中國學術思潮史·道學思潮》，頁四五零至四五七，上海社會科學出版社，2006年版。
〔註38〕翁紹軍：《中國學術思潮史·心學思潮》，頁二零三至二一三，上海社會科學出版社，2006年版。
〔註39〕錢穆：《中國思想史》，頁二四四，臺灣學生書局，1983年版。
〔註40〕程應鏐：《流金集》，頁一六零。此一論點，承於梁啓超，參見《清代學術概論》，頁二十五。

儒家文化爲立國之本，其必然選擇復古，出於統治者立場，南宋理學所維護之政治秩序正期冀所在，故復「程朱理學」之古。此種「復古」完全爲「解放」滿清統治者入主中夏之「不法」出生，以「華」之思想統治「華」之民眾，其「不法」出生遂能皇皇然掩飾。

清初遺民則趨別一途「復古」，痛定思痛，復「漢學」之古，「漢」於士大夫心底此時有別一種寄託，不能據「華」以辨「夷」，而是時不得已之事實即自身已爲「夷」民，故復「漢學」之古當有隱衷也。

清初，「（在）這過渡時代，正值康熙聖祖的統治安定時候，康熙大樹理學旗幟、網羅漢人，故有在朝理學，在野漢學之說。」〔註41〕

無論在朝或是在野，面對「學術——經學」皆取「復古」路向，各爲人生目的政治任務，統治者復古理學，在野民復古漢學。統治者手握權柄，在野民心則堅守。

康熙壬辰五十一年，1712 年，帝於二月初四日（3 月 10 日）「以宋儒朱子注釋群經，闡發道理，歸於大中至正，孔孟之後有裨斯文者，其功最爲弘巨，命大學士、九卿等議崇禮表彰之法。九卿尋議：朱子配享孔廟，本在東廡先賢之列，今應升于大成殿十哲之次。從之。適《朱子全書》成，旨命朱熹躋位四配之次，李光地持不可，奏曰：『朱子造詣誠與四配伯仲，但時勢相後千有餘載，一旦位先十哲，恐朱子心有未安。』乃寢之。」〔註42〕

帝議朱子配祀孔廟，在野欲以學術干祿者頓時慌亂無已，怪儒毛奇齡便是其中之一，「（毛）奇齡有一部《四書改錯》，是聲討朱熹的書。他說：『『四書』注無一不錯，……日讀『四書』注，而就其注義以作八股。又無一不錯，……鑄九州四海之鐵鑄不成之錯矣！』他攻擊朱注的露骨，在顏元戴震之上，但後來因康熙帝升朱熹配祀孔廟，他便把這部書的板自斧了。」〔註43〕

當政治「大棒」劃出堅定方向時，以學術謀生者必然和諧歸順，主動要求招安。而以學術立命者亦必然逆向策馬，「獨立之精神，自由之思想」，眞正士大夫愈受政治壓力則於眞學術之張力愈強健！眞正士大夫愈受政治壓力而其產生之張力愈能渲染其學術個性粲然於萬卷汗青！

〔註41〕侯外廬：《乾嘉時代的漢學潮流與文化史學的抗議》，《釋中國》，第二卷，頁一零七六。上海文藝出版社，1998 年版。
〔註42〕戴逸、李文海：《清通鑒》，第 6 冊，卷六十九，頁二三五九，山西人民出版社。
〔註43〕侯外廬：《中國思想通史》，第五卷，第十章，第二節。

　　「政治」常開「經學」之玩笑，亦在康熙五十一年，戴名世《南山集》案重審，論其「不可容忍」，「罪不能宥」，戴名世爲《四書朱子大全》修訂者，即在獄中，其後，十年戴名世仍修訂斯編，許其「爲程朱功臣」〔註44〕洵不爲過矣，然其仍未能免牢獄喪身破家之災。「毛奇齡聞（戴名世）先生罹難懼甚，馳稱表章勝朝忠臣某序，非渠作也，假其名而撰矣。」「政治」將「經學」此兩種道路上人一併收拾，嗚呼！朝野在「心」不在「行」！時「文禍方震天下，股慄畏陷阱，傷義以避網，豈獨毛奇齡一人而已哉？」〔註45〕

　　毛奇齡著《白鷺洲主客說詩》一卷，力斥朱熹之說，今通行本爲《西河合集》本，《續修四庫全書》即用此本。此著作於康熙戊午十七年，1678年，毛奇齡「應御試後」，是年詔舉博學鴻儒。統治者雖欲以朱子爲定規，然態度似尚未清晰，亦未以政令頒佈，毛氏駁議朱子恰顯其爲怪儒畸人也。以問答式作二十八條《詩》說，第四條「然則鄭聲淫何也？」〔註46〕第五條「然而詩原有垂戒者，小序所謂刺淫，非乎？」第六條「不然夫讀之而淫生者，以淫婦自道其所淫故也。」三則詆朱子「淫詩說」極厲。毛氏尚著有《毛詩寫官記》、《詩傳詩說駁議》等。

　　康熙初年，筆端口頭非朱子不乏其人其例，如後爲程朱理學重臣之湯斌者公然嘲弄朱熹於朝堂之上。〔註47〕非朱言論，至康熙四十五年在朝食祿者遂無有也，是年，李光地奉旨主持編撰《朱子全書》，統治者要求經學俯首一以「宋學」爲宗明朗矣。〔註48〕

　　故康熙四十五年後，即1706年後，堅守實學復「漢學」之古者多在野逸民，此前在野者復漢學之古時亦不截然排斥宋學，如王夫之，雖主兩漢實學與傳經之法亦時採朱子之說。而在朝者則多理學名臣，如李光地、湯斌、張伯行等，湯斌康熙十七年重入仕途後，得孫奇逢學，力主程朱理學。〔註49〕

〔註44〕蕭穆：《敬孚類稿》，卷十，黃山書社，1992年版。

〔註45〕（法）戴廷傑：《戴名世年譜》，卷十二，頁九二一、九二三，中華書局，2004年。

〔註46〕毛奇齡：《白鷺洲主客說詩》，《續修四庫全書》「經部」「詩類」，第六十一冊，頁四零六，上海古籍出版社，2002年版。

〔註47〕李光地：《榕村語錄續編》，卷九，「本朝人物」，陳祖武校點，中華書局，1995年版。

〔註48〕蕭萐父、許蘇民：《明清啓蒙學術流變》，頁二七八，遼寧教育出版社，1995年版。

〔註49〕吳雁南、秦學頎、李禹階：《中國經學史》，頁四九三至四九六，福建人民出版社，2005年版。

　　詩經學發展受政治壓力標誌者：《欽定詩經傳說彙纂》。《欽定詩經傳說彙纂》二十一卷，首二卷，《詩序》二卷，〔註50〕王鴻緒等奉旨編纂。今人尙繼愚撰《〈欽定詩經傳說彙纂〉提要》云：「這部書確實突破漢學、宋學的壁壘，以朱《傳》爲綱，而多採漢學可取之說，形成了以宋學爲基礎的漢學、宋學通學著作」〔註51〕似可商。誠然，四庫館臣有評：「考證詳明，一字一句，務深溯詩人之本旨，故雖以《集傳》爲網，而古義之不可磨滅者，必一一附錄，以補闕遺。於學術持其至平，於經義乃協其至當，風雅運昌，千載一遇，豈前代官書任儒臣拘守門戶者所可比擬萬一乎？」〔註52〕撇開稱頌前朝聖祖勿論，四庫館臣之時代已是政治尙漢學之時代，四庫館幾爲漢學派學者統攝。今以「國風・周南」爲例，試看「桃夭」篇，採鄭氏說「陰陽交以成昏禮，順天時也。」釋「集傳」「《周禮》：仲春令會男女」。〔註53〕顯然以鄭說補朱《集傳》之未詳，其後引毛萇說釋「於」「蕡」諸字，亦同此。可見此奉旨自康熙六十一年起編纂，至雍正五年以「欽定」名義頒行，其聖祖之意以朱說爲準的，統一天下士子之詩經學思想。

　　詩經學清初受政治壓力後而以反爲張力噴薄爲哲思者：王夫之《詩廣傳》五卷。《詩廣傳》爲王氏最有影響之詩學著作，《詩廣傳》雖爲經學闡釋之作，而論其爲哲學著作似更契，愚駑鈍，曾讀數過仍無所得。今人袁愈宗博士論文《〈詩廣傳〉詩學思想研究》所論可稱精彩！其比較王夫之、朱熹、姚際恒傳經之異同後論曰：「《詩廣傳》的傳《詩》特色正是漢、宋兼採，古、今皆融的特點。」〔註54〕

　　《詩廣傳》以其情緒而論，充溢期間者遺民痛定後之悲涼語也，〔註55〕愚以爲王夫之抗爭清初愈顯安定之政治現實及愈顯以朱子之說一統士子政治要求之學術方嚮之壓力，內心生出一種強大張力，心情無比複雜。如「論燕燕二」：「嗚呼！國有將亡之機，君有失德之漸，忠臣諍士爭之若讐，有呼天籲鬼以將之者。一旦廟社傾，山陵無主，惻惻縈縈，如喪考妣，爲吾君者即吾堯舜也，而奚知其他哉？欲更與求前日之幾非，而固不可得矣，弗忍故也。」

〔註50〕愚藏乾隆刻本，十二冊，缺首一冊二卷。
〔註51〕夏傳才、董治安：《詩經要籍提要》，頁二零九，學苑出版社，2003年版。
〔註52〕永瑢：《四庫全書總目》，頁八十三。
〔註53〕愚藏：《欽定詩經傳說彙纂》，卷一，頁三十三。
〔註54〕袁愈宗：《〈詩廣傳〉詩學思想研究》，頁三十四，山東大學，2006年，全國優秀博士論文庫。
〔註55〕此點袁愈宗論文中於論：《詩廣傳》寫作年代後亦有析剖。參見，頁十七、十八。

〔註56〕此語由「人之歷今昔也，有異情乎？」入，申論「《燕燕》之卒章，慕
而思也。」後生發之感慨。於此王夫之非著意於詩義闡發，實藉以宣泄一種
遺民之政治情緒與新國日定時之矛盾與無奈。此種政治壓力之下之張力一如
周作人所云：「明末之腐敗極矣，真正非亡不可了，不幸亡於滿清，明雖該罵
而罵明有似乎親清，明之遺民皆不願為，此我對於他們所最覺得可憐者也。」
〔註57〕王夫之與《詩廣傳》體現應對政治壓力而產生之張力不僅訴諸此類亡
國苦痛，〔註58〕亦藉闡發詩義發表政治主張討論君臣大義，詳見今人趙園所
論。〔註59〕

二、漢學宋學：交互影響

　　「政治」主宰清初廟堂上漢學宋學王學分歧者康熙與乾隆及雍正三帝。
康熙五十一年前清初學風主體特徵明顯，廟堂上學猶可兼採漢宋，之後宋學
便一統學術思想；乾隆二十年，1755年，敕編《詩義折中》，漢學取得政治合
法地位，並有取代宋學之勢。乾隆三十八年，1773年，諭開「四庫館」，漢學
幾統廟堂學術於一矣。漢學藉政治力量扶搖直上，公開復古東漢古文學術，
形成乾嘉「清學」。

　　康熙議以朱子配祀孔廟，旋即下旨命編《朱子大全》、《周易折中》、《性
理精義》及《欽定詩經傳說彙纂》。此外，康熙五十五年命儒臣敕重新編校陳
夢雷所編《彙編》並賜名《古今圖書集成》，〔註60〕斯編於雍正四年竣，以銅
活字排印梓行。

　　欲剖析清代詩經學漢學宋學交互影響狀態，則當仔細述論清統治者文

〔註56〕王夫之：《詩廣傳》，卷一，頁三二一，《船山全書》，第三冊，嶽麓書社，1998年版。
〔註57〕周作人：《關於王謔庵》，鍾叔河編：《周作人文類編》，《千百年眼》，頁六四六，湖南文藝出版社，1998年版。
〔註58〕此類亡國情思於《詩廣傳》俯拾皆是，如「論柏舟」，頁三一八；「論擊鼓」，頁三二一；「論竹竿」，頁三三八；「論兔爰」，頁三四二，實隨處可見，不勝舉。
〔註59〕趙園：《制度·言論·心態》，頁二六四，二七七，北京大學出版社，2006年版。王夫之藉「詩」論政治處趙園所引外尚有不少，如「論六月」，頁三九九，「君子立公論於廷，而武人參之，大臣捍社稷於外，而一介之士持之；元老載震主之威，而借清流之重以攬大名而收之：皆非國之福也。為人臣者弗戒，而歌詠以助其聲光，宣王中興之不永，概可知已。」如此類言者不一而足。
〔註60〕陳登原：《國史舊聞》，第三冊，頁五六三，中華書局，2000年版。

化政策，尤其乾隆雍正二朝之變化。今據《清實錄》等清代史料略述康雍乾嘉四朝文化要事排列如次，因略述一般史實，免於繁瑣，所據書史不一一注出：

康熙元年，1662年，昔年（1661年）金聖歎因哭廟案於金陵處以腰斬；二年，莊廷鑨「明史案」結案，審理三年，二千餘人涉案下獄，七十餘人處死，數百人流邊；十七年，詔舉博學鴻儒；十八年，試博學鴻儒，取五十人，開明史館，彭孫遹諸博學鴻儒均入館修史，徐元文為監修總裁官，葉方藹、張玉書為總裁官；四十一年，詔修國子監；五十年，戴名世《南山集》獄起，三年後，戴名世處死，方孝標戮屍；五十一年，諭朱子配祀孔廟；五十五年，《康熙字典》書成；五十五年，敕重編校《古今圖書集成》；六十一年，敕編《欽定詩經傳說彙纂》。

雍正六年，1728年，命各省修志，修《大清一統志》；七年，呂留良文字獄、陸生楠文字獄，刊行《大義覺迷錄》；十一年，方苞以侍講學士擢為內閣學士兼禮部侍郎；十三年，九月弘曆即位，收回《大義覺迷錄》，處死曾靜、張熙，《明史》成。

乾隆元年，1736年，頒「十三經」、「廿一史」於各類各類學校，御試博學鴻詞於保和殿；三年，開經筵講學，諭士子「究心經學」；五年，諭倡讀宋儒書，以朱子說訓飭士風流弊；八年，杭世駿策對忤旨，革職，重申各省務以朱子輯《小學》命題；十二年，重刻「十三經注疏」、「二十一史」成，諭告士子「篤志研經，敦崇實學」；十六年，遣官祭王守仁祠；十九年，諭禁「辨析朱、陸異同」，整飭科考文風；二十年，胡中藻詩獄，棄市，敕編《欽定詩義折中》；二十一年，仲春經筵，帝公開質疑朱子之說；二十三年，仲春經筵，帝講論《論語・子張篇》，說異朱子，准直隸學政莊存與奏「取士經旨，悉遵用先儒傳注」；二十五年，仲春經筵，帝講論《論語・陽貨篇》，說亦異朱子；二十六年，山東按察使沈廷芳疏請湯斌從祀孔廟，不允；二十九年，令各省頒發刊行《欽定詩義折中》等官修經籍；三十年，重開國史館，諭再論國史纂修事宜，指出須補顧棟高輩傳；三十八年，開四庫館，劉統勳、裘日修等六人為正總裁，紀昀、陸錫熊為總裁，敕命編《日下舊聞考》；三十九年，仲春經筵，君臣討論《論語・雍也篇》，帝稱董仲舒而非朱熹所解，諭命各省督撫採訪遺書，並令江浙各省嚴查「觸礙書籍」，禁屈大均詩文；四十年，帝親為命題策試貢士，倡稽古學；四十一

年，追諡明季殉難諸臣，如史可法、黃道周等，諭令各省銷刪「牴觸本朝」書籍，諭國史館編列「貳臣傳」；四十二年，諭獎《經義考》；四十三年，王爾揚「皇考」觸諱案，徐述夔詩獄，沈德潛雖亡亦受牽連；四十四年，諭斥士風，倡「沉潛經義」；四十六年，帝親命題策試貢士，倡「學術首嚴真偽」；四十七年，「四庫全書」成；四十八年，授袁崇煥五世孫袁炳官，諭國史館編「逆臣傳」；五十二年，諭命定《詩經樂譜》；五十三年，仲春經筵，帝解《大學》異於朱子；五十四年，仲春經筵，帝解《論語》譏諷朱子；五十五年，詔准士子鈔閱《四庫全書》，五十六年，仲春經筵，帝講《論語》、《尚書》有異朱子；五十八年，仲春經筵，帝講《中庸》，以朱子注未妥，亦諭倡士子究心宋明學術源流，諭獎安徽巡撫朱圭輯《御製說經古文》；五十九年，仲春經筵，帝講《易經》稱朱子說「有所未概」；六十年，仲春經筵，帝講《中庸》修正朱子說，《四庫全書總目》刻竣。

嘉慶元年，1796年，諭稱「敦尚經義，崇實黜華」，文化政策，科考辦法一如乃父，恩科會試，紀昀任正主考，作《丙辰會試錄序》主張制藝「當以宋學為宗」；五年，阮元撫浙；六年，帝策試貢士，倡「申明朱子之意」，八年，增派重臣續修「四庫全書」；諭申「學以明倫為主，士以喻義為先」；十九年，纂輯《全唐文》成；二十二年，諭申各級官員應講明並身體力行《朱子全書》、《五經》及《四子書》。

由此四朝人主之學術傾向可知政治之於學術之壓力也，在朝儒士迫於壓力或宋學或漢學以順上意，在野士人或匿鋒芒或隨沉浮以應環境。侯外廬論曰「康熙以來的文化政策，比元代高明萬倍，一方面大興文字之獄，開四庫館求書，命有觸忌諱者焚之（見章太炎《檢論‧哀焚書》）。他方面則重儒學，崇儒士。這不但表現在康熙十二年薦舉山林隱逸、十七年薦舉博學鴻儒、十八年開明史館，而且表現在他的指導理論，打擊當時『經世致用』之學，這便是康熙的宋學提倡。如十二年上諭命編《太極圖論》，十六年親製《四書解義序》，五十一年上諭朱子配享孔廟，以及選任大臣多理學名家等等。然這不是他的唯一政策。梁啟超云：當時在朝理學與在野漢學形成了一個對峙，難於鞏固其統治，所以，在康熙時代便有《圖書集成》的編纂（至雍正三年告成，書凡六千一百零九部）。升化了經世致用之學的漢學，畢竟不同於清初的知識武器，故到了乾隆時代在朝漢學亦同時提倡，作為理學的補充政策。乾隆三十八年至四十七年，召集了海內學者三百人入四庫館，編訂了聞名的《四

庫全書》，凡七萬九千七十卷。這是所謂『漢學的大本營』。乾隆的政策，更是封建文化箋注與煩瑣並行的方針。」〔註61〕

　　謹以此四朝中幾契點析論詩經學發展中宋學漢學交互影響特徵。其一，康熙帝開明史館。明史館實為「宋學大本營」，可以討論漢學，亦可以批評宋學，而政治倡導宋學，精研程朱理學之臣屢見升遷。其二，康熙諭議朱子配祀孔廟。宋學（或曰理學）高居廟堂標誌，其時重臣皆為理學名家，如康熙常曰：「知光地者莫如朕，知朕者亦莫如光地也」〔註62〕李光地，名相，理學名臣，李氏著有《詩所》，幾為「清版朱熹」《詩集傳》，《四庫全書總目》評曰「是編大旨不主於訓詁名物而主於推求詩意，其推求詩意又主於涵泳文句得其美刺之旨而至。亦不旁徵事蹟，必求其人以實之……其言皆明白切實，足闡朱子未盡之意。」〔註63〕其三，康熙帝敕編《欽定詩經傳說彙纂》。此後士子科考「詩經題」以此為準的，是為詩經宋學巔峰也！「詩」為官府政教所用，一貫如此，宋學輝煌處必趨式微，欽定大全之類可謂最後一振。其四，乾隆帝敕編《欽定詩義折中》，年後於仲春經筵公開質疑朱子之學。《欽定詩義折中》「分章多準康成，徵事率從小序」〔註64〕為學重「疑」，世人皆知，統治者不「疑」不准「疑」，欲登仕途者豈敢「疑」豈敢言「疑」？！即便有「疑」但存心底者耳。漢學由此興焉，而宋學衰微自此始矣。其五，乾隆詔開「四庫館」，漢學盛矣！四庫館臣多為漢學派，雖有宋學派學者亦迫匿鋒芒，噤聲不言程朱理學，漢學已是人主所需之學，漢學已成廟堂之學。其六，嘉慶帝策天下貢士於太和殿，諭倡「申明朱子之意」。此前有紀昀作《壬辰會試錄序》稱制藝「當以宋學為宗」，前後相隔五年，紀《序》作於嘉慶元年，乾隆為太上皇時，故「崇宋學」僅限制於「制藝文」而已，嘉慶帝諭天下士子「崇宋學」時，乾隆已薨一年矣。宋學復登廟堂主流地位，重為人主整頓秩序之理論。此後漢學雖有阮元輩之祭酒，然終不能奪宋學之一席地者。

〔註61〕侯外廬：《乾嘉時代的漢學潮流與文化史學的抗議》，《釋中國》，第二卷，頁一零七七。愚按：原文《圖書集成》完成時間記為「三年」，誤，當為「四年」。
〔註62〕章太炎：《許二魏湯李別錄》，《檢論》，《章太炎全集》，頁四六六，第三冊，上海人民出版社，1982年版。亦見於《訄書詳注》，徐復注，頁九二九，上海古籍出版社，2000年版。愚按：章太炎論康熙朝時理學一統之狀幾近事實。
〔註63〕永瑢等：《四庫全書總目》，頁八十四。
〔註64〕《欽定詩義折中》，「序」四庫本。

三、古文今文：嬗變融合

或曰乾嘉時期詩經學發展主體特徵爲漢學宋學之遞變，而亦正於此時已孕育今文經學者，古文今文之嬗變隱於乾隆朝，嘉慶朝已露端倪，道光朝已與古文今學並驅爲二，晚近今文經學熾盛，當「古」「復」遍，傳統詩經學衰微矣。

吾國經學一貫「學隨術變」，〔註65〕漢宋學康雍乾嘉四朝之遞變如此，乾嘉已降古今文之嬗變亦可作如斯觀焉。

今文經學興起亦如梁啓超所云「以復古爲解放」，爲「復西漢之古，對於許、鄭而得解放」。〔註66〕復西漢之古者從乾嘉復東漢之古之「漢學」中來，魏源於《兩漢經師今古文家法考敘》曰：「今日復古之要，由詁訓聲音以進於東京典章制度，此齊一變至魯也；由典章制度以進於西漢微言大義，貫經術、故事、文章於一，此魯一變至道也。」〔註67〕

今文經興於乾隆時自莊存與張「春秋公羊學」爲大幟，莊存與以今文經學開常州派「公羊說」，其齋署「味經齋」。乾隆十年，1745年，以榜眼及第，中進士入翰林。越三年庶吉士散館考試「詩賦雖屬平常，聞其平時尚留心經學，著再教習三年，下次散館，再行考試。」〔註68〕當年未得授編修，而其時正「宋學」一統翰林人等，莊存與主漢學，倡經世致用，《春秋》、《易》偏於西漢今文，《詩》、《書》、「三禮」重東漢古文，故莊存與爲清今文經學導源，然於「詩經學」則其仍爲古文經學者，著有《毛詩說》四卷。莊存與之姪莊述祖自幼喪父，從莊存與學，古今文皆治，有《毛詩考正》四卷、《毛詩周頌義》三卷，亦爲詩經古文學者。莊存與族孫莊有可於詩經學則爲古文派，精「毛詩」，著有《毛詩說》五卷、《毛詩述蘊》四卷、《毛詩序說》一卷、《毛詩字義》五卷，而其治《春秋》則謂今文經學者。可見，清代詩經學今文經學興起之初奪胎於古文經學，故清代詩經今文學由輯佚「三家詩」啓程，學理使之然也。

「常州學派在當時並未引起人們廣泛注目，影響也不大。它的歷史地位，在於舉起了今文經學的旗幟，提倡講微言大義，提倡經世致用，開始了學風的轉變，爲後來的今文經學家借經言政、進行改革的活動奠定了基

〔註65〕　朱維錚：《中國經學與中國文化》，《復旦大學學報》，1986年，第2期。
〔註66〕　梁啓超：《清代學術概論》，頁七。
〔註67〕　魏源：《兩漢經師今古文考敘》，《魏源集》，上冊，頁一五二，中華書局，1976年版。
〔註68〕　《清高宗實錄》，卷三一五，「乾隆十三年五月庚子」條。

礎。」〔註69〕此評移作常州學派於清代詩經學貢獻，似無不可。而常州學派貢獻在於「春秋公羊學」，如以「春秋學」而言，常州學派創始人莊存與卻可當得龔自珍頌爲「以學術自任，開天下知古今之故，百年一人而已矣。」〔註70〕

　　清代「三家詩」輯佚首功者范家相《三家詩拾遺》十卷，〔註71〕繼其武者馮登府、陳壽祺陳喬樅父子，至王先謙氏《詩三家義集疏》出，今文經詩學有定本者矣。輯佚考釋訓詁「三家詩」，對象雖爲今文經，而方法多用樸學考證訓詁校補之則，此言樸學方法，實即與古文經學之融合也。

　　首開今文詩經學微言大義者劉逢祿也，劉氏著有《詩聲衍》二十七卷，其推崇魏源，並爲《詩古微》作「序」。魏源《詩古微》二十卷可視爲清代詩經今文學扛鼎之作，其爲純粹之今文詩經學者。

　　清代詩經學至晚近以迄民國，雖有以今文經學名世者如王闓運、皮錫瑞諸氏均治「詩（經）」論「詩（經）」兼採古今文，「毛詩」與「三家詩」之融合爲傳統詩經學謝幕，而現代詩經學正孕育而出。

　　約言之，清代詩經學發展由政治而變風氣，其特徵不同於之前千年詩經學之發展，政治予經學壓力與學者則產生不同之張力，四百年間詩經學漢學宋學交互影響，古文今文嬗變融合，傳統詩經學眞餘霞如錦！

第三節　清代文學與清代詩經學發展綜論

　　經學與文學發展「聯結」論題歷來備受論者所關注，清代文學與清代經學論題近來有楊旭輝《清代經學與文學——以常州文人群體爲典範的研究》〔註72〕、劉再華《近代經學與文學》〔註73〕等。而錢師嘗有論《清代學風與詩風的關係》之作，闡發清初、乾嘉及晚近三期「清代學風影響詩風的特殊情況」。

〔註69〕吳雁南：《清代經學史通論》，頁一百五十，雲南大學出版社，2001年版。

〔註70〕龔自珍：《資政大夫禮部侍郎武進莊公神道碑銘》，《龔自珍全集》，王佩錚校，頁一四一，上海古籍出版社，1999年版。

〔註71〕洪湛侯：《詩經學史》，頁五九三、五九四。

〔註72〕楊旭輝：《清代經學與文學——以常州文人群體爲典範的研究》，鳳凰出版社，2006年版。此著原爲其博士論文《清代今古文經學的更迭與文學嬗變——以常州文人群體爲典範的研究》，2002年，蘇州大學。

〔註73〕劉再華：《近代經學與文學》，東方出版社，2004年版。此著原爲其博士論文《晚清時期的文學與經學》，2003年，復旦大學。

〔註74〕此外，吳孟復亦有《別才非學最難憑——略談清代的詩風與學風》〔註75〕文專論清代詩風與學風。

本節試由「經世」、「復古」及「個體」三視角述論清代詩經學、清代文學、清代文學理論發展之交互影響。

一、經世：儒學宗旨

清初大儒李顒曰：「吾儒之教原以經世爲宗」〔註76〕「『經世』是『經理世事』」，「『通經』是精通經義」，「『致用』是『盡其功用』」，或「付諸實踐」。〔註77〕

史學界有「經世學派」一說，〔註78〕而愚以爲吾國一切學人文士皆「經世」。經世之「世」因時而變，經世之「途」因人而別。漢人以「通經」爲途經世，宋人以「通理」爲徑經世。顏元、李塨以「事」「物」「實踐」經世，〔註79〕顧炎武、黃宗羲以窮經考據經世。〔註80〕魏源、龔自珍則以闡發微言大義，「變古」「利民」爲經世，不一一臚列，可知，作爲儒者文士學人人生目的之「經世」因人因時而變，作爲個體之學術主張文學旨趣藝術實踐亦因此而千姿百態變幻無盡。

簡括言之，「經世」即國人讀書治學藝術創作均以「直面現實」爲宗旨，此傳統儒教與當今學術未變之則也。

無怪乎梁啓超云：「中國學術以研究人類現世生活之理法爲中心，古今思

〔註74〕錢師仲聯：《清代學風與詩風的關係》，頁一八二，《夢苕庵論集》，中華書局，1993 年版。

〔註75〕吳孟復：《別才非學最難憑——略談清代的詩風與學風》，《明清詩文論文集》，頁一至二十八，江蘇古籍出版社，1986 年版。此文後半部分以《論清代的詩風與學風》發表於《安徽教育學院學報》，1986 年，第 3 期。

〔註76〕李顒：《二曲集》，卷十四，蘭州古籍書店，1990 年版。

〔註77〕王宏斌：《關於「經世致用」思潮的幾點質疑》，《史學月刊》，2005 年第 7 期。王文辨「經世」、「通經」、「致用」、「通經致用」、「通理致用」甚確。「儒者之學以經世爲用。」在古人心目中，「經世」本來就是具有實踐意義的「用」，並且早已講得明明白白。王氏引王畿《王龍谿先生全集》及《十六國春秋別本》論梁啓超創「經世致用」之概念模糊。

〔註78〕李克玉：《經世學派概說》，《商丘師範學院學報》，2003 年第 2 期。

〔註79〕高王淩：《18 世紀經世學派》，《史林》，2007 年第 1 期。

〔註80〕王世光：《「通經」、「致用」兩相離——論清代「通經致用」觀念的演變》，《人文雜誌》，2001 年第 3 期。

想家皆集中精力於此方面之各種問題，以今語道之，即人生哲學及政治哲學所包含之諸問題也，蓋無論何時代何宗派之著述，未嘗不歸結於此點，坐是之故，吾國人對於此方面諸問題之解答，往往有獨到之處，爲世界任何部分所莫能逮，吾國人參列世界文化博覽會之出品恃此。」〔註81〕

清初顧黃諸氏學術倡「經世」，以「通經致用」爲志，其曰：「近世號爲通經者，大都皆口耳之學，無得於心；既無心得，尙安望其致用哉？」〔註82〕又曰：「自一身以至於天下國家，皆學之事也。」〔註83〕全祖望論黃宗羲之學亦如此，前已引述，從略。王夫之思想近同。故「在明末清初滄桑變動的時代裏，」清初「有識之士」，大多在野逸民，「在學風上要提倡通經致用的實學以反對空疏，在詩風上要以崇實精神，爲時代現實寫照。」〔註84〕顧炎武以此經世思想治《詩》，作《音學五書》，自許「足羽翼六經」，〔註85〕《音學五書》實統爲正聲《詩》之本音，〔註86〕顧氏尋繹上古三代之音，曰：「三代之時，其文皆本於六書，其人皆出於族黨庠序，其性皆馴化於中和，而發之爲音，無不協於正。然而《周禮》：大行人之職，九歲屬瞽史，諭書名，聽聲音。所以一道德而同風俗者，又不敢略也。是以《詩》三百五篇，上自《商頌》，下逮陳靈，以十五國之遠，千數百年之久，而其音未嘗有異。帝舜之隔，皋陶之賡，箕子之陳，文王、周公之繫，無弗同者。故三百五篇，古人之音書也。」〔註87〕「千數百年之久，而其音未嘗有異」！今世「異」乎？！「中和」「正」音異而不存，是眞亡天下哉！

顧氏作《音學五書》出於「以續《三百篇》以來久絕之傳，」期「有王者起，將以見諸行事，以躋斯世於治古之隆。」〔註88〕今人張民權於此論「顧炎武等人也把它（小學，音韻學）看成是王道事業的一部分」。〔註89〕

顧炎武與黃宗羲、王夫之鼎足而成三明遺民思想家，顧氏歌詩尤出二人

〔註81〕梁啓超：《先秦政治思想史》，序論，第一章，頁一，《飲冰室合集》，第九冊，專集五十，中華書局，1989年版。

〔註82〕顧炎武：《與任鈞衡》，《顧亭林詩文集》頁一百六十九，中華書局，1983年版。

〔註83〕顧炎武：《與友人論學書》，《顧亭林詩文集》，頁四十一。

〔註84〕錢師仲聯：《清代學風和詩風的關係》，《夢苕庵論集》，頁一八四。

〔註85〕顧炎武：《與楊雪臣》，《顧亭林詩文集》，頁一百三十九。

〔註86〕參見張民權：《清代前期古音學研究》，頁一一五至一三九。

〔註87〕顧炎武：《音學五書》，序，頁二，中華書局，2005年版。

〔註88〕顧炎武：《與人書二十五》，《顧亭林詩文集》，頁九十八。

〔註89〕張民權：《清代前期古音學研究》，頁四十三。

之上，與屈大均、吳嘉紀合稱「三明遺民詩人」。顧氏詩歌創作主現實主義，與其所倡學風一致，「顧以反映現實爲長，而不以抒情見長」。「顧風格只能是『質實』，而不是沉雄悲壯」。〔註90〕

汪端《明三十家詩選・初集》卷七云：「亭林詩憑弔滄桑，語多激楚。茹芝採蕨之志，《黍離》、《麥秀》之悲，淵深樸茂，直合靖節、浣花爲一手。豈宋《谷音》「月泉」諸人所能伯仲哉？」〔註91〕此正是顧炎武詩風個性，其所作亡國之痛故國之思篇什，皆得神於「詩三百篇」，尤其《黍離》諸篇，此爲宋遺民《谷音》集里人、月泉社中輩所不能追者。顧氏詩歌由學埴瀉出質實天眞，淵深樸茂，洪亮吉曰「顧寧人詩有金石氣，吳野人詩有薑桂氣。同時名輩雖多，皆未能臻此境也。」〔註92〕

顧炎武首導有清學人詩之源，〔註93〕其於《日知錄》卷二十一「作詩之旨」云：「舜曰：『詩言志。』此《詩》之本也。《王制》：『命太師陳《詩》以觀民風。』此《詩》之用也。《荀子》論《小雅》曰：『疾今之政以思往者，其言有文焉，其聲有哀焉。』此《詩》之情也。故《詩》者，王者之跡也。」〔註94〕可見顧氏作詩所持之「本」、所期之「用」、所主之「情」皆一準之於《詩》，此「通經」「經世」（即「致用」）也！

〔註90〕錢師仲聯：《錢仲聯講論清詩》，頁二十四，二十五。錢師於此一講中論顧氏詩爲「經史」之詩，非泛泛言「學人之詩」。愚按：於顧氏而言「經史」之詩，亦「經世」之詩。

〔註91〕轉引朱則傑：《清詩史》，頁九十五，江蘇古籍出版社，2000年版。

〔註92〕洪亮吉：《北江詩話》，卷四，頁七十八，人民文學出版社，1998年版。愚按：朱則傑《清詩史》，頁九十一，引此，復評：這裏「金石」之氣，主要機制顧炎武詩歌所表現的堅貞的民族氣節，所謂「輔翼漢室，心如金石」（《後漢書・王常傳》語）。並以爲概括詩歌主題兼及藝術風格。似未確，此「金石氣」意同劉熙載《藝概・書概》中「金石氣」，就藝術風格而言，即洪亮吉論詩絕句「偶然落墨並天眞，前有寧人後野人。金石氣同薑桂氣，始知天壤兩遺民。」（《道中無事偶作論詩截句二十首》，錢師仲聯、王蘧常、郭紹虞：《萬首論詩絕句》，頁六三一，人民文學出版社，1991年版。）所指「天眞」，朱著中亦引此絕句。故，愚以爲洪氏此「金石氣」與詩歌主題無涉，即指顧炎武詩「天眞」、「質實」、「淵深樸茂」之風。

〔註93〕此論斷錢師將發明權屬之朱則傑《清詩史》，參見《錢仲聯講論清詩》，頁二十四。劉世南著《清詩流派史》以持此論，（頁四十九，人民文學出版社，2004年版，）劉著始於1979年，1994年脫稿。故兩者英雄所見略同，並時幾同時。而評顧炎武爲學人之詩者始由全祖望《續甬上耆舊詩集》卷十八，「萬斯同小傳」。

〔註94〕顧炎武：《日知錄》，頁七二八。

或問顧氏詩歌主張與詩歌創作一致乎？答曰：正是。試讀其五言古風《帝京篇》（一作《京闕篇》）：〔註95〕

王氣開洪武，江山拱大明。德過瀘水卜，運屬阪泉征。
赤縣名三亳，黃圖號二京。秩猶分漢尹，烝尚薦周牲。
闕道紆金輅，郊宮佇翠旌。山陵東掖近，府寺後湖清。
國運方多難，天心會一更。神州疑逐鹿，率土駭奔鯨。
虓略旗初仆，函關鼓不鳴。遂令纏大角，無復埽欃槍。
合殿焚丹戶，金城落畫甍。街哀遺梓楟，泣血貫宗祊。
傾否時須聖，扶屯理必亨。望雲看五采，候緯得先贏。
渡水收萍實，占龜兆大橫。舊邦回帝省，耆俊式王楨。
曆是周正月，田蹴夏一成。雅應歌吉日，民喜復盤庚。
毓德生維嶽，分猷降昴精。朝稱元老壯，國有丈人貞。
密切營三輔，恢張頓八紘。塘周淮口柵，山繞石頭城。
未蕩封豨梗，仍遺穴鼠爭。師從甘野誓，人雜渭濱耕。
四冢懸蚩鬽，千刀待莽烹。柳青依玉勒，花發韻金鉦。
黃石傳三略，條侯總七營。虎頭雙劍白，猿臂一弓騂。
曾見妖氛淨，旋聞陸塞平。載櫜歸武烈，伊誡築文聲。
禮洽封山玉，音諧降鳳笙。配天歸舊物，復國紀鴻名。
曉集僊庭鷺，春遷大谷鶯。尊師先太學，納誨必延英。
側席推干鼎，回車載釣璜。在陰來鶴和，刻石起魚鏗。
念昔掄科日，三陪薦士行。帝鄉秋愵悗，天闕歲崢嶸。
賦客餘枚叟，文才後賈生。飲泉隨渴鹿，攀檻落危鼪。
再見東都禮，尤深上國情。百僚方勸進，父老盡來迎。
宿衛皆勳舊，干掫並禁兵。乾坤恩澤大，雷雨氣機盈。
草綠西州晚，雲彤北闕晴。法宮瞻斗柄，別館望金莖。
玉帛塗山會，車書雒邑程。海槎天上隔，陽卉日邊榮。
對策猶年少，尊王志獨誠。小臣搖彩筆，幾欲擬張衡。

此類五言古風如《大行皇帝哀詩》、《浯溪碑歌》、《元日》諸篇均為顧炎武集中慷慨多氣質實樸茂風格體現，而此類五言古風集中多達百二十餘首。

〔註95〕辨說參見王冀民：《顧亭林詩箋釋》，頁二五二，中華書局，1998年版，此引王蘧常：《顧亭林詩集彙注》，頁四十六，上海古籍出版社，1983年版。所倚分析之原注多出此兩書，原注非我所發明，不一一出注，特誌此。

　　《帝京篇》以金陵城爲視角而作明王朝敘事詩，其神情類乎「二雅」「周頌」，尤能見其奪胎於「大雅」：《文王》、《大明》、《文王有聲》，「小雅」：《十月之交》、《雨無正》，「周頌」：《時邁》、《武》諸篇。

　　《帝京篇》非惟神取亦形襲「二雅」「周頌」。全詩主題：朱明中興！顧詩中「神」取「詩三百」周宣王中興，如《小雅・節日》之序，「情」同「變雅」，「語」襲周厲王奔彘之後詩什。全詩語出「詩三百」者十二處，於此略爲析論。

　　其一：「率土駇奔鯨」，「率土」，語出《小雅・北山》二章「溥天之下，莫非王土。率土之濱，莫非王臣。大夫不均，我從事獨賢。」全天之下均我王國土，全天之下均當爲我王臣子，奚時局板蕩我獨擔如此多事？賢，多也，從王夫之《詩經稗疏》引《小爾雅》。顧語此表面替朱明壯氣，內心以清醒者願爲傾頹宗社多盡事力之意。

　　其二：「舊邦回帝省」，語出《大雅・文王》一章「文王在上，於昭于天。周雖舊邦，其命維新。有周不顯，帝命不時。文王陟降，在帝左右。」《毛序》：「文王受命作周也。」鄭箋：「受天命而王天下，制立周邦。」顧氏詩中喜用此典，再如《元日》：「大雅歌文王，舊邦命已新」〔註96〕等。「耆俊式王楨」語出同篇三章「世之不顯，厥猶翼翼。思皇多士，生此王國。王國克生，爲周之楨。濟濟多士，文王以寧」。顧耆俊之臣濟濟奮起，爲朱明王室支柱。

　　其三：「朝稱元老壯」語出《小雅・采芑》四章「蠢爾蠻荊，大邦爲讎。方叔元老，克壯其猶。」以「蠻荊」指斥「滿清」，以「大邦」自喻「朱明」，以「方叔」自任，方叔宣王卿士，北伐玁狁，南征荊蠻，乃中興有功之臣。

　　其四：「密切營三輔」，語出《小雅・十月之交》七章「黽勉從事，不敢告勞。」「密切」，即「黽勉」，王蘧常釋之甚詳。愚按：「三輔」，語出此篇六章「皇父孔聖，作都于向。擇三有事，亶侯多藏。不憗遺一老，俾守我王。擇有車馬，以居徂向。」「三輔」，即「三有事」。厲王奔亡，都城迫遷，忠臣老吏作此悲音。〔註97〕此等語調顧氏詩中並非僅有，再如《表哀詩》「黽勉三遷久，間關百戰深。」失恃喪國，痛何言哉！此一句用同篇兩處語源，知《小雅・十月之交》復讀顧氏此句不禁汍然下涕焉！

〔註96〕王蘧常：《顧亭林詩集彙注》，頁二五五。
〔註97〕參見拙作：《〈詩・小雅・十月之交〉辨疑》，《蘇州大學學報》，2002 年第 2 期。

　　另，顧詩語出《周頌・時邁》、《周頌・載芟》、《大雅・文王有聲》、《大雅・崧高》、《小雅・角弓》、《小雅・節日》及《小雅・伐木》各一，多用意繼承文王武王修文大烈宣王中興以勉勵福王中興朱明，不一一剖析。

　　詩歌面對現實，文學主張面對現實，詩經學術傾向面對現實，貫穿有清一代。此種「經世」精神於乾嘉益顯突出為「復古」。

二、復古：神貌標誌

　　「復古」之有惡名，明代前後七子。〔註98〕詩文復古由初唐陳子昂振臂而有第一聲，「詩三百」漢魏詩文為所「復」之「古」，唐詩首功陳子昂也，世所共識。正此詩文復古，吾國詩歌有自《詩》《騷》、魏晉而後第三次輝煌，且有凌其而上之勢，甚有自豪喻以詩國「珠穆拉瑪」者矣；中唐韓、柳古文運動亦復古也，「復」周秦漢魏文之「古」，韓、柳一代文宗，史有定評。正此古文復古，吾國散文有自周秦、漢魏而後第三次高峰；宋初梅、歐諸公所倡詩文復古，「復」秦漢、韓愈文之「古」，「復」李、杜、元、白詩之「古」，北宋詩文已有自家面目與成就，其為貶之者不能視之若元明詩文者焉。「復古」非定有惡名，明矣。

　　梁啟超論清代學術「以復古為解放」，愚則以為清代學術、詩歌、詩歌理論均「以復古為經世」或「以復古為革新」。

　　嘗有人論「清代文學是幾千年來各種舊體文學的總結」，「康、乾期間，清代的封建政權，得到了鞏固，民族矛盾，日益淡薄，學術、文學，大都趨於復古。言文者有桐城，言詞者尊南宋，詩壇則尊唐尚宋，各立門戶」。〔註99〕清代並未形成如明代聲勢浩大復古思潮，而縱觀清代文學實以復古經世後而總結吾國傳統各體文學。

　　之所以未形成聲勢浩大如明代前後七子之復古思潮〔註100〕，清近三百年間社會變幻之快為之前王朝所無，動盪之烈亦為之前歷代所罕匹。清人所面對之現實複雜多變可以知之矣，故取「古」之多端以面對現實，似為一因。既各

〔註98〕廖可斌：《明代文學復古運動研究》，頁一，上海古籍出版社，1994年版。

〔註99〕劉大杰：《中國文學發展史》，下冊，頁一二三五，一二三四，上海古籍出版社，1998年版；馬大勇：《清初金臺詩群研究》，頁七，博士論文，蘇州大學，2001年。

〔註100〕愚按：有關前後七子文學復古問題廖可斌專著中所論極近事實，於其復古積極意義多所辯論，一改舊評，至今尚為此論域中傑構。

「復」多端之「古」，則形成一個聲音之復古便不能，基於此，愚以爲清人復古自清初諸遺老至晚近維新諸先鋒均在復古經世，因其經世不同而復古亦異，其間各階段各門派相互抨詆更迭，而各家又以前後七子之復古爲壞詩風文道甚或宗廟之賊，恐遠復古而不及。清近三百年諸人皆復古盡不明言復古。

清初儒者詩人文學以三百篇現實主義爲宗，學術以漢學通經經世爲旨歸，雖不斥宋學，然詆朱明空洞論理。此爲經「鼎革」之世。

康、雍以降，至道光朝，清人文學於周、漢魏、唐、宋各取一端，學術以宗宋儒朱程至東漢古文，文學、文學理論、學術均各「復」各「古」。此爲經「盛世」之世。

晚近今文經學起，學術復西漢之古，詩歌則眾流各進，各有一瓣心香在某一段「古」。此爲經「板蕩」之世。

一如「經世」之於清代社會復古亦貫穿始終，便於行文，此截復古顯明之乾嘉前後申述。

詩人之心敏感於學人，身兼詩人學人者常作詩「前衛」爲學堅守，乾嘉之前可推溯至康熙二十年前後，詩人以將詩頌太平稱爲「雅正」。陳維崧序王士禛集可作注腳。因文雖不長亦不短，截取不能知其全貌，不避繁移錄於此。

陳維崧《王阮亭詩集序》：

> 昔者孟子有言曰：「王者之跡熄而《詩》亡，《詩》亡然後《春秋》作。」孟子所謂《詩》亡何歟？說者曰：「王室既東，文武道缺，一時懷文善諷之匹士，類不能雍容恬雅以悟其君王。蓋激烈之義多，而變風、變雅出焉，《詩》之所以亡也。」吾以爲不然。子所謂《詩》亡，非作詩者亡，而作詩之教先亡也。溫柔敦厚則《詩》之教也，《關雎》、《葛覃》、《鹿鳴》、《天保》諸章亡論已，平王以後，其民流而多思，悲愁儉嗇而不踰乎禮，身雖告哀乎酆、岐，景亳之情未嘗一日離於懷也，則猶未嘗一日離乎《詩》教也。《板》、《蕩》之世，乃重傷之矣。山崩川竭，雷電燁燁，配天之業不祀，而明堂之位忽諸。君子謂此，其世可以史，而不可以詩。夫董狐、倚相、左丘明諸賢，彼其才，非遽遜於雨雪之征夫、草蟲之戍婦也，詠歌而悼歎之，亦風人之致也。惟是身經喪亂，忍視爲越人之關弓，而政教束濕，難託於春人之助相，不得已而以編年紀事之體，沒其出風入雅之才，而《詩》於是遂亡。《詩》之亡也，國家之不幸也，貞臣誼士之所不

敢出也。勝國盛時，彬彬乎有《雅》、《頌》之遺焉。五六十年以來，先民之比興盡矣。幻渺者調既雜於商角，而亢戾者聲直中夫韓鐸，淫哇噍殺，彈之而不成聲。夫青絲白馬之禍，豈侯景、任約諸人爲之乎？抑王褒、庾信之徒兆之矣？新城王阮亭先生，性情柔淡，被服典茂，共爲詩歌也，溫而能麗，嫻雅而多則，覽其義者，沖融懿美，如在成周極盛之時焉。吾聞君子欲覘世，故先審土風，故大夫作賦，公子觀樂，矇瞍所掌，蓋其愼之。今值國家改玉之日，郊祀燕饗，次第舉行，飲食男女，各言其欲，識者以爲風俗醇厚，旦夕可致。而一二士女，尚憂家室之未靖，閔衣食之不給焉。阮亭先生既振興詩教於上，而變風變雅之音漸以不作。讀是集也，爲我告採風者曰：勞苦諸父老，天下且太平，詩其先告我矣。〔註101〕

詩倡「神韻」非王士禛發明，今人王小舒《神韻詩學》論之甚詳。〔註102〕王士禛之神韻功效「一則可以淡化、消弭由易代劇變而引起的心靈動蕩與詩歌變徵之音；再則可以成爲盛世沖和雍容的大雅點綴。」〔註103〕

詩人王士禛爲盛世在朝士人代表，詩復「詩三百」正風正雅之古，詩紀「天下」「太平」，此王士禛所經世也，王士禛異於顧炎武、錢謙益輩之內心焦灼，其世已趨昌盛，民族矛盾漸似消泯，以雍容和雅之音頌太平盛世已爲內心眞誠，故復古之「溫柔敦厚」詩教以立詩壇旗幟。

王士禛崇正復「詩三百」之古，稍早時候，葉燮重變亦復「詩三百」之古。葉氏年長王士禛七歲，其時尚未有太平之音，其曰：「溫柔敦厚，其意也，所以爲體也，措之於用則不同；辭者，其文也，所以爲用也，返之於體則不異。漢魏之辭，有漢魏之溫柔敦厚，唐、宋、元之辭，由唐、宋、元之溫柔敦厚。」〔註104〕王、葉各取「詩三百」正、變之一端復古，〔註105〕守東漢古文《毛詩序》之則。

在野趙執信以特立之行刊《談龍錄》以公開攻訐「神韻派」，然其痛詆王

〔註101〕錢師仲聯：《歷代別集序跋綜錄》，「清代卷」，頁一三九九、一四零零，江蘇教育出版社，2005年版。
〔註102〕王小舒：《神韻詩學》，山東人民出版社，2006年版。
〔註103〕劉靖淵：《乾嘉之際詩群詩風研究》，頁十四，博士論文，蘇州大學，2000年。
〔註104〕葉燮：《原詩》，「內篇」上，頁五六八，《清詩話》，上海古籍出版社，1999年版。
〔註105〕參見張健：《清代詩學研究》，頁三三六至三四一，北京大學出版社，1999年版。

士禛亦以「詩三百」漢人《小序》爲則，其曰「詩之爲道也，非徒以風流相尚而已，《記》曰：『溫柔敦厚，詩教也。』馮先生恒以規人。《小序》曰：『發乎情，止乎禮義。』余謂斯言也，眞今日之針砭矣夫。」〔註106〕趙氏復《詩》「小序」之古也。

康熙朝詩壇復古之勢猶如乾隆朝學術復古之狀。乾隆朝之學者文士似除「復古」之外別無他途以揮灑智慧，國是不可議，議則觸上意去職喪命；現實不可寫，寫則有犯文網流邊誅族之險。「軟硬」兩手政策但餘「復古」一途尚可保存生命，而其時學術外受政府誘引，學理內在求證整理要求凸現。乾隆帝忌諱胡安國《春秋傳》，因其「尊王」時標榜「攘夷」，〔註107〕故乾隆由此斷宋學之路，政府不允復「宋學」之古。乾隆朝官人士子已近倡優，大凡盛世之民不免於此！《清鑒》載，乾隆皇帝一再南巡，民間怨聲載道，紀昀諫「（從容爲帝言）：東南財力竭矣，上當思所以救濟之。」乾隆龍心震怒，叱之曰：「朕以汝文學尚優，故使領《四庫》書館，實不過倡優蓄之！汝何敢妄談國事！」其時，紀昀爲協辦大學士！

梁啓超曰：「漢、宋之爭，到開四庫館而漢學派全占勝利」〔註108〕此時「漢學思想正達於最高潮，學術界全部幾乎都被他佔領。」四庫館總閱官錢載因欲漢學外立異，冬夜酒會後遭戴震當面斥詈，王昶於《湖海詩傳》卷十四有記。〔註109〕其時，乾隆四十四年，錢載已爲名詩人、禮部侍郎！

錢載詩學韓愈、孟郊、黃庭堅及陸游，宗宋兼採唐，「以文爲詩」傾嚮明顯，錢鍾書論其詩爲「學人之詩」而錢載之學在宋不在漢，「宋學主義理者，以講章語錄爲詩，漢學主考訂者，以注疏簿錄爲詩，魯衛之政爾。」〔註110〕

錢鍾書一併將翁方綱與錢載作爲乾嘉詩風惡劣者評之，而錢載詩歌成就高出翁方綱。說見錢師講論清詩。〔註111〕翁氏「爲學必以考證爲準，爲詩必

〔註106〕趙執信：《談龍錄》，頁七，陳邇冬校點，《談龍錄 石洲詩話》人民文學出版社，1981 年版。
〔註107〕朱維錚：《中國經學史十講》，「晚清的今文經學」，頁一六五，復旦大學出版社，2002 年版。
〔註108〕梁啓超：《中國近三百年學術史》，頁二十二，《飲冰室合集第》，10 冊，「飲冰室專集之七十五」。
〔註109〕參見王達敏：《姚鼐與乾嘉學派》，頁四十一，學苑出版社，2007 年版。王氏於此將漢、宋兩派於四庫館中之爭論述極允當。
〔註110〕錢鍾書：《談藝錄》，頁一七七，一七九，中華書局，1993 年版。
〔註111〕錢師仲聯：《錢仲聯講論清詩》，頁五十一至五十九。

以肌理爲準」，認爲「宜博精經史考訂，而後其詩大醇」！〔註112〕翁氏之「肌
理說」實承王士禛「神韻」來，復古「詩三百」中合《韶》、《武》之音者。
然其只些許小詩可傳誦，「乾嘉之際，也是作爲詩界總持的領袖式人物翁方
綱……豈非亦很可悲嗎？」〔註113〕翁方綱亦詩經學家，著有《詩附記》四卷，
批註阮芝生著《毛朱詩說》三卷。嗟夫，盛世，統治者要求復古，並於所「復」
之「古」範圍嚴加規定，面對現實，復古爲學可全身而有學術史意義，復古
作詩，聊增窗中一絲午後斜進之陽光者耳，可作「盛世」「復古」「經世」之
歷史教訓觀焉！

三、個體：複雜發展

討論學術、詩歌、詩歌理論均當落實於某一個性之個體，解剖個性之複
雜情狀，免標籤化論定。此外，研討藝文學術當「用發展的眼光看人，」〔註
114〕尤其處於動蕩歲月中之個性，最忌一句話總論一個人！

個體個性複雜多緣於家庭變化際遇變遷師承變換諸因，非文字表面可簡
單結論者。一個體身兼數種身份，如戲曲家洪昇同時亦爲詩人、詩經學家，
其著有《詩騷韻》六卷，〔註115〕《杭州府志》卷五十七有著錄，現存殘本。
〔註116〕洪昇爲王士禛門生，然其遭「天倫之變」，「家難」不斷，其父「被誣
遣戍」，故其對統治者態度必異於王士禛，雖治《詩》韻，並不同於清初顧炎
武治《詩》韻，所做歌詩多「興亡之感」而少溫柔敦厚，此恰於《長生殿》
所顯情感相同。〔註117〕

再如姚鼐，身處盛世，初服膺漢學，繼持宋學爲「正」，成桐城派文統，
不可不謂複雜也已！

姚鼐幼受學於伯父姚範，後遊於劉大櫆門，入都遍交當時漢學名流，受
朱筠、王昶諸輩激賞，常詩酒往還，商略學術。乾隆二十乙亥年，1755 年，

〔註112〕參見劉世南：《清詩流派史》，頁二九七。
〔註113〕嚴師迪昌：《清詩史》，頁七二三。
〔註114〕愚按，錢師論錢謙益詩歌（《錢仲聯講論清詩》，頁十四）採用此法故相對客
　　　　觀公允。
〔註115〕王師永健：《洪昇》，頁二十九，春風文藝出版社，1999 年版。
〔註116〕章培恒：《洪昇年譜》，頁十四、十六，上海古籍出版社，1979 年版。
〔註117〕《長生殿》非有反清意識，此異於清初諸老，有興亡之感，爲詩家作爲漢族
　　　　士人歷鼎革而將盛世時一種複雜情懷，詳見章培恒《洪昇年譜》，頁二十五至
　　　　二十七。

馳書欲拜戴震爲師，戴氏婉拒，姚鼐並未立即與之交惡，依然鑽研考據之學，其時，「姚鼐崇宋而也重漢，戴震重漢而不廢宋。」〔註118〕其後自四庫館憤而告退，開宗立派，對抗漢學。至姚氏門徒方東樹著《漢學商兌》與江藩《國朝漢學師承記》論戰，此一段漢、宋之爭似乎小結矣，其間姚鼐所顯之複雜與發展豈能以「崇宋」一語論定？

姚鼐著《九經說》十七卷，〔註119〕《惜抱軒筆記》中有說《詩》十二條，亦曾評點《毛詩古訓傳》。

漢宋之爭中阮元調和態度鮮明，然其撰《文言說》、《文韻說》〔註120〕明辨文筆，以駢文爲正統，漢學家面目清晰無疑。其於詩經學以主毛詩，有《毛詩王欲玉汝解》、《詩十月之交四篇屬幽王說》等專文。此可作一個體於學術文學複雜態度個案。

道光以下社會動蕩益烈，個體發展之複雜益多變。前已述及，如莊存與以今文經學名世，而其詩經學研究則爲古文經學者，著《毛詩說》，非惟訓詁，但究發微言。此嬗變期之複雜個體一例也。

梁啓超先於學海堂受漢學，後轉萬木草堂從康有爲治今文經學，民初復以新思想治《詩經》，超越傳統詩經學門戶，遂爲現代詩經學之開先路者。〔註121〕

廖平則自述其學經六變，晚年以今文經學家立足學林，而其於詩經學立場則不廢古文經學，此異於其春秋學立場。同時之劉師培縱論清代詩經學云：

> 國初說《詩》之書，如錢澄之《田間詩學》、嚴虞惇《讀詩質疑》、顧鎭《虞東學詩》，咸無家法。而毛奇齡作《毛詩寫官記》、《詩箚》，顧棟高作《毛詩類釋》，亦多鑿空之詞。又吳江朱鶴齡作《詩通義》，雜採漢、宋之說，博而不純。陳啓源與鶴齡同里，商榷《毛詩》，作《毛詩稽古篇（愚按：當爲「編」，原誤）》，雖未標漢學之幟，然考究制度名物，尚能明晰辨章。及李黼平作《毛詩紬義》，戴震作《毛鄭詩考正》、《詩經補注》，咸宗漢詁。段玉裁受業戴震，復作《毛詩

〔註118〕王達敏：《姚鼐與乾嘉學派》，頁二十一。

〔註119〕趙爾巽：《清史稿》，第四十四冊，卷四百八十五，文苑傳二，頁一三三九六，中華書局，1994年版。

〔註120〕阮元：《揅經室集》，頁六零五，一零六四，中華書局，1993年版。

〔註121〕參見拙文：《梁啓超詩經學研究述略》，《江蘇大學學報》，2004年第2期。

故訓傳》、《詩經小學》以校訂古經，然擇言短促。惟馬瑞辰《毛詩傳箋通釋》、胡承珙《毛詩後箋》，稍爲精博。至陳奐受業段玉裁，作《毛詩義疏》，捨鄭用毛，克集眾說之大成，並作《毛詩說》、《毛詩音》及《鄭詩箋考徵》以考《鄭（詩）箋》所本。至若惠周惕作《詩說》，莊存與作《毛詩說》，則別爲一派，捨故訓而究微言。及魏源作《詩古微》，斥《毛詩》而宗三家《詩》，然擇說至淆。龔自珍亦信魏說，非毛、非鄭，並斥《序》文。又丁晏作《詩考補注》（專採三家《詩》之說），陳喬樅作《三家詩遺說（考）》，並作《齊詩翼氏學疏證》，皆以三家爲主，然單詞碎義，弗克成一家之言。若夫包世榮作《毛詩禮徵》、焦循作《毛詩草木蟲魚鳥獸釋》，亦多資多識博聞之用，此近儒之《詩經》學也。〔註122〕

劉氏論《詩經》古今文兼採，今人萬仕國《劉師培年譜》〔註123〕述之甚詳，其個體詩經經學思想發展之複雜可見也。

晚近此種學術現象極爲多見，既有學理師承因素，亦有政治社會因素。不贅。

約之，清代詩經學由複雜發展之個體與共時性視野中之詩歌創作、詩歌理論交互影響，輝煌結束傳統詩經學、古典詩歌、詩歌理論，孕育現代詩經學、現代詩歌、現代詩歌理論。

〔註122〕劉師培：《經學教科書》，第三十二課，《民國叢書》，第2編，第3冊，上海書店，1990年版。

〔註123〕萬仕國：《劉師培年譜》，廣陵書社，2003年版。

第六章　清代各體文學與詩經學

　　「《書》云：『詩言志，歌永言』，言其志謂之詩。古有采詩之官，王者以知得失。古之詩有三言、四言、五言、六言、七言、九言。古詩率以四言爲體，而時有一句二句雜在四言之間。後世演之，遂以爲篇。古詩之三言者，『振振鷺，鷺于飛』之屬是也，漢郊廟歌多用之。五言者，『誰謂雀無角，何以穿我屋』之屬是也，於俳諧倡樂多用之。六言者，『我姑酌彼金罍』之屬是也，樂府亦用之。七言者，『交交黃鳥止于桑』之屬是也，於俳諧倡樂多用之。古詩之九言者，『泂酌彼行潦挹彼注茲』之屬是也，不入歌謠之章，故世希爲之。夫詩雖以情志爲本，而以成聲爲節。然則雅音之韻，四言爲正，其餘雖備曲折之體，而非音之正也。」又云：「古之作詩者，發乎情，止乎禮義。」〔註1〕

　　姑且不論摯虞所論詩體正變及四言詩之汩沒，而摯虞將「詩三百」作爲各詩歌體裁之祖，由詩體視角視其爲儒家詩歌經典之努力顯然。後代作者爲文作詩守「三百篇」之詩教一貫二千餘載，清代各體文學與詩經均有無法割斷之關係，此章試以此探論。

第一節　襲神「詩三百」

　　黃遵憲自序其集曰：「僕嘗以爲詩之外有事，詩之中有人。今之世異於古，今之人亦何必與古人同。嘗於胸中設一詩境：一曰，復古人比興之體；一曰，以單行之神，運排偶之體；一曰，取《離騷》樂府之神理而不襲其貌；一曰，

〔註1〕摯虞：《文章流別論》，郭紹虞：《中國歷代文論選》，第一冊，頁一九○，一九一，上海古籍出版社，1983 年版。

用古文家伸縮離合之法以入詩。其取材也,自群經三史,逮於周秦諸子之書,許鄭諸家之注,凡事名物名切於今者,皆採取而假借之。」〔註2〕黃氏所謂「復古人比興之體」及「詩三百」之體,其取法古人(《離騷》樂府)則「取」「神理而不襲其貌」。

幾乎同時,年長黃氏十五歲,復漢魏之古詩人王闓運則曰:「由其遺貌取神,不知神必附貌。」〔註3〕王闓運作詩故不滿一切導源於「詩三百」,因其復漢魏六朝古。於詩經學則今文詩經學,著有《詩經補箋》二十卷。本節即述論清代詩人於「詩三百」中襲神,取貌則於「清代四言詩」一節中論述。

一、襲神:標舉風雅

《詩》出於有周,編自尼父,歷兩漢而成之爲「經」,後世藝文多以此爲濫觴,或本之於《詩》,或守之於「經」,或發皇詩教舒張情志,或純思無邪標舉風雅。「詩三百」魂魄無時不在吾國人心際,風雅成爲二千年詩人之神聖標準,清代二百餘年雖詩歌流派競豔,而其展開詩學主張時無不以「詩三百」標舉,各呈「詩三百」之理解,繼此闡發詩學立場。

清代詩歌流派或相互影響或相互對峙,而其共同之處即均以「詩三百」爲起點討論何之爲「詩」?如何爲「詩」?「詩」之爲何?「詩三百」爲清代詩論沿波討源之端,明矣。

王士禛與趙執信甥舅詩學之爭,詩「神韻」「有人」否?詩爲「龍」否?皆由「詩三百」論起。前已述及,此略可補敘者如此。「王士禛的詩學取向是『尊唐祧宋』,有清一代詩學思想的主流是『祧唐禰宋』,但這與稱王爲『正宗』並不矛盾。『正宗』並不等於『主流』。」〔註4〕「正宗」之王士禛初亦不反對「變風」「變雅」,康熙二年王氏作《戲仿元遺山論詩絕句三十二首》評點歷代詩人,中有兩首分別評騭朱明詩人何景明與鄭善夫,〔註5〕評何云:「藐姑神人何大復,致兼南雅更王風。論交獨直江西獄,不獨文場角兩雄。」愚

〔註2〕 黃遵憲:《人境廬詩草自序》,錢師仲聯:《人境廬詩草箋注》,頁三,上海古籍出版社,1981年版。

〔註3〕 王闓運:《說詩》,卷四,《湘綺樓詩文集》,第四冊,頁二二一七,嶽麓書社,1996年版。

〔註4〕 蕭華榮:《中國古典詩學理論史》,頁三一一,華東師範大學出版社,2005年版。

〔註5〕 王士禛:《漁洋精華錄集釋》,頁三四零、三四一,上海古籍出版社,1999年版。

按：「王風」十篇雖產於王畿之內，神情皆異於「二南」，以「正變」論之，謂爲「變風」，〔註6〕尤其「王風」以《黍離》貫首，似專指「喪亂之音」。王氏推崇何景明，（此異於錢謙益，）以爲（何景明詩）「得《詩經》風雅之遺致」。〔註7〕評鄭云：「正德何如天寶年，寇侵三輔血成川。鄭公變雅非關杜，聽直應須辨古賢。」愚按：此王氏以鄭善夫襲承「變雅」衰世之音神理大加推賞，而王士禎於順治十四年作《秋柳四首》自序曰：「昔江南王子，感落葉以興悲；金城司馬，攀長條而隕涕。僕本恨人，性多感慨。寄情楊柳，同《小雅》之僕夫；致託悲秋，望湘臯之遠者。」〔註8〕此時作於王氏二十四歲，此四首用「變雅」之神理以弔明亡。〔註9〕前章引陳維崧《王阮亭詩集序》以「正風正雅」許王士禎詩當於康熙十六年之後也，是年王士禎以「詩文兼優」授翰林院侍講，「此本朝部曹改詞臣之首例」，後改侍讀。〔註10〕標舉風雅從「變」到「正」可見清詩理論於王士禎「個體」發展之跡也。王士禎《漁陽精華錄》開篇《對酒》，即有《大雅・下武》諸篇「辟雍鐘鼓之旨」。〔註11〕王士禎之所以能得「詩三百」神理與其幼年學詩經歷不無關係，其自述曰「予六七歲始入鄉塾受《詩》，誦至《燕燕》、《綠衣》等篇，便覺根觸欲涕，亦不自知其所以然。稍長，遂頗悟興、觀、群、怨之旨。」〔註12〕王士禎於詩經學，多不滿朱熹《詩集解》。如《林艾軒駁〈詩本義〉》，如《〈毛傳〉如紀事》，論曰：「歐陽子所見豈出朱子下也。」再如《〈木瓜〉詩解》直接斷言朱氏「其它解《有女同車》、《風雨子衿》等篇，皆傅會無理。諸家之說，斯爲最下。」〔註13〕康熙朝高居廟堂而非朱熹說《詩》，殊爲費解，然，王氏「神韻說」尊唐音祧宋調，思至此則爽然而釋矣，詩經學與詩歌理論發展之複雜又一例也。

〔註6〕劉冬穎：《〈詩經〉變風變雅考論》，頁一六七至一六九，中國社會科學出版社，2005年。

〔註7〕王運熙、顧易生：《中國文學批評史》，下冊，頁一六零，上海古籍出版社，1985年版。

〔註8〕王士禎：《漁洋精華錄集釋》，頁六十七。

〔註9〕愚按：《秋柳四首》主題歷來說有紛紜，今從錢師之說。參見《陳衍秋柳詩解辯證》，《夢苕庵論集》，頁三一零。

〔註10〕蔣寅：《王漁洋事蹟徵略》，頁二三一，人民文學出版社，2001年版。愚按：嚴師迪昌《清詩史》（頁四二三）以爲陳序作於康熙十八年博學鴻詞科開考後至二十一年陳迦陵病逝之間一二年。

〔註11〕王士禎：《漁洋精華錄集釋》，頁五。

〔註12〕王士禎：《池北偶談》，下冊，頁三九零，中華書局，1997年版。

〔註13〕王士禎：《池北偶談》，頁三九零，三四六，三九二。

乾隆朝繼王士禎後主盟詩壇者沈德潛也，沈氏倡「格調說」，標舉風雅比興，崇「溫柔敦厚」詩教。其詩學論著《說詩晬語》開篇即云：「今雖不能竟越三唐之格，然必優柔漸漬，仰溯風雅，詩道始尊」〔註14〕沈氏論詩尤重精神接襲「詩三百」，如其述論何景明《明月篇序》曰：「蓋（景明）以子美爲歌詩之變體，而『四子』猶『三百』之遺風也。然子美詩每從「風雅」中出，未可執詞調一節以議之。」《說詩晬語》論及「詩三百」處俯拾皆是。

陳衍《近代詩鈔述評序》云：「有清二百餘載，以高位主持詩教者，在康熙曰王文簡，在乾隆曰沈文慤，在道光、咸豐則祁文端、曾文正也。文簡標舉神韻，神韻未足以盡風雅之正變，風則《綠衣》、《燕燕》諸篇，雅則「楊柳依依」、「雨雪霏霏」、「穆如清風」諸章句耳。文慤言詩，必曰溫柔敦厚。溫柔敦厚，孔子之言也。然孔子刪詩，《相鼠》、《鶉奔》、《北門》、《北山》、《繁霜》、《谷風》、《大東》、《雨無正》、《何人斯》以迄《民勞》、《板》、《蕩》、《瞻卬》、《召旻》，遽數不能終其物，亦不盡溫柔敦厚，而皆勿刪。故孔子又曰：『詩之失愚。其爲人也溫柔敦厚而不愚，則深於詩者也。』故言非一端已也。……夫文簡、文慤生際承平，宜其詩之爲正風正雅，顧其才力爲正風則有餘，爲正雅則有不足。文端、文正時，喪亂云膴，迄於今變故相尋而未有屆，其去小雅廢而詩亡也不遠矣。」〔註15〕清人論詩，近人論清詩，皆標舉風雅，新時期以來論詩者幾無言及「風雅」者，傳統詩歌與當代詩歌，傳統詩學與當代詩學，涇渭甚清！

常州詞派之「尊體」，溯源「詩三百」，標舉風雅極致也，此不贅。

二、抒情方式：千載攸同

西哲黑格爾云：「詩的用語產生於一個民族的早期，當時語言還沒有形成，正是要通過詩才能獲得真正的發展。」其在論抒情詩研究方法時亦云：「特別在詩的這個領域裏，只有用歷史方法才能進行具體的研究。」〔註16〕

〔註14〕沈德潛：《說詩晬語》，卷上，《原詩・一瓢詩話・說詩晬語》，頁一八六，人民文學出版社，1998 年。
〔註15〕陳衍：《近代詩鈔述評序》，錢師仲聯：《陳衍詩論合集》上冊，頁八七五，福建人民出版社，1999 年版。
〔註16〕黑格爾：《美學》，第三卷，《朱光潛全集》，第十六冊，頁六十，二一四，安徽教育出版社，1997 年版。

　　一具體民族詩體演進有其不同於其它民族之特徵，此人皆共知。而一具體民族之抒情方式在詩體中之承襲亦別於其它民族，馬克思所謂「類遺傳」，何其芳所謂「民族審美積澱」。今人所謂「母題」研究實即討論千載攸同之感情內容，愚以爲，同理，抒情方式於某一特定民族千載攸同情狀治詩者亦不可忽視也。

　　《詩經》爲吾國詩歌端源，《詩經》之抒情方式亦爲吾國詩歌抒情方式之「母體」，孔子之謂「不學《詩》無以言」，〔註17〕除能應對盟會，若言習《詩》抒情方式亦爲一要義，似無不可。

　　梁啓超曾於《中國韻文裏頭所表現的情感》〔註18〕一文中詳爲述論《詩經》各種抒情方式，愚此立論完全由彼啓發。今將其文中述及清代文學處檢出申論如次。

　　梁氏舉吳梅村詩詞抒情方式承襲《詩經》兩例，今取其詩一首析論。梁氏論「奔迸的表情法」舉《詩經・小雅・蓼莪》：「蓼蓼者莪，匪莪伊蒿，哀哀父母，生我劬勞。」及《詩經・秦風・黃鳥》：「彼蒼者天，殲我良人。如可贖兮，人百其身！」認爲此種抒情方式此非「我們中國文學家所最樂道」之「含蓄蘊藉」，此爲「大叫一聲，或大哭一場，或大跳一陣」之抒情方式。梁氏認爲吳梅村《送吳季子出塞》即爲此種抒情方式，吳詩實爲《悲歌贈吳季子》：「人生千里與萬里，黯然消魂別而已！君獨何爲至於此？山非山兮水非水，生非生兮死非死。十三學經並學史，生在江南長紈綺，詞賦翩翩眾莫比，白璧青蠅見排抵。一朝束縛去，上書難自理。絕塞千里斷行李，送吏淚不止，流人復何倚。彼尙愁不歸，我行定已矣！八月龍沙雪花起，橐駝垂腰馬沒耳，白骨皚皚經戰壘，黑河無船渡者幾，前憂猛虎後蒼兕，土穴偷生若螻蟻，大魚如山不見尾，張鬣爲風沫爲雨，日月倒行入海底，白晝相逢半人鬼。噫嘻乎悲哉！生男聰明愼莫喜，倉頡夜哭良有以，受患只從讀書始，君不見，吳季子！」〔註19〕吳季子即吳兆騫，吳江松陵人，「好梅村體」，吳兆騫被誣「南闈科場案」流放塞外寧古塔，吳梅村作此詩爲其送行，遭突然事變故此詩「感情強烈，初始便噴發而出」〔註20〕其中「山非山兮水非水，生

〔註17〕楊伯峻：《論語譯注》，季氏篇，頁一七八，中華書局，1980 年版。
〔註18〕梁啓超：《飲冰室合集》，第四冊，《飲冰室文集》，三十七卷，頁七十至一百四十。
〔註19〕吳梅村：《吳梅村全集》，頁二五七，上海古籍出版社，1999 年版。
〔註20〕錢師仲聯：《錢仲聯講論清詩》，頁二十、二十二、二十三。

非生分死非死。」「倉頡夜哭良有以,受患只從讀書始,」流傳最廣,尤膾炙人口,前一句一字一淚猶滴血,後一句欲哭無淚惟膽驚。「噫嘻乎悲哉!」則更聲如裂帛,錐心撕肝幾若狂!此正秦川上空《黃鳥》之聲也!

梁啓超於「奔迸的表情法」下再舉孔尚任《桃花扇》左良玉「哭主」一齣與史可法「沈江」一齣。忽遭國變奔迸出淚,如江水滔滔不可遏止,猶痛失父母之《蓼莪》使人讀之「未嘗不三復流涕,⋯⋯詩之感人如此」〔註21〕焉。

梁啓超論「迴蕩的表情法」云:「詩經中這類表情法,真是無體不備,⋯⋯《詩經》這部書所表示的,正是我們民族情感最健全的狀態。」其舉其中一種「吞咽式」例爲《詩經・唐風・鴇羽》:「肅肅鴇翼,集于苞棘。王事靡盬,不能蓺黍稷。父母何食!悠悠蒼天,曷其有極!」及《詩經・邶風・柏舟》:「泛彼柏舟,亦泛其流。耿耿不寐,如有隱憂。微我無酒,以敖以遊。　　我心匪鑒,不可以茹;亦有兄弟,不可以據。薄言往愬,逢彼之怒。　　我心匪石,不可轉也;我心匪席,不可卷也;威儀棣棣,不可選也。　　憂心悄悄,慍于群小;覯閔既多,受侮不少。靜言思之,寤辟有摽。　　日居月諸,胡迭而微。心之憂矣,如匪澣衣。靜言思之,不能奮飛。」梁氏以爲清詞名篇顧貞觀《金縷曲・季子平安否》即承襲此種抒情方式。顧氏二詞曰:「季子平安否?便歸來,平生萬事,那堪回首。行路悠悠誰慰藉,母老家貧子幼。記不起從前杯酒。魑魅搏人應見慣,總輸他覆雨翻雲手。冰與雪,周旋久。

淚痕莫滴牛衣透。數天涯依然骨肉,幾家能彀?比似紅顏多命薄,更不如今還有?只絕塞苦寒難受!廿載包胥承一諾,盼烏頭馬角終相救。置此箚,君懷袖。　　我亦飄零久。十年來,深恩負盡,死生師友。宿昔齊名非忝竊,試看杜陵消瘦,曾不減夜郎僝僽。薄命長辭知己別,問人生到此淒涼否?千萬恨,從君剖。　　兄生辛未吾丁丑。共些時冰霜摧折,早衰蒲柳。詞賦從今須少作,留取心魂相守。但願得河清人壽。歸日急翻行戍稿,把空名料理傳身後。言不盡,觀頓首。」〔註22〕陳廷焯《白雨齋詞話》卷三評曰:「只如家常說話,而痛快淋漓,婉轉反覆,兩人心跡一一如見,雖非正聲,亦千秋絕調也。」「純以性情結撰而成,悲之深,慰之至,丁寧告戒,無一字不從肺腑流出,可以泣鬼神矣。」〔註23〕陳氏後一句正可移於「悠悠蒼天,

〔註21〕朱熹:《詩集傳》,頁一七一,鳳凰出版社,2007年版。
〔註22〕張秉戌:《彈指詞箋注》,頁四零九至四一四,北京出版社,2000年版。
〔註23〕陳廷焯:《白雨齋詞話》,卷三,頁六十六至六十七,人民文學出版社,1998

曷其有極」下一注評！相隔千載，抒情方式竟相似若此，《詩經》眞詩之祖
也！

　　前述梁啓超此篇文章之發明，愚循此讀清人詩詞，常有類似感受。清
人詩詞抒情方式相似於「詩三百」，非言其有意擬摹「詩三百」，而指人情
物理千載攸同，吾國（詩）人幾無不讀「詩三百」者，「詩三百」之精神體
味抒情方式業已深溶入詩人血脈，作詩之時無意識間淌出其不自知亦未可
知也。

　　傳統古典詩人如此，新派詩人亦不免。愚讀《人境廬詩草》附錄黃遵憲
所作「軍歌」三首，包括《出軍歌》《軍中歌》《旋軍歌》各八章計二十四章。
詞風大氣磅礴，雄渾雅正。即能眞切感受其用「詩三百」「大雅」抒情方式爲
之。今錄其《出軍歌》八章：「四千餘歲古國古，是我完全土。二十世紀誰爲
主？是我神明胄。君看黃龍萬旗舞，鼓鼓鼓。　　一輪紅日東方湧，約我黃
人捧。感生帝降天神種，今有億萬眾。地球蹴踏六種動，勇勇勇。　　南蠻
北狄復西戎，泱泱大國風，婉蜒海水環其東，拱護中央中。稱天可汗萬國雄，
同同同！　　綿綿翼翼萬里城，中有五嶽撐。黃河浩浩流水聲，能令海若驚。
東西禹步橫庚庚，行行行！　　怒攪海翻喜山撼，萬鬼同一膽。弱肉磨牙爭
欲啖，四鄰虎眈眈。今日死生求出險，敢敢敢！　　剖我心肝挖我眼，勒我
供貢獻。計口縉錢四萬萬，民實何仇怨！國勢衰　微人種賤，戰戰戰！　　國
軌海王權盡失，無地畫禹跡。病夫睡漢不成國，卻要供奴役。雪恥報仇在今
日，必必必！　　一戰再戰曳兵遁，三戰無餘燼。八國旗揚笳鼓競，張拳空
冒刃。打破天　荒決人勝，勝勝勝！」二十四章尾字相連綴「鼓勇同行，敢戰
必勝，死戰向前，縱橫莫抗。旋師定約，張我國權」梁啓超以爲「讀此詩而
不起舞者，必非男子。」並溯此歌源自「詩三百」。〔註24〕愚以爲此歌抒情方
式與《詩經・秦風・無衣》及《詩經・大雅・常武》同出一轍，《無衣》常見
各種選本，不錄，茲錄《常武》以相關照云云：「赫赫明明，王命卿士，南仲
大祖，大師皇父。整我六師，以修我戎。既敬既戒，惠此南國。　　王謂尹
氏，命程伯休父，左右陳行，戒我師旅。率彼淮浦，省此徐土。不留不處，
三事就緒。　　赫赫業業，有嚴天子。王舒保作，匪紹匪遊。徐方繹騷，震

　　年版。
〔註24〕錢師仲聯：《人境廬詩鈔箋注》，頁一二六二至一二六四，上海古籍出版社，
　　　　1981年出版。

驚徐方。如雷如霆，徐方震驚。 王奮厥武，如震如怒。進厥虎臣，闞如虓虎。鋪敦淮濆，仍執醜虜。截彼淮浦，王師之所。 王旅嘽嘽，如飛如翰，如江如漢，如山之苞，如川之流。綿綿翼翼。不測不克，濯征徐國。 王猶允塞，徐方既來。徐方既同，天子之功。四方既平，徐方來庭。徐方不回，王曰還歸。」方玉潤《詩經原始》曰「武王克商，樂曰《大武》，宣王中興，詩曰《常武》，蓋詩即樂也。」黃遵憲作《出軍歌》於 1902 年，抒情方式同於宣王中興「軍歌」似亦有精神之承襲在也。

三、意象：周時風物在

子曰：「詩三百，一言以蔽之，曰：『思無邪』。」〔註25〕于省吾曰：「『思無邪』猶言無邊」，〔註26〕「詩三百」篇內容思想皆無邊無際，百科全書也。尼父因曰：「多識於鳥獸草木之名」〔註27〕

作為文學之風物亦非自然之物，層層疊疊，人所賦予之文化意義已漸成文學研究者極為關注論域：「意象研究」。

周時風物因「詩三百」而迤邐多姿，其活在漢魏亦活在唐宋，清人文學中人有周時風物在，諸如：關雎之鳥、桃夭之色、蒹葭之淒迷、玄鳥之神秘。今擷一二以明證詩經意象活在清代詩詞中者，此亦為清代文學承襲「詩三百」神理之一徑也。

《關雎》「詩三百」之首，歷來統治者均將其作為「樂得淑女以配君子」重要道德準則，〔註28〕將其作為一般愛情符號則為現代詩經學者共識。故「關雎」意象極為統治者所關注。乾隆有專文《讀二南》，論及關雎曰：「文王之政教，本之《關雎》，得內助也。終之《麟趾》，《關雎》之應也。於是及於江漢，逮於汝墳，則國中莫不化其政教矣。」〔註29〕於是，其詩中屢現「關雎」意象，且常與「麟趾」連用。「麟趾」，即《詩經·周南·麟之趾》，喻公子賢德似麟也。如《漢明堂遺址》「廢跡遺蹤辨有無，誰云公玉帶獸圖。設非麟趾關雎意，便建明堂費亦徒。」〔註30〕再如《詠周素盉》「祖辛貽質

〔註25〕楊伯峻：《論語譯注》，頁十一。
〔註26〕于省吾：《澤螺居詩經新證》，頁一七二，中華書局，1982 年版。
〔註27〕楊伯峻：《論語譯注》，頁一八五。
〔註28〕陳子展：《詩三百解題》，頁二至八，復旦大學出版社，2001 年版。
〔註29〕愛新覺羅·弘曆：《御製樂善堂全集定本》，卷九，四庫全書本。
〔註30〕愛新覺羅·弘曆：《御製詩集》，三集卷九十六，四庫全書本。

制，（西清古鑑中以商祖辛盉爲最古）伯矩作嘉賓。（周伯矩盉亦西清古鑑物）流鎏都完好，方圓總樸淳。（器圓而四足方）當年調五味，式古緬先民。麟趾關雎意，於斯可問津。」〔註31〕及《詠和闐玉仿周蟠螭壺》「春秋玉貢至京師，量質恒教匠氏爲。玩器最憎雕麗鳥，古壺雅合琢蟠螭。方圓略異分卿士，宗廟常因贊禮儀。必有關雎麟趾意，乃堪法度效周姬。」〔註32〕乾隆仍有組詩《演關雎詩（有序）》，因其稍長，僅錄其中一首《（右）關關雎鳩在河之洲三章章四句》：「有雎者鳩，和鳴關關。言求其匹，載涉其瀾。載涉其瀾，載泛其流。言求其匹，于彼中洲。中洲瀰瀰，河水泚泚。言求其匹，有蘋有芷。」〔註33〕

　　乾隆詩集中之「蟋蟀」則全然非「詩三百」之貌，「詩」之「蟋蟀」有二：《詩經・唐風・蟋蟀》，此爲在堂之蟋蟀，爲士人歲暮述懷也；《詩經・豳風・七月》，此爲在野、在宇、在戶、在床下之蟋蟀，此述時令推移也。乾隆詩中蟋蟀均爲時令推移之蟋蟀如《閏六月十二日夜聞蛩》：「解衣欲就寢，皎月當窗入。何來蟋蟀吟？枕畔數聲急。想爲報秋信，（是月十五日立秋）先期鳴唧唧……」〔註34〕再如《秋日寄高安朱先生》：「……草長書帶階前思，秋老荷衣檻外情。遙憶匡床閒夢蝶，懶聞蟋蟀一聲聲。」〔註35〕此蟋蟀聲甚和悅，非悲秋凄涼之聲。

　　而其它士人詩中之蟋蟀則多爲在堂之蟋蟀，旨在述懷，且多寒噤之氣。如吳梅村《清凉山贊佛詩　其二》：「傷懷驚涼風，深宮鳴蟋蟀。嚴霜被瓊樹，芙蓉凋素質。可憐千里草，萎落無顏色。」以凄涼蟋蟀之聲暄染董妃死後荒境，〔註36〕雖大英雄讀之亦無免酸鼻！

　　田雯於《古歡堂集》「論詩」一篇云：「《蟋蟀》、《山（有）樞》之感慨」〔註37〕其詩之蟋蟀則承「詩三百」之感慨秋韻，如《秋暮有感》：「蟋蟀床前語未闌，短檠破絮夜漫漫。授衣偏有豳風例，乞米空嗟洛市難。龍在澄潭抱珠蟄，樹多敗葉滿山寒。季鷹自笑鱸魚興，孤負江鄉舊釣竿。」〔註38〕

〔註31〕愛新覺羅・弘曆：《御製詩集》，四集卷二十五。
〔註32〕愛新覺羅・弘曆：《御製詩集》，五集卷三十二。
〔註33〕愛新覺羅・弘曆：《御製詩集》，二集卷一。
〔註34〕愛新覺羅・弘曆：《御製詩集》，初集卷三。
〔註35〕愛新覺羅・弘曆：《御製樂善堂全集定本》，卷二十七。
〔註36〕錢師仲聯：《吳梅村清凉山贊佛詩箋》，《夢苕庵論集》，頁二九八。
〔註37〕田雯：《古歡堂集》，卷十六，四庫全書本。
〔註38〕田雯：《古歡堂集》，卷十一。

語雖用《豳風·七月》，情卻更似《唐風·蟋蟀》。再如《雷琴歌爲張晴峰作》：「……鳴呼此琴有鬼守，湯盤孔鼎同攀追。不然唐宋興亡弔陳跡，斜陽蟋蟀秋聲悲。……」〔註39〕田雯康熙朝京師金臺十子之首，故蟋蟀雖有悲聲，然未悽楚，有士紳氣在。再如《止園十首與呂鐵翁》：「盆菊還須買，霜梨不用求。藥方書壁記，酒器坐禪收。小立梧桐下，高歌蟋蟀秋。從無軒冕意，豈恥爛羊頭。」〔註40〕益顯「詩三百」蟋蟀意象於居高位士人詩中之微變。

查慎行詩詞中蟋蟀意象極多，語多孤苦。如《六月十四夜喜雨》：「撲扇蚊蠅苦不支，乍涼聊與睡相宜。一窗歸夢芭蕉雨，六月驚心蟋蟀詩。遠客交遊長寂寞，殊方節物極參差。明朝紅屐城西路，已是潮田獲稻時。」〔註41〕此處題雖名爲「喜雨」，然詩中心境卻一無所喜，語氣心驚。想查氏此時必處困頓而未得龍顏相許。此聲蟋蟀可與《懷清堂集》中蟋蟀相和，湯右曾《雨宿沙河驛》：「出塞一身遠，將家八口同。百年均是客，多病久成翁。蟋蟀寒燈雨，蟏蛸破驛風。猶欣小兒子，笑語寂寥中。（兒子學基方九歲，牽衣繞膝，差慰旅懷）」〔註42〕此詩三百「唐風」之蟋蟀也。

《詩經·秦風·蒹葭》「一篇最好之詩」，〔註43〕「蒹葭」意象幾乎活在每一時代詩人文字間，許渾「一上高樓萬里愁，蒹葭楊柳似汀洲。」得其韻，吳文英《踏莎行》「隔江人在雨聲中，晚風菰葉生愁怨。」得其神。

清詞中「蒹葭」意象自是不乏，曹貞吉《珂雪詞》最爲突出。曹貞吉（1634～1698），魯（安丘）人，康熙三年進士，亦「金臺十子」之一。曹氏爲清初漢人詞壇祭酒，語詞蒼涼堅勁，〔註44〕猶如老生晨練，蒼蒼莽莽之音破霧而來，彼唱得蒼莽，愚讀得悲涼。其《賣花聲 詠鼓子花》曰：「懶去報晨衙，淨洗鉛華。虛名那受錦堂摀。誰把山香翻一闋，落盡庭花。 霜重冷蒹葭，蕭瑟堪嗟。卻疑三弄走寒沙。老矣岑牟無感慨，不用喧嘩。」〔註45〕「霜重

〔註39〕田雯：《古歡堂集》，卷五。
〔註40〕田雯：《古歡堂集》，卷九。
〔註41〕查慎行：《敬業堂集》，卷二十五，四庫全書本。
〔註42〕湯右曾：《懷清堂集》，卷十二，四庫全書本。
〔註43〕王照圓：《詩說》，程俊英、蔣見元：《詩經注析》，頁三四五，中華書局，1999年版。
〔註44〕愚按：嚴師迪昌《清詞史》（頁二六七至二七八，江蘇古籍出版社，1990年版。）以「雄蒼」屬之，愚讀《珂雪詞》兩卷，覺其詞蒼莽中透出尖峭。
〔註45〕曹貞吉：《珂雪詞》卷上，四庫全書本。

冷蒹葭」，一改「秦風」「蒹葭」之淒迷之色，點染殘秋淒苦之聲。而最似「秦風」「蒹葭」情調者：《憶舊遊　題郭熙秋江行旅圖》〔註46〕，其詞曰：「看迷離一片，淼淼洪波，漠漠平沙。烏柏丹楓岸，問何人驢背，悵望天涯。驚風亂葉飛墜，帽影任欹斜。況幾縷殘雲，千尋疊嶂，滿目蒹葭。　　荒寒入眞境，是舊日河陽，貌寫煙霞。曾記遊吳楚，泛扁舟東下，指點神鴉。少年回首一夢，江上聽悲笳，更對此何堪，京塵如霧棟開花。」此題畫詞，由秋水起筆，「蒹葭」收束上闋，語斷神連，「荒寒」下闋一似悲笳，清初詞如此之「雄」，似不能多見。此類「蒹葭」意象《珂雪詞》中尚有《南浦　秋水》、《解連環　詠蘆花遙和錢舍人》、《風流子　題劉岱儒葭水山房》〔註47〕諸篇。

　　《詩經》非惟學人之《詩經》，《詩經》亦活在詩人心際筆下，此《詩經》存活於清代之文學文本也。

第二節　取貌「詩三百」：清代四言詩論略（上）

　　《詩經》三百零五篇兼有齊言、雜言，齊言詩百九十三篇，其中五言詩一篇，餘百九十二篇皆爲四言，〔註48〕四言詩體爲「詩三百」之正體。四言詩戰國已漸頹落，兩漢，雖亦有韋孟《諷諫詩》張衡《怨篇》秦嘉《贈婦》，而「五言騰踊」終不可擋，四言幾已不振。後世故有作者，而四言詩只詩人創作百千之一，清代詩人集中四言之作如李唐之後，或爲「詩三百」遺韻，或爲漢樂府四言體舊瓶之新酒，或爲兩漢碑銘頌贊韻語之新創。以下兩節擬從取貌「詩三百」視角略論清代四言詩，以見「詩三百」於清代文學存在之另一形式。

　　「四言詩締造良難，於《三百篇》太離不得，太肖不得。太離則失其源，太肖祇襲其貌也」〔註49〕沈德潛論「四言」創作之難如斯。今擷清人十家四言詩於一束，以見清人四言詩創作之一斑。

〔註46〕曹貞吉：《珂雪詞》卷下。

〔註47〕曹貞吉：《珂雪詞》卷下。

〔註48〕愚按：何丹統計主體式四言詩二百八十六，變體式四言詩二百九十四。何丹：《〈詩經〉四言體起源探論》，頁八，中國社會科學出版社，2001年版。愚此先分齊言雜言，齊言中統計出四言詩數目。

〔註49〕沈德潛：《說詩晬語》，頁一九八，《原詩·一瓢詩話·說詩晬語》人民文學出版社，1998年版。

一、擔當四言詩：樂府新調

「詩三百」四言正體至兩漢別一衍爲四言樂府，如「相和瑟調曲」《善哉行》之類，〔註50〕至魏則有曹操《短歌行》、《步出夏門行》諸篇以樂府俗調一振四言詩體，「於『三百篇』外，自開奇響。」〔註51〕此後以樂府舊調作四言詩者不絕如線。

擔當集中存樂府四卷，長篇短製音繁節促，嗣響漢魏，且有「詩三百」形貌。

擔當（1593～1673），滇（晉寧）人，俗姓唐，名泰，字大來，法名普荷，號擔當，以號行。

擔當《翛園集》卷一開篇即是四言樂府《白雲謠》：「天何高兮，白雲麗之。崇隆者德，萬年戴之。」〔註52〕《白雲謠》始載於《穆天子傳》，原四言六句，「白雲在天，丘陵自出。道里悠遠，山川間之。將子無死，尚復能來。」擔當此詩名雖取《白雲謠》，而句法詩法恰類「詩三百」「國風」中《鵲巢》、《新臺》諸篇，以物象起興，以頌贊收束。

《橛庵草》卷一《國士行》：「士爲知己，何論生死。只有一心，其直如矢。亦旣吞炭；又安有口。國士之名，聞之卻走。」〔註53〕《國士行》樂府舊題，用豫讓典，通例也，李東陽亦有《國士行》：「漆爲癘，炭爲啞，彼國士，何爲者？趙家飲器智伯頭，一日事作千年仇。報君仇，爲君死。斬仇之衣仇魄褫，臣身則亡心已矣」〔註54〕擔當之《國士行》以四言整齊步律以壯聲勢，有「詩三百」「大雅」《出車》、《六月》之篇聲調，慷慨壯歌。

以四言整齊樂府舊題而成新調，擔當形襲「詩三百」，於板蕩鼎革時倡復古之詩，其曰：「詩以代言，重復古也。爲世運關於聲歌者，代有明驗，苟聲歌流而趨下，世運可知。……若捨大雅正始，謂不得不流而趨下者，乃時爲之，則砥柱無人，黃虞終不復再見矣。」〔註55〕擔當之異調於李東陽可以知之矣。

〔註50〕蕭滌非：《漢魏六朝樂府文學史》，頁七十七，一七一至一七三，人民文學出版社，1998年版。另，梁啓超《中國之美文及其歷史》中有四言樂府之統計，《飲冰室專集》七十四，《飲冰室合集》，第十冊，頁一三七至一五九。

〔註51〕沈德潛：《古詩源》，卷五，頁一零五，中華書局，1990年版。

〔註52〕擔當：《擔當詩文全集》，余嘉華、楊開達點校，頁七，雲南人民出版社，雲南美術出版社，2003年版。

〔註53〕擔當：《擔當詩文全集》，余嘉華、楊開達點校，頁一四二。

〔註54〕李東陽：《李東陽集》，卷一，嶽麓書社，1984年版。

〔註55〕擔當：《橛庵草序》，《擔當詩文全集》，頁一三七至一三八。

二、王夫之四言詩：日近《風》《雅》

　　王夫之《薑齋詩集》四言詩有《和陶停雲贈芊岩五十初度》、《雜詩》四首及四言樂府《來日大難》。

　　《和陶停雲贈芊岩五十初度》：「蒸蒸良稼，滌滌靈雨。滋湑以榮，炎威莫阻。君子不遐，如琴在撫。無念古人，空爾延佇。　　道延今者，爰如鴻濛。靡明靡日，靡流靡江。如彼暗室，召暉于窗。匪君子任，其孰能從。　　有梅有梅，霜裏期榮。人恤爾寒，爾怡予情。不愆日邁，不負月征。維仁引年，以保爾生。　　喬喬豫章，執彼斧柯。匪不日勞，許許維和。天期不假，物望實多。蓬生知化，日益云何。」〔註56〕陶淵明《停雲》乃對酒思友之作也，後世詩人相和不斷，蘇軾蘇轍均有名篇成詩壇佳話，王夫之此篇亦近陶淵明四言之溫雅和平〔註57〕而王夫之此詩起興異於陶淵明，抒情體式同於陶詩《停雲》，而情益濃鬱飽滿，此為「詩三百」風雅之遺風也。〔註58〕

　　《雜詩》「乙丑」其三云：「陟彼高山，言眺平野。夕鳥孤飛，翩然欲下。徒倚旋歸，三星在戶。影暗莎緹，陰凝松櫨。泠露霑衿，見聞逾寡。函心誰俟，良辰銷謝。蟪蛄爭鳴，墜葉飄瓦。生我有辰，仰諮大冶。榮光出河，躍彼龍馬。天不我宣，寥寥幽寫。」〔註59〕詩情深切近於《大雅·柔桑》，「天不我宣」由「天不我將」化出，「生我有辰」自「我生不辰」反取以用，「陟彼高山」，「三星在戶」，或易一字，或用原句，全自「詩三百」中來。開篇四句意境源於曹植《贈白馬王彪》，故全詩寂寥而冷峻。

三、施閏章四言詩：醇雅詩教

　　施閏章（1618～1683）徽（宣城）人。字尚白，一字屺雲，號愚山，又號蠖齋，晚號矩齋。生長於理學世家，幼失怙恃，受教於叔父施譽，順治六年進士，補刑部主事，奉使視學山東，後轉江西布政司參議，分守湖西道。

〔註56〕王夫之：《和陶停雲贈芊岩五十初度》，《薑齋詩集》，《船山全書》，第十五冊，頁二五五至二五六。
〔註57〕范學新：《陶淵明的四言詩與〈詩經〉的傳承關係》，《新疆師範大學學報》，2003 年第 2 期。
〔註58〕陶詩承繼「詩三百」抒情體式，參見葛曉音：《漢魏兩晉四言詩的新變和體式的重構》，《北京大學學報》，2006 年第 5 期。
〔註59〕王夫之：《雜詩》「乙丑」，其三，《薑齋詩集》，《船山全書》，第十五冊，頁五二五。

康熙六年裁缺罷歸，後舉博學鴻詞科，授翰林侍讀，康熙二十三年病歿於京師。

王士禛於《池北偶談》卷十三曰：「予讀施愚山侍讀五言詩，愛其溫柔敦厚，一唱三歎，有風人之旨。」〔註60〕《施愚山集》中有四言詩五篇十三首，四言樂府《短歌行》一首。〔註61〕《警志詩》、《戒弟》七首及《責子》諸篇詩教色彩敷重，如儒士講經論道以四言出語而已，讀之板結，無怪乎張謙宜評曰：「此君詩正苦摹古太似。……《警志詩》（四言古），貌澤於古，其根本不實，所以不耐看。」〔註62〕

施閏章四言詩最佳者《中園》三首（憂亂將作，而子弟學無成也。）：「中園有葵，其葉沃沃。朝復夕兮，灌此寒綠。霜露將至，逝恐不蓄。心之憂兮，云誰與言？　中園有菊，其葉粲粲。日復月兮，茁英有爛。霜風將至，逝恐後時。心之憂兮，寧莫我思？　中園有桂，其葉幕幕。歲復歲兮，載累華萼。霜雪將至，逝恐薄榮。心之憂兮，各念爾生！」〔註63〕此篇從《詩經．魏風．園中有桃》中的四言之體得意，抒情方式及其句法均從中摹出，而「憂亂將作」當時明清易代之時，與「詩三百」《園中有桃》此篇感時傷懷異代同慨，讀來可見大廈傾頹之時士子斑斑心跡，既痛且恨。而詩人序中云「子弟學無成」，又似漢樂府《長歌行》「青青園中葵」，愚臆疑序中此句入清後所添加也。張謙宜述其「詩常刪改」〔註64〕。施閏章情懷異於入清他人，於朱明無甚好言，〔註65〕於新朝則多褒頌，故有此一疑。

《神搤虎詩》與《短歌行》皆學曹操四言樂府古調，惜無曹孟德之雄豪，擬或有錢謙益移「詩三百」句所評之「中和且平」。

汪琬《施愚山詩集序》：「及其爲詩，則又命辭簡切，立意淡遠。其體蓋近漢魏，而發源則駸駸乎三百篇之間，庶幾乎能貫道藝者歟？」又曰：「或謂先生講道東南，固不宜沾沾以詩自喜，而吾黨亦不宜以詩人目先生。則予以爲不然。詩，溫柔敦厚，其教之所繫甚大。而顧用一藝斥之，則孔子不當雅

〔註60〕王士禛：《池北偶談》，卷十三，「摘句圖」，頁三零三，中華書局，1997年版。

〔註61〕施閏章：《施愚山集》，第二冊，頁一至六，黃山書社，1992年版。

〔註62〕張謙宜：《絸齋詩談》，卷七，《清詩話續編》本，上冊，頁八八五，上海古籍出版社，1999年版。

〔註63〕此詩實一組三章，何慶善、楊應芹此點校本作三首。

〔註64〕張謙宜：《絸齋詩談》，卷七，《清詩話續編》本，上冊，頁八八五。

〔註65〕參見朱則傑：《清詩史》，頁一三七，一四一。

言，而尊經者當遂廢三百篇也，豈詩人之能顧不及承蜩、削鐻者歟？」〔註66〕施愚山詩中「詩三百」之形跡屢現，汪氏之說可為注腳矣。

四、陳確四言詩：衰世哀音

陳確（1604～1677），浙（海寧）人。字乾初，初名道永，字非玄，甲申國變（1644）始受學於劉宗周，平生不喜理學言論，多才多藝，研治《禮》，能變通古禮，論學反駁宋儒，不滿朱說，嚴儒釋之辨。晚年廢病在家，不出門者十五年，著有《大學辨》、《葬書》、《女訓》、《乾初道人詩集》、《瞽言》等。

《陳確集》中四言詩共八篇十八首，〔註67〕陳確為明清之際著名思想家，不以詩歌名世。其詩亦少為人注意，今尚無評論其詩之專文，今人王瑞昌作《陳確評傳》述其生平學術未及其詩歌。〔註68〕

陳確四言古詩除《江水汩汩》遊學望歸之情外，餘皆傷懷悲世之作。《自吾之出》歸家娛母之篇，詩有喜色。《母忌哀詞》幾痛不欲生，字血句淚，其母葉（氏）孺人卒於順治十六年，1659年，其時陳確五十六歲，〔註69〕此「哀詞」作於康熙二年八月，〔註70〕其篇末尤動人，讀之英雄亦必下淚：「有子四人，確惟隻矣；老病龍鍾，步若桎矣；雨雨風風，塗路隔矣；不與於祭，黯自泣矣；生不能養，死何及矣！何況吾父，歿踰卅矣。悠悠蒼天，恨靡極矣！」年過半百喪父亦失母，兄弟枝葉零落成一人，身罹病痛不能如祭父母，如利刃刺胸，字句皆血由肋間迸出，彼蒼者天，何不恤人如斯哉！何不恤人如斯哉？！遭國變逢家難，有《詩經‧王風‧黍離》、《詩經‧唐風‧鴇羽》家破國亡之痛楚。《昔我》篇可視作此篇姊妹，「昔我有疾，母常視兮；今我有疾，母則逝兮。……去秋母病，而我弗能治兮；子之事母，不如母之愛子無所不至兮。己則不能，而又恨吾母之我棄兮。嗟予罪兮，不可追以馭兮！悠悠蒼天，曷有既兮！」情催苦淚，通篇對比，類乎《詩經‧小雅‧蓼莪》：「父兮生我，母兮鞠我。拊我畜我，長我育我。顧我復我，出入腹我。欲報之德，昊天罔極。」之章。

〔註66〕汪琬：《施愚山詩集序》，《施愚山集》第四冊，頁二四九至二五零。
〔註67〕陳確：《陳確集》，頁六二六至六三一，中華書局，1979年版。
〔註68〕王瑞昌：《陳確評傳》，南京大學出版社，2002年版。
〔註69〕吳騫輯，陳敬璋訂補：《陳乾初先生年譜》，《陳確集》，頁八五五。
〔註70〕吳騫輯，陳敬璋訂補：《陳乾初先生年譜》，《陳確集》，頁八五九。

陳確四言詩《丙戌年蠶謠》、《蒼天》七章及《京師篇》、《遷居詩》均以風人現實筆法寫世間疾苦亂世民瘼，變風變雅稱絕調！《丙戌年蠶謠》前貫長序可作爲明清之際經濟史料讀，詩人云「今則事皆乖謬，何可復較！故竂人不支，至有中道廢棄者，並十一之償付之東流矣。而官糧私債，俱責諸此，民雖欲不死，得乎？」以四言賦寫一幅民不聊生圖：「費蹄十萬，百兩歸箱，往市貿之，十未一償。況其下者，半收以降。亦有竂人，中道摧戕。官逼私負，撫膺誰望！吁嗟今年分蠶事荒，民胥爲爾分轉死亡！」丙戌年，1646 年，順治三年，是年六月清兵破紹興，其時江南民不堪其苦，人禍天災，詩人以《詩經·小雅·十月之交》式筆觸用賦用比寫其事，《蒼天》七章則用「嗚呼蒼天」悲聲疾呼起興，苦澀堅峻詩句「民知罪矣」！「死何悔矣」？！血淚不由自紙面汩汩溢出矣！此眞衰世哀音！

五、錢澄之四言詩：風雅清腴

錢澄之（1612～1693），徽（桐城）人。原名秉鐙，字幼光，後改澄之，字飲光，晚號田間老人，西頑道人。明諸生，鼎革後削髮爲僧，號幻光，曾仕南明。順治八年後歸里，有《藏山閣集》二十卷、《田間詩集》三十卷。

錢澄之兩集中有四言古詩八首，四言樂府四首。《藏山閣集》中爲四言樂府四首，《過江集》中：《善哉行》、《隴頭流水歌詞》、《地驅樂歌》及《生還集》中：《獨漉篇贈龔仲震》。〔註 71〕清人集中喜首列樂府，「以爲高標，取法乎上之意。」〔註 72〕錢氏《過江集》中四言樂府以《善哉行》最稱傑構，其曰：「來日大難，袖短衣單。泛舟洪波，不知水寒。　　白虎迎跪，叱之開關。上帝詔見，握手喜歡。　　抱持玉女，遊戲雲端。僊人奉丹，各受一盤。　　黃鵠摩天，高不可攀。墮地折翼，鳴聲悲酸。　　張湯酷吏，死無餘貲。霍氏破家，智者先知。　　羨彼方士，訪藥三山。載童男女，入海不還。」全詩六解，似白居易新樂府聲調。細繹史實分爲兩截分寫崇禎十五十六年間二事，前三解愚以爲寫崇禎十五年二月洪承疇降清事，清兵自此入關，此事爲朱明王朝外敵入侵之轉折；洪承疇降清事史傳多載，二解、三解正合，可作詩史看。後三解愚以爲寫李自成破潼關事，

〔註71〕錢澄之：《藏山閣集》，頁二十一、二十三，一九七，湯華泉校點，黃山書社，2004 年版。
〔註72〕錢師仲聯：《錢仲聯講論清詩》，頁三十一。

此事爲朱明王朝內亂之敵入侵之轉折，此後明軍幾不能主動；張湯當指督師孫傳庭，孫氏用法甚嚴，有酷吏之稱；霍氏當指監軍副使喬元柱。事可見《豫變紀略》卷七。〔註 73〕後一事，吳偉業有《雁門尚書行》記其實，而詩中用語近同，如「寡鵠孤鸞不忍看，願逐相公忠義死」，兩詩皆清眞精勁，可對讀。

《獨漉篇》上古謠言樂府舊題，代有人作，非惟李太白一人獨領風騷。錢澄之《獨漉篇贈龔仲震》慷慨激昂，血淚迸湧，前所罕見，如其曰：「父死不葬，何以爲人？我有雄劍，夜夜龍吼。贈君報仇，取血瀝酒。」有「秦風」《無衣》之雄強，收尾處「遠望鄉土，山川阻長。一日三哭，使我心傷。」有「秦風」《蒹葭》悵惘神傷，情故雖不同，韻調絕似。

錢澄之自序其詩集嘗以「一窺風雅之指」，「頗多風人遺意」爲自負，可見其此類新樂府之「詩史云乎哉」！〔註 74〕

故國淪喪後錢澄之歸里不出，四言詩習陶淵明四言體式，直導雅頌者如《命子詩》，亦陶詩《命子》之莊重肅穆，述祖德也！此類詩尚有《江上集》中：《上祖妣孫宜人冢》與《述井德》兩篇。〔註 75〕而《仿陶淵明歸鳥詩四章》，語詞形取陶詩，而情感則益發悲冷激峻，不似陶淵明歸林後之怡然享受，陶爲「性本愛丘山」，故稍有委屈則歸去來兮；錢氏則如覆巢隻鳥孤飛入林，被迫田間避丘山，故心存不甘多於順便！試觀首章：「翩翩者鳥，及暮言歸。豈無他樹？戀此舊枝。延頸夜鳴，其聲孔悲。吁既歸矣，曷云悲矣。」鳥歸山林並無樂，夜鳴聲悲棲舊枝！「邈哉天路，中阻且長」，「我之獨處，念我儔侶。抗志於霄，載扇其羽。」〔註 76〕全然相異於陶淵明鳥歸山林之和鳴聲聲，故錢師仲聯以爲不應簡單論定錢澄之爲田園詩人，〔註 77〕陶淵明在故國即歸

〔註 73〕鄭廉：《豫變紀略》，卷七，頁二五一至二五五，《甲申史籍三種校本》，欒星輯校，中州古籍出版社，2002 年版。
〔註 74〕錢澄之：《生還集自序》，《藏山閣集》，頁三九九、四零零。
〔註 75〕錢澄之：《田間詩集》，頁一六七至一六八，諸偉奇點校，黃山書社，1998 年版。
〔註 76〕錢澄之：《田間詩集》，頁一。
〔註 77〕愚按：錢師仲聯以爲「但不能將錢秉鐙說成『田園詩人』」「錢秉鐙前期參加抗清，後退出抗清，頤養晚年，而未像屈翁山戰鬥到底，不應強調他的田園的一面，而應重視他前期戰鬥的一面，這才是他主要的方面。」說見《錢仲聯講論清詩》，頁三十一。愚以爲，陶與錢之不同在於陶先歸園田後國變，而錢先國變再抗爭，失敗無依，國事塵埃已定，鼎革之勢無以挽回遂迫歸園田。

園田，錢澄之則故國不在，迴天乏力，迫歸園田，心懷故國！隱隱有「詩三百」「變雅」諸篇如《黃鳥》、《菀柳》嗣響。

《田間詩集》四言古詩最感人涕下者：《椒嶺》〔註78〕，思寡姊也。此詩六章，可作七律《暑中走椒嶺省方氏姊示諸甥》：「十七年前椒嶺路，短驢疑在夢中行。兵烽幾度門無徑，靈雨初通澗有聲。牛屋半楹啼寡姊，蔬盤一夜費貧甥。老來萬事心灰盡，益重人間骨肉情。」〔註79〕一注腳耳！別一首《麥園》〔註80〕，思仲氏也，與此同調，於手足情深中賦寫新朝民生之困頓，其七章曰：「仲氏之室，昔毀於火。倚牆茨草，狹不容坐。日將新之，豈不恃我。我何望哉，願與時左。改操以行，兄亦不可。嗟兄無屋，命之坎坷。」

錢澄之習陶淵明四言詩體神情絕似者《方樹六章為方繡山六十初度》，茲錄其前三章：「倚倚芳樹，薈彼丘園。有泓其池，有翼其軒。之子肥遁，於今十年。或勸之出，笑而不言。出者屢蹶，信處也賢。　　芳樹伊何，維梅與松。松柯冬挺，梅陰夏濃。良時置酒，老友過從。其跡則異，其心實同。相顧念昔，胡然而翁。　　惟子壯年，意氣揮霍。居室屢空，行歌自若。我與子交，禮數脫略。子貴不驕，我貧而樂。文酒爭長，緬言如昨。」〔註81〕此六章神取陶淵明《答龐參軍》。

沈德潛於《古詩源》卷八認為陶淵明詩「不學『詩三百』，清而腴，與「風」「雅」日近。」此評似可移作錢澄之四言詩之學陶淵明者也。

第三節　取貌「詩三百」：清代四言詩論略（下）

六、李鄴嗣四言詩：血淚風雅

李鄴嗣（1622～1680），初名文胤，字鄴嗣，後以字行，號杲堂，又號淼亭，浙（鄞縣）人。

父李棡，天啓甲子科舉人，崇禎丁丑科（1637年）進士。初授潮陽縣知縣，行取補順天府永清縣知縣，考選授禮部清吏精膳司主事。國變後如南明朝抗清，失敗後絕食殉國。

〔註78〕錢澄之：《田間詩集》，頁八十九。
〔註79〕錢澄之：《田間詩集》，頁三十。
〔註80〕錢澄之：《田間詩集》，頁八十八。
〔註81〕錢澄之：《田間詩集》，頁二四九。

　　李鄴嗣承父遺志，奔走於峽嶺海島間誓死抗清。順治間先後兩次入獄。康熙三年，張煌言殉國，李鄴嗣犯險親葬之於西子湖畔南屏山下，聲名大振於浙東。康熙十八年以死相辭薦博學鴻詞科，長歌悲哭，「積憤如山，萬愁澆心」，康熙十九年病歿於鄉里，得年五十九。

　　學人志士多以詩言志，尊《尚書·堯典》。全祖望於《續甬上耆舊詩傳》曰：「以予竊窺，先生之才甚長，故能側身患難之中九死不死，其所以不死者，蓋本欲留身以有爲，而卒不克。故其詩曰：『采薇硜硜，是爲末節。臣靡猶在，復興夏室。』是則先生之志也。」〔註82〕

　　全祖望所揭李鄴嗣之志徵引四言古詩爲《善哉行》：「登山采薇，重繭下山。幽壑飛霜，百草失顏。　　蟋蟀就田。行復入戶。秋氣遷人，我棲何所？
　　摳衣夜立，瞻拜天樞。明明華漢，下燭微軀。　　壯氣不居，我髮易邁。志鬱萬年，其過乃大。　　采薇硜硜，是爲末節。臣靡不死，復興夏室。」〔註83〕《善哉行》樂府舊題，有四言五言兩體，初爲兩漢民間樂府，屬「相和瑟調曲」〔註84〕四言兩漢名篇嘗以「來日大難」起頭，前所引述錢澄之《善哉行》即仿此。

　　《善哉行》用「采薇」典前人有例，如魏文帝曹丕同題名篇：「上山采薇，薄暮苦饑。溪谷多風，霜露沾衣。　　野雉群雊，猿猴相追。還望故鄉，鬱何壘壘！　　高山有崖，林木有枝。憂來無方，人莫之知。　　人生如寄，多憂何爲？今我不樂，歲月如馳。　　湯湯川流，中有行舟。隨波轉薄，有似客遊。　　策我良馬，被我輕裘。載馳載驅，聊以忘憂。」《善哉行》樂府舊題原有六解，李鄴嗣以此爲題作五解。由「采薇」起頭亦以「采薇」收聲，「采薇」出《詩經·小雅·采薇》，《毛詩傳》：「《采薇》，遣戍役也。」《詩大序》：「文王之時，西有昆夷之患，北有玁狁之難。以天子之命，命將率，遣戍役，以守衛中國，故歌《采薇》以遣之。」後世用「采薇」典多取兩端：「守衛中國」；戍夫思鄉或思婦感念君子行役。後者兼有《詩經·召南·草蟲》，《草蟲》：「陟彼南山，言采其薇，未見君子，我心傷悲。亦既見止，亦既覯止，我心則夷。」朱熹《詩集傳》謂「南國被文王之化，諸侯大夫行役在外，其妻獨居，感時物之變，而思其君子如此」。

〔註82〕全祖望：《續甬上耆舊詩傳》，《鮚堂詩文集》，頁七七五至七七六，浙江古籍出版社，1988年版。
〔註83〕李鄴嗣：《鮚堂詩文集》，頁一六二。
〔註84〕蕭滌非：《漢魏六朝樂府文學史》，頁七十七至七十八。

　　李鄴嗣《善哉行》以一志士立於夜庭，煢煢然，凜凜然，忠赤之心向月，悲壯之氣干雲。一解由遠而近起興，陟山采薇，霜飛草折，一片肅殺。二解前三句重染秋境，用詩經中在宇在戶之蟋蟀，〔註85〕復起興，末句「我棲何所」？此一問似由秋入冬之「蟋蟀」之問，又似詩人猛然由心悲憤之向天一問！此一問總領後三解，後三解由此一問而聲壯氣雄！「瞻拜天樞」——「明」！「華」！「漢」！三字千鈞由天而降，直指神州大地之「清」、「夷」、「滿」！四解發壯氣抒志鬱，五解則是一顆丹心拋出，環宇動色，天地竦容，「臣靡不死，復興夏室」！

　　李鄴嗣另有《後善哉行》一章六解以「來日大難，冰須雪趾」開篇，聲韻豪壯，近於兩漢樂府，有奇偉氣，詞曰：「厲鬼晝促，支骨如煙。兒不顧父，上呼蒼天。　裹劍欲出，饞未敢餐。北風凜冽，還復入門。　死倀導虎，遊戲市陌。誰操豚肩，乞虎相惜。」〔註86〕

　　李鄴嗣四言詩用「采薇」典別有《君莫非》一首，其卒章曰：「龍潛於淵，蜿蟺莫知。小鳥摩風，鳳凰不飛。大嚼東陵，長吟采薇。各述其是，請君莫非。」以漢喻明，清初歌詩通例。以「采薇」明志，其同《善哉行》。此詩「小鳥」「鳳凰」對舉，當指以死力辭博學鴻詞科之薦；「各述其是，請君莫非」當指送萬季野史館之招事。詳見全祖望《續甬上耆舊詩傳》所述。

　　李鄴嗣五七言宗杜學陶，四言古詩學陶者如《停雲》、《時運》、《榮木》及《勸農》諸篇，神韻俱得。《停雲》序云：「《停雲》四章，簡同學也。寫我心曲，遙答陶公。匪有故人，語默誰同。」其二三兩解曰：「與子登高，陰雲濛濛。山島猶崝，潮落舊江。甲子可紀，歸守北窗。共歡古人，千載心從。　青霜既下，老幹斯榮。眷彼孤立，匪關世情。棲棲薄杜，日夕南征。何以寫懷？賴茲友生。」〔註87〕「山島猶崝，潮落舊江」多陶詩三分風雲氣，四解清峻孤傲，似《詩經‧小雅‧杕杜》境苦，然多三分剛勁骨力。

　　李鄴嗣《杲堂外集》（卷一）有集陶詩七首一卷，〔註88〕杲堂四言數量之多清初罕有出其左右者。將陶詩文句重構成「超然軼塵」之遺民詩篇，於舊朝無限依戀。李鄴嗣堂取「杲」，「意為光明，指日出之象，李鄴嗣為

〔註85〕愚按：前析「蟋蟀」意象，以加辨析，此處作者詞取「入戶」，情理則為「在宇之蟋蟀」。
〔註86〕李鄴嗣：《杲堂詩文集》，頁一六三。
〔註87〕李鄴嗣：《杲堂詩文集》，頁二十六。
〔註88〕李鄴嗣：《杲堂詩文集》，頁三二七至三二九。

其子取名「暾」，其意也爲初生的太陽，這些都與『日』有關。『日』者，明也，赤也，正是朱明王朝的象徵。」〔註89〕其有《杲堂歌》，〔註90〕愚以爲其取「詩三百」《魏風・伯兮》「其雨其雨，杲杲出日。」《毛詩大序》：「《伯兮》，刺時也，言君子行役，爲王前驅，過時而不返焉。」失望之心與抗爭之志俱在！

梁以樟於《杲堂詩續鈔序》云：「『詩』三百扁諷繁直省，旨隱詞微，正變迭興，哀怨錯出，而要歸本性情之至。……上下千百載，溯源『三百』，約趣楚騷，以迨陶、杜、文、謝諸人，殆以身處其世與離合進退其人也者，是豈得已而爲之者乎！」〔註91〕眞的評也，梁氏可謂李鄴嗣知音者也。

七、孫枝蔚四言詩：質樸秦風

孫枝蔚（1620～1678），字豹人，室名溉堂，原秦（三原）人。明亡嘗散家財集勇士起兵抗李闖亂軍，失敗，入清遷居揚州，經商，累致千金，後折節讀書，以詩名世。康熙十八年應博學鴻詞科，「不終幅而出」，以年老賜內閣中書舍人銜。有《溉堂集》二十八卷。

堂以「溉」名，意取「詩三百」。《詩經・檜風・匪風》，《匪風》：「匪風發兮，匪車偈兮。顧瞻周道，中心怛兮。 匪風飄兮，匪車嘌兮。顧瞻周道，中心弔兮。 誰能亨魚？溉之釜鬵。誰將西歸？懷之好音。」《毛詩大序》：「《匪風》，思周道也。國小政亂，憂及禍難，而思周道焉」。《鄭箋》曰：「周道，周之政令也。」《孔疏》曰：「上二章言周道之滅，念之而怛傷；下章思得賢人輔周興道：皆是思周道之事。」取「溉堂」當存「思周道」意也。故陳維崧《溉堂前集序》：「孫子以是名其堂也，其猶秦人之志也。」〔註92〕秦，周之舊地也。而鄭方坤《國朝名家詩抄小傳》曰：「顏曰『溉堂』，烹魚釜鬵，隱然寓西歸之意。其懷抱從可知矣。」〔註93〕鄭氏之說因襲李天馥《溉堂詩集序》。〔註94〕

〔註89〕周軍：《清初遺民詩人李鄴嗣詩歌創作初探》，《浙江師範大學學報》，2007 年第 6 期。
〔註90〕李鄴嗣：《杲堂詩文集》，頁二一三。
〔註91〕李鄴嗣：《杲堂詩文集》，頁一五五、一五六。
〔註92〕陳維崧：《溉堂集前序》，《溉堂集》，上海古籍出版社，1979 年版。
〔註93〕錢師仲聯：《清詩紀事》，第五冊，頁二八六七，江蘇古籍出版社，1987 年版。
〔註94〕李天馥：《溉堂詩集序》，《溉堂集》。

　　孫枝蔚《溉堂集》中四言古詩三首：《善哉行》、《旱詩客富安場作》及《寄戒諸子詩》。

　　《善哉行》為《溉堂集》冠首之作。其辭曰：「歲暮苦寒，饑以為端。河冰三尺，枉用垂竿。薄衾裂幅，支骨盤桓。望見百神，奔走在天。租吏至門，口燥唇乾。以何相謝，清酒為歡。貧日寡交，稱貸艱難。平原諸賓，飽不能餐。買酒一石，賣卻馬鞍。馬不得騎，涕下泛瀾。僊人王喬，奉鶴相迎。我仇未報，不敢同行。」其時年在癸未，崇禎十六年，1643 年，李自成闖王軍破潼關城，十月取西安，改名長安，號西京。此詩當作於癸未年杪，《溉堂集》除「後集」六卷刻於康熙六十年外，餘皆孫枝蔚赴京應考博學鴻詞科時刻於北京，歲在康熙十八年，1679 年。孫枝蔚將此詩置於詩集開篇，尤其末尾一解，不就僊子之邀，想當別有深意在焉，近人鄧之誠編《清詩紀事初編》之孫枝蔚於「前編」，今人張兵辨孫氏為遺民，〔註95〕庶幾然者。

　　《四庫全書總目》評孫枝蔚詩云：「然詩本秦聲，多激壯之詞」〔註96〕，《善哉行》當屬於此。施閏章評此詩曰：「俱奇語，極窮酸，卻露英雄本色。」〔註97〕

　　鄧漢儀《詩觀初集》：「豹人詩有雄豪、深秀兩種。」〔註98〕其深秀一類詩「不務雕飾」〔註99〕，足當「質樸」二字。試看《旱詩客富安場作》：「神龍徙宅，魚不相隨。彼國雖大，高山間之。　　漁父無家，哭向月明。高岸兩面，如坐空城。　　一婦之冤，天則報之。報一累萬，而天不知。　　舊雄語雌，新雄碩肥。雌將欲往，恥獨無衣。」〔註100〕此詩作於順治壬辰九年。明白如話，一瀉而出，語多違礙而不顧，秦風烈也！吳野人（嘉紀）評曰：「諸四言總當入樂府，有類安東平諸詩者，有類《易林》者。」

　　就用語而論，孫枝蔚《寄戒諸子詩》〔註101〕更為「秦聲」代表，異於陶淵明，情多深沉豪雄，語多古雅質樸。

〔註95〕張兵：《清初關中遺民詩人孫枝蔚的交遊與創作》，《寧波大學學報》，2000 年第 1 期。
〔註96〕永瑢等：《四庫全書總目》，卷一八一，頁九一六。
〔註97〕孫枝蔚：《溉堂集》，《溉堂前集》，卷一。
〔註98〕錢師仲聯：《清詩紀事》，第五冊，頁二八六六。
〔註99〕施閏章：《送孫豹人舍人歸揚州序》，《施愚山集》，第一冊，頁一六三。
〔註100〕孫枝蔚：《溉堂集》，《溉堂前集》，卷一。
〔註101〕孫枝蔚：《溉堂集》，《溉堂續集》，卷六。

　　陳維崧因喜讀「詩三百」之「秦風」而復欽賞孫枝蔚詩，因孫枝蔚詩朗朗作秦聲，〔註102〕嗚呼，「詩三百」，吾國詩人之精神家園！

八、鄭板橋四言詩：率真四言

　　鄭板橋（1693～1765），原名鄭燮，字克柔，號板橋，後以字行，江蘇興化人。康熙秀才、雍正舉人、乾隆元年進士。乾隆七年任范縣令，後轉任濰縣令，乾隆十八年以請賑忤大吏罷歸，後客居揚州鎮江，以賣畫為生。為「揚州八怪」之一，其詩、書、畫世稱「三絕」，畫擅蘭竹。有《板橋詩鈔》等。

　　鄭板橋詩名為其書畫名所掩，於康雍乾三朝，如此特立獨行詩歌罕有其匹者，其時作者或唐或宋門戶儼然，獨鄭板橋自作清人詩歌耳！其自敘曰：「板橋詩文，自出己意，理必歸於聖賢，文必切於日用。或有自云高古而幾唐宋者，板橋輒呵惡之，曰：『吾文若傳，便是清詩清文；若不傳，將並不能為清詩清文也。何必侈言前古哉？』」〔註103〕故其四言詩非四言樂府之體，亦非「詩三百」之體，惟四言之形式「詩三百」風雅之精神隱隱然可見矣。

　　如其《板橋詩鈔》一編中《詩四言》四首：「夜殺其人，明坐其家；處分息事，咤眾毋譁。主人不知，詫為腹心；無奸不直，無淺不深。　　仁義之言，出于聖口；姦邪竊似，濟欲忘醜。播談忠孝，聲悽淚痛；怡誔賢明，況汝愚眾。　　當春不華，蓄意待秋；秋又不實，行將誰尤？茸蔓藏蛇，梧桐嘁鳳；象分性別，各以類貢。況汝棘刺，鴟鴉避之；乃思鸞凰，槁死不知。　　求利于地，絲枲稼穡；求利于天，鋤慾植德；求利于物，網罟釣弋；求利于人，面曲背直。有禽其心，有獸其力；衹賢玩愚，寢危臥仄；天亦汝憐，大道不塞。」〔註104〕此四首為論理詩，鄭板橋作詩為文以「沉著痛快」為審美趨向。第一首如小說家言語，「無奸不直，無淺不深」之理竟然於如此戲劇性敘述後道出，板橋作詩之怪此一例耳，而板橋怪詩極少。最為痛快者第四首，「天亦汝憐，大道不塞」，平白語中蘊深意。

　　鄭板橋四言詩書寫民間風俗，有《詩經・豳風・七月》韻致，取形襲神棄其語，其《范縣詩》曰：「十畝種棗，五畝種梨，胡桃頻婆，沙果柿椑。春花

〔註102〕愚按，語見陳維崧：《湄堂前集》序。
〔註103〕鄭板橋：《鄭板橋集》，補遺。上海古籍出版社，1979年版。
〔註104〕鄭板橋：《鄭板橋集》，《板橋詩鈔》，一編，頁十二，四部集要本，臺灣新興書局，1966年版。

淡寂，秋實離離，十月霜紅，勁果垂枝。爭榮謝拙，韞采于斯，消煩解渴，拯疾療饑。　桑下有梯，桑上有女，不見其人，葉紛如雨。小妹提籠，小弟趨風，掇彼桑葚，青澀未紅。既養我蠶，無市我繭，杼柚在堂，絲絮在撚。暖老憐童，秋風裁翦。　維蒿維蕨，蔬百其名，維筐維梠，百獻其情。蒲桃在井，護草在坪，棗花侵縣，麥浪平城。小蟲未翅，窈窕厥聲，哀呼老趙，望食延頸。（范以黃口爲小蟲，以銜食哺雛者爲老趙。）　臭麥一區，饑雞弗顧，甜瓜五色，美于甘瓠。結草爲庵，扶翳遠樹，苜蓿綿芊，蕎花錦互。三豆爲上，小豆斯附，綠質黑皮，匀圓如注。（范有臭麥，成熟後則不臭。黃、黑、綠爲三豆，爲大豆，餘俱小豆。黑豆而骨青者最貴。）　鵝爲鴨長，率遊于池，悠悠遠岸，漠漠楊絲。人牛晝臥，高樹蔭之，赤日不到，清風來吹。　斗斯鉅矣，三登其一；尺斯廣矣，十加其七。豆區權衡，不官而質。田無埂隴，畝無侵軼。爾種爾黍，我穮我稷。丈之以弓，岔之以尺。　黍稷翼翼，以葱以鬱，黍稷栗栗，以實以積。九月霜花，倛役還家；腰鐮背穀，腳露肩霞。遙指我屋，思見我婦，一縷晨煙，隔于深樹。牽衣獻果，幼兒識父。　錢十其貫，布兩其端，四十聘婦，我家實寒。亦有勝村，童兒女孫，十五而聘，十七而婚。菀枯異勢，造化無根。我欲望天，我實戴盆。六十者傭，不識妻門，籠燈舁綵，終身爲走奔。　驢騾馬牛羊，匯費斯爲集；或用二五八，或以一四七（期日）長吏出收租，借問民苦疾；老人不識官，扶杖拜且泣。官差分所應，吏擾竟何極；最畏硃標簽，請君慎點筆。貪者三其租，廉者五其息。即此悟官箴，恬退亦多得。　朝歌在北，濮水在南；維茲范邑，匪淫匪婪。陶堯孫子，劉累庶枝，鼻祖于會，衍世于茲。娖娖斤斤，唐風所吹，墾墾力力，物土之宜。」〔註105〕一氣兒下共十首，鄭板橋自序其詩鈔曰：「陋軒詩最善說窮苦，……板橋詩如《七歌》，如《孤兒行》，如《姑惡》，如《逃荒行》、《還家行》，試取以與陋軒同讀，或亦不甚相讓。」《范縣詩》十首雖非說窮苦事，然亦可與吳嘉紀民間風物詩對讀，似亦能「不想讓」也！板橋故自負如此也。組詩十首除第九首外均爲四言，表現手法奪胎於《七月》顯然可見。

　　鄭板橋別一類詩則於平淡白描中述一家一室之憂乃至一國天下之憂，〔註

〔註105〕鄭板橋：《鄭板橋集》，《板橋詩鈔》，二編，頁一一四。

〔註106〕愚按：鄭板橋五七言詩，此一類者可參見趙杏根：《論詩人鄭板橋》，《揚州大學學報》，2000 年第 6 期；驚野正明：《論鄭板橋的「風雅」詩》，《欽州學刊》，1998 年第 3 期等。

106〕其自序後又記曰：「歎老嗟卑，是一身一家之事；憂國憂民，是天地萬物之事。雖聖帝明王在上，無所可憂，而往古來今，何一不在胸次？」淺近直白之四言嗟歎家室，憂患國家者如《平陰道上》：「關河夜雨，車馬晨征。蕭蕭日出，蕩蕩波平。山城樹碧，古戍花明。雲隨馬足，風送車聲。漁者以漁，耕者以耕。高原婦饁，墟落雞鳴。帝王之業，野人之情。」〔註107〕

又如《止足》：「年過五十，得免孩埋；情怡慮澹，歲月方來。彈丸小邑，稱是非才。日高猶臥，夜戶長開。年豐日永，波澹雲迴。烏鳶聲樂，牛馬群諧。訟庭花落，掃積成堆。時時作畫，亂石秋苔；時時作字，古與媚皆；時時作詩，寫樂鳴哀。閨中少婦，好樂無猜；花下青童，慧點適懷。圖書在屋，芳草盈階。晝食一肉，夜飲數杯。有後無後，聽已焉哉！」〔註108〕

鄭板橋四言詩篇幅最長者《署中示舍弟墨》：「學詩不成，去而學寫。學寫不成，去而學畫。日賣百錢，以代耕稼；實救困貧，託名風雅。免謁當途，乞求官舍；座有清風，門無車馬。四十科名，五十旌旄；小城荒邑，十萬編氓。何養何教，通性達情；何興何廢，務實辭名。一行不當，百慮難更。少予失教，躁率易輕。水衰火熾，老更不平。日有悔吝，終夜屏營。妻挐綺縠，僮僕鼎鬻；何功何德，以安以榮？若不速去，禍患叢生。李三復堂，筆精墨渺。予為蘭竹，家數小小；亦有苦心，卅年探討。速裝我硯，速攜我稿；賣畫揚州，與李同老。詩學三人，老瞞與焉；少陵為後，姬旦為先。字學漢魏，崔蔡鍾繇；古碑斷碣，刻意搜求。維茲三事，屋舍田疇。宦貧何畏，宦富可惴；即此言歸，有贏不匱。人不疵尤，鬼無瞰祟。吾既不貪，爾亦無恚。需則失時，決乃云智。」〔註109〕幾可作為其藝文書畫自供狀看，尤應注意者，其自述詩學淵源：「詩學三人，老瞞與焉；少陵為後，姬旦為先。」「老瞞」指曹操，少陵指杜甫，「姬旦」之周公，傳周公之詩在「豳風」，愚以為鄭板橋此處泛指詩學「詩三百」。觀板橋之詩大致由曹孟德處得「痛快」，從杜少陵處襲「沉著」，傳「詩三百」風雅之「真」！

不可不述者，畫家鄭板橋之題畫詩亦卓然不群，其四言詩《題半盆蘭蕊圖》：「盆畫半藏，蘭畫半含。不求發洩，不畏凋殘。」〔註110〕題畫述志，書

〔註107〕鄭板橋：《鄭板橋集》，《板橋詩鈔》，二編，頁一三五。
〔註108〕鄭板橋：《鄭板橋集》，《板橋詩鈔》，二編，頁一三五至一三六。
〔註109〕鄭板橋：《鄭板橋集》，《板橋詩鈔》，二編，頁一四四至一四六。
〔註110〕頁一七九。

以心靈。畫師嘗謂「喜寫蘭，怒寫竹」，盆蘭均半寫，不怒亦不懼，以四言出之，如銘文刻於鍾鼎，墨拓裝裱懸於素壁，不能云其古雅，亦不能云其俗媚，以何評騭？「板橋體」也？板橋四言詩，清人率眞四言詩也！

九、阮元四言詩：一唱三歎

阮元（1764～1849），字伯元，號雲臺，又號研經老人、雷塘庵主，江蘇揚州人，占籍儀徵。乾隆五十四年（1789）進士，歷仕乾隆、嘉慶、道光三朝，先後督學三齊兩浙，爲封疆大吏，充兵部、禮部、戶部侍郎，拜體仁閣大學士。曾創立杭州詁經精舍、廣州學海堂，倡樸學，編《經籍纂詁》，校刻《十三經注疏》，彙刻《皇清經解》等。著有《疇人傳》、《積古齋鍾鼎彝器款識》，《揅經室集》等。賜諡文達。

阮元一生功業在爲封疆大吏，在編刻學術，詩歌似余事，研究者已不涉及其詩。論阮元詩僅見田漢雲、古明《論阮元的詩》，〔註111〕另有劉靖淵博士論文《乾嘉之際詩群詩風研究》（蘇州大學，2000 年）中第七章第一節，後以《阮元論》發表；〔註112〕趙杏根博士論文《乾嘉詩壇代表詩人研究》（蘇州大學，1999 年），第一章第六節有論阮元詩歌。

阮元四言詩集中僅見一首，然形制酷似「詩三百」風雅之一唱三歎情致，故論清代四言詩不可不齒及，猶論唐人閨怨詩不可不言金昌緒「打起黃鶯兒」者云云。〔註113〕阮元四言詩愚另見一首於《潤州事蹟詩鈔》「四言」卷，題爲《刲股詞》。

阮元有七言絕句一組三首《桂舟三章章四句》，〔註114〕其序曰：「《毛詩》風、雅多三疊換韻之體，古人唱歎必三疊而歌之，而後人罕傚之，何也？丁丑季秋，由楚入粵，疊《桂舟》三章，聊學風詩換韻之體。」其詩曰：「桂舟千里上巴陵，細雨斜風過洞庭。岳陽一望碧波遠，愁絕青山相對青。　桂舟千里溯瀟湘，細雨斜風橘柚香。合江一望漾波遠，人意詩情誰短長？　桂舟千里達湘灘，細雨斜風下九嶷。峽山一望白雲遠，南海西江想見時。」眞「七言國風」耳！

〔註111〕田漢雲、古明：《論阮元的詩》，《揚州師範學院學報》，1991 年第 3 期。
〔註112〕劉靖淵：《阮元論》，《泰山學院學報》，2003 年第 4 期。
〔註113〕愚按：擇阮元四言詩述論，重在發掘其有意習「詩三百」精神。其它如魏裔介集中亦有藝術水準尚好之四言詩二首，則棄而不論矣。
〔註114〕阮元：《揅經室集》，下冊，頁九五一，中華書局，1993 年版。

　　阮元四言詩《隱山》一組三首，隱山在桂林。其序曰：「余生辰在正月廿日。近十餘年所駐之地，每於是日謝客，獨往山寺。嘉慶廿四年，余歲五十有六，駐於桂林，是日，策數騎避客於城西唐李渤所闢之隱山，登降周回，貫行六洞，煮泉讀碑，竟日始返，竊以爲此一日之隱也。」其詩曰：「隱山之峰，蘊軸可容。一日之隱，客不能從。隱山之北，覆岩幽澤。一日之隱，棲此泉石。隱山之中，雲岫四通。一日之隱，我辰所同。」體制如《詩經・魏風・考槃》，神形畢肖。以「之峰」、「之北」、「之中」述地點之轉移時間之推進，以「一日之隱」，將三章黏爲一體，可謂清代詩經學家作四言詩之壓卷！

　　同日阮元亦作一銘，四言古雅，可與《隱山》詩對讀。阮元《隱山銘》序與《隱山》詩序近同：「元生辰在正月廿四日。〔註115〕近年所駐之地，每於是日避客，獨往山寺。嘉慶廿四年，元歲五十有六，是日避客於此山，貫行六洞，竟日始返，竊以爲此一日之隱也。爰作斯銘，揚州阮元」。銘曰：「士高能隱，山靜乃壽。濬之主名，闢此奇秀。一山盡空，六洞互透。不鑿自通，雖探莫究。穴無雨來，岩如天覆。虛腹開潭，垂乳滴溜。寒澈鏡奩，響傳壺漏。引月入峽，吸雲穿竇。磴曲風摶，泉清石漱。仰壁藤垂，摩崖苔繡。蓮憶古香，桂凝秋瘦。招隱岩前，朝陽洞右。涼堂北開，高亭東構。獨出春城，靜觀清晝。曉風入懷，夕陽滿袖。一日小隱，千年古岫。何人能復，西湖之舊。」〔註116〕「詩三百」至戰國一變爲楚之辭，至兩漢再變爲四言賦與樂府，至六朝復一變爲四六駢體文，阮元此銘似亦可見出「詩三百」風雅遠影。

　　阮元別一首四言古詩《刲股詞》，〔註117〕《揅經室集》中未收，其詩作於道光己亥年，1839 年，是年阮元家居揚州。〔註118〕詞前有序，述丹徒孝廉殷竹虛家刲股盡孝事，茲略。其詞曰：「靈烏反哺，覓食四方。孝子出門，中心彷徨。　　謂妻曰嗟，爾翁老矣。以婦兼子，朝夕惟爾。　　謂子曰嗟，爾祖老矣。以孫兼兒，左右惟爾。　　衰柳善蠹，古木多癭。高年易病，思兒益增。　　婦念夫言，自怨自咎。事翁無狀，惟余之故。　　孫念父言，自怨自咎。事祖無狀，惟余之故。事隔三日，母子一心。中夜祝天，願代以身。

〔註115〕愚按，當爲廿日，其自序詩銘牴牾，此處從詩序。參見張鑑：《阮元年譜》，頁二，黃愛平點校，中華書局，2002 年版。

〔註116〕阮元：《揅經室集》，下冊，頁七四七至七四八。

〔註117〕解爲幹：《潤州事蹟詩鈔》，第一卷，「四言」，同治戊辰（1868）年藍野山莊刻本。愚家藏。

〔註118〕王章濤：《阮元年譜》，頁九三六至九五三，黃山書社，2003 年版。

婦刲股進，翁病差已。孫刲股進，霍然而起。各不相告，闔家大喜。　孝子歸來，終身孺慕。靈烏結巢，日在庭樹。」以「靈烏反哺」起興，末尾復以「靈烏結巢」渲染，賦寫孝行，用「二雅」筆法，雖白描亦見得「溫柔敦厚」者也。

十、徐兆英四言詩：善作苦語

徐兆英（1826～1905），字毓才，少負才名，有神童之譽。咸豐二年（1852年）舉人，由國史館謄錄，外放爲湖北石首、江夏、監利、蘄水縣令升知府，晉道臺，均有政聲，歸里後主講廣陵書院。有《梧竹軒詩鈔》與《愛虞堂文稿》、《愛虞堂制藝》。《梧竹軒詩鈔》十卷，贐稿一卷，光緒辛丑二十七年愛虞堂刻本，八冊，《江蘇藝文志・揚州卷》〔註119〕著錄，未言卷數，且云已佚，誤。〔註120〕近代詩歌研究今未見有論其創作者，故錄其四言詩略述其詩，聊存晚近維揚詩歌文獻一縷而已。

徐兆英集中四言詩亦僅一首，因其善作傷心人語故錄之。《梧竹軒詩鈔》卷一第二首《思母吟》：「善哉吾母！生兒何補？五齡見背，思之酸楚。余幼多病，倍嘗諸苦。吾母憐之，是鞠是拊。余幼好弄，嬉戲樽俎。吾母愛之，予求予取。迄今棄養，十五寒暑。聲欬無聞，音容何許？總角溫經，母不及撫。髫歲采芹，母不及覩。依依影堂，蒼蒼墓樹。夢想神馳，涕零如雨。慈烏反哺，羔羊跪乳。我忝爲人，何以安處？椎心泣血，負罪難數。傷哉吾母，生兒何補？！」其詩結構近於阮元《刲股詞》，而語調則多出些許兩漢樂府韻致，以深情馭詞，用「詩三百」「國風」「二雅」「比」「賦」之手法，眞情奔湧。徐氏善作苦語，因一生家多不幸，其詩集中可見，徐氏一生五娶妻七納妾，妻妾多青春盛年病歿，生六女凋零成一，五子無一不其送喪。此詩爲其二十歲所作，眞悲苦人作淒涼語也，讀之酸鼻！

今略採清代十家四言詩予述論，旨在發覆「詩三百」於有清二百餘年間形式之存活狀態。

〔註119〕封桂榮等：《江蘇藝文志揚州卷》上，頁三三三，江蘇人民出版社，1995 年版。

〔註120〕愚按：《梧竹軒詩鈔》，光緒刻本，愚家藏也。下引詩章皆出於此本。此本前有陳彝、張丙炎二序，卷首並有張丙炎、梁世禮、殷如瓚、徐兆豐諸家題詞。

第四節 《三宜堂詩》與《詩經》：異國一枝斜

愚丁亥遠遊箕子之里，仲春櫻花爛漫，三五友人同登馬耳山。山腰，明麗閣恬然臥焉，堂前有夫妻和詩碑一，刻湛樂堂夫妻和詩其上，循徑往讀，知「三宜堂」女詩人與夫君爲韓國中世文學史唯一（漢詩）夫妻詩人。韓國中世，即吾國元明清三朝，三宜堂金夫人生活於中世後期，朝鮮王朝正祖時代，即吾國清代乾嘉道三朝。歸百濟古都全州後，覓得《三宜堂金夫人遺稿》，展卷一夜讀竟，掩卷而歎曰：「詩三百」非惟吾國詩人所鍾情，東亞漢詩皆源於「詩三百」者，此可謂一例也。故特列一節述論「詩三百」異國一枝斜斜搖弋春風之櫻花。

一、關於「三宜堂」

三宜堂，金氏夫人所作，金氏其名不詳，其夫湛樂堂主人河涅，南原河氏，河涅生於朝鮮英祖四十五年，1769 年，卒於純祖三十年，1830，韓國湖南南原蛟龍山城西南樓鳳坊人，兄弟六人，河涅爲第三子。金夫人與河涅同年同月同日出生，亦樓鳳坊金氏，〔註121〕卒於純祖二十三年，1823 年。1786年，金夫人與河涅完婚於南原，後於 1801 年遷全羅北道鎮安郡馬靈面芳花里。

韓國文學研究者金德洙著有《金三宜堂詩文學研究》及李月英著有《三宜堂金夫人遺稿譯注》〔註122〕專門研究，此外未見其它研究論著。

現存《三宜堂金夫人遺稿》二卷，〔註123〕石印於 1931 年，發行者爲丁日燮，丁日燮於卷首《緒言》稱金夫人爲正祖朝著名詩人，並以爲金夫人與河涅「門戶相適，才分相等，文藝成就比較莫上莫下，天定匹配。」韓國全羅北道全北大學國文系教授李月英有整理譯注本行世，是著刊於 2004 年，其後附專文「三宜堂詩文研究」。因愚不通韓文，故文中所引皆爲原石印本。

《三宜堂金夫人遺稿》前丁氏一《緒言》外別有兩序一跋。一序爲韓國咸陽吳相喆所作，其曰：「夫人文顯晦，在乎遇時不遇時。至若《三宜堂遺稿》，獨有不然者。在其德性賢孝，可以比肩於長孫婦、孟德耀；其文藻才華，可以伯仲於師任堂、蘭雪軒，而生丁正廟盛時，猶且晦而不顯，是乃時之不幸，

〔註121〕金氏祖籍金海，故金夫人又稱金海金夫人。
〔註122〕李月英：《三宜堂金夫人遺稿譯注》，韓國信禮（音譯）出版社，2004 年版。
〔註123〕金夫人：《三宜堂金夫人遺稿》，韓國全羅南道，光州，三奇堂石印本，1931年，版權頁署「昭和五年十一月」。下引文皆出於此，不另注出矣。

非人文之不幸也。今雖斯文衰頹，覽之者心悅誠服，不覺手之舞足之蹈，安知不爲來世之扶植兆朕者歟？然則此非人文之幸，乃時之幸也。」此序作於庚午年八月，1930 年，由吳氏序可知，《三宜堂遺稿》於金夫人生活之正祖純祖時代黯晦而不顯，而石印刊行《三宜堂遺稿》時代恰日帝統治朝鮮半島時代，朝鮮民族承受殖民至酷者莫過於斯，刊印「三宜堂」詩者欲以詩之德性純孝爲民族保根之旨顯哉，此正詩教也！

烏川鄭迴澤跋語則更爲之揭櫫，其曰：「從古及今，女子子〔註 124〕之能詩文有稿者有幾？而況忠孝二字，乃是開卷第一義諦；而尊攘衛闢，尤極嚴正，足警衰世人心。至若歌詞曲諸篇，眞可謂奇絕妙絕！是稿也，可任之爲稿，而藏之巾衍而已哉。」又曰：「嗚呼！人生事業，不一其揆，而立言著書以示來後，最其大者也。然有此事業者，千百人中一男子，男子子之所不能，女子子而能之。具鬚眉冠帶而讀此者，其賴能無泚乎？又是女子子讀之，其奮發思齊之心，烏可已也，則是稿之脫稿，不爲無補於風化云爾。」此跋亦作於庚午年中秋，鄭氏序倡以詩立教，「溫柔敦厚」，「忠孝」，並以此嚴「尊攘衛闢」，民族於衰世，爲外族入侵殖民，以「詩三百」之教「風化」於民，此正「三宜堂」之所以顯於衰世之緣由也！

金夫人自序其詩稿曰：「聖上（正宗）踐阼，治教休明，菁莪化蔚，鴻儒紛起。關雎德勝，賢媛踵出。自國而南，藹然有二南氣象，雖閭巷婦孺，極育興感，禮義文物，稍有可觀焉。余亦湖南之一愚婦，生長深閨，雖不博考經史，嘗以諺讀解小學，推通文字，略涉諸家，而何嘗形諸文墨，以犯世之譏誚。但將戶庭內所見聞閱歷，或言或詩，任情染毫，而自爲後日鑒規云。」

金夫人作詩爲文本諸「詩三百」，文王之化，二南氣象，以興感爲歌詩，「詩三百」作爲「經」，於韓國閨閣竟有如此一枝芳香。

《三宜堂金夫人遺稿》卷一爲詩，計一百一十一篇，二百五十三首；卷二爲文，書六篇，序七篇，祭文三篇，雜識六篇，計二十二篇。集中有四言詩《送兄于歸》一組三首。

金夫人夫君河浬堂以「湛樂」名，典出詩經也，《詩經·小雅·賓之初筵》：「籥舞笙鼓，樂既和奏，烝衎烈祖，以洽百禮。百禮既至，有壬有林，錫爾純嘏，子孫其湛。其湛曰樂，各奏爾能，賓載手仇，室人入又。酌彼康爵，以奏爾時。」《詩經·小雅·北山》篇亦有「或湛樂飲酒」句。

〔註124〕愚按：後一「子」表示尊稱，韓國漢文表達通例，下同。

二、三宜堂詩與「桃夭」

　　《詩經・周南・桃夭》一篇膾炙人口，《毛詩序》以爲「男女以正，婚姻以時，」後世多以此爲婚嫁詞，以「桃夭」爲婚嫁意象，美新釀之美豔。帝王庶民皆一致也。

　　乾隆御製詩集中桃夭意象屢見數次，如《即景書事》：「帝京婚娶傍年多，曉起恒聞鼓吹羅。戶口繁滋逢世泰，孫曾次第畢姻過。（京師旗民嫁娶於嘉平月尤多，鼓吹之音聞於內廷，今歲皇孫皇孫女皇曾孫女均有於年前次第完娶禮聘者，宮庭聚慶足娛，目前尤爲太平盛事。）家庭晚景堪娛此，絲竹東山覺勝他。漫議桃夭異周禮，梅傳春信正含和。」〔註125〕

　　再如曹貞吉《珂雪詞》卷下〔註126〕《綺羅香　沈融谷新娶夫人善琴書同人共賦》：「柳密藏鴉，堂空語燕，大好夭桃天氣。蝶粉初消，二月東風破睡。鏡盒映、筆格珊瑚。硯匣伴、眉妝翡翠。最憐他、腕底橫斜，烏絲閒寫麗情字。　　珍珠指下亂撒，彈入明光一曲，聲隨流水。兒女喁喁，點綴小窗幽致。妒兩行、銀雁輕飛，墮萬里、玉關清淚。記夜深、金鴨燒殘，迷離香霧裏。」

　　上述詩詞中「桃夭」皆新嫁新娶意象，《三宜堂金夫人遺稿》有《嫁二女》詩，其曰：「之子于歸日，未及桃夭節。僕夫駕新轎，飄飄飛雨雪。侍婢行前導，季妹泣相別。臨門贈一語，宜家又宜室。」詩以《桃夭》句起結，中兩聯白描，「雨雪飄飄」，《詩經・小雅・采薇》化來，韓國舊時嫁女猶如生離，女子出嫁後輕易不得歸省，其情如將士出征之心傷，吾國古今皆有「哭嫁」之俗，侍婢前行復催嫁，小妹不捨別涕淚，白描中眞情瀉出。「宜家又宜室」，《桃夭》篇中來，以「詩三百」爲臨別囑託，詩教也！此正《毛詩序》所謂「經夫婦，成孝敬，厚人倫，美教化，移風俗」也。

　　嫁女用「桃夭」之色，金夫人大婚之時新郎君河湦亦以「桃夭」之句相贊。《三宜堂金夫人逸稿》有金夫人新婚之夜和夫子詩兩首，其題曰：「同里有河氏，家雖貧而世以文學鳴，有子六人，其第三曰□，風采俊偉，才藝通敏。父母每往見奇之，遣媒妁，結婚姻，遂行卺禮，禮成之夜，夫子連吟二絕，妾連和之。」河湦所吟其一曰：「夫婦之道人倫始，所以萬福原於此。試看《桃夭》詩一篇，宜室宜家在之子。」以「桃夭」喻新婚，以「宜室宜家」讚美

〔註125〕愛新覺羅・弘曆：《御製詩集》，五集卷十八，四庫全書本。
〔註126〕曹貞吉：《珂雪詞》，卷下，四庫全書本。

新娘。河涅另有一和詩亦用「桃夭」意象喻新婚，其詩曰：「吾家家法擅吾東，久沐西京盛德隆。之子歸來花灼灼，一門和氣盡春風。」

金夫人熟讀「詩三百」，集中有四言詩《送兄于歸》一組三首，神形畢肖「詩三百」，移錄如次：「瞻彼東園，有桃夭夭。我兄其歸，六轡是調。于彼城南，去路迢迢。未作同歸，我心如焦。」又曰：「瞻彼泉源，征車涉津。我兄其歸，宜其家人。于彼賢門，爰迎其新。志不同行，嗟我女身。」再曰：「瞻彼長程，白雲初起。我兄其歸，遠從吉士。于彼離亭，夕陽十里。悵望行塵，我心如熒。」三章章八句，一唱三歎，純風雅之體，形貌如《漢廣》、《瞻彼洛矣》諸篇。此處送兄，疑當為女兄，即送姊也。首章「有桃夭夭」，「桃夭」意象喻婚嫁也，二章「宜其家人」，語用《桃夭》中原句，貫穿三章，反覆詠歎之句「我兄其歸」，亦化用此篇。而「六轡是調」語從《詩經‧小雅‧皇皇者華》中化出，而每章起首「瞻彼東園」等三句為《詩經》中常見句式，如《詩經‧衛風‧淇奧》、《詩經‧小雅‧吉日》諸篇。「遠從吉士」，則由《詩經‧召南‧野有死麕》「有女懷春，吉士誘之。」中取語以喻新郎。「我心如熒」，語出《詩經‧周南‧汝墳》「魴魚赬尾，王室如燬；雖則如燬，父母孔邇。」《傳》曰「燬，火也。」「我心如焦」，「我心如熒」極寫金夫人與兄分別之心情。

金夫人郎君河涅和其詩中別有一首曰：「閭巷歌謠聳女男，周南風教又湖南。三宜堂外桃夭處，最見宮中聖化覃。」此處「桃夭處」既指金夫人來歸，亦兼指春色如錦。

《三宜堂金夫人遺稿》中他詩亦有用「桃夭」意象喻春天，如《春日即事》：「桃花灼灼滿枝開，恰似機頭紅錦裁。莫遣東風任吹去，故教山鳥好含來。」用「桃之夭夭，灼灼其華。」渲染春色，詩一開篇即重色濃敷，「東風」、「山鳥」兩句極為空靈，為金夫人絕句中精品。

「詩三百」「桃夭」意象喻春天以吾國詩詞中常用例也，如乾隆詩：《碧桃》，其曰：「夭夭桃朵依依柳，都占東風第一枝。欲問詩人陌頭態，可如天上豔陽姿。」〔註127〕吳昌碩題畫詩《題桃花》曰：「灼灼桃之花，赬顏如中酒。一開三千年，結實大如斗。」〔註128〕皆以「桃色」敷「春色」者也。

〔註127〕愛新覺羅‧弘曆：《御製詩集》，三集卷五十七。
〔註128〕吳企明：《歷代名畫詩畫對讀集》，「花鳥卷」，頁一九六，蘇州大學出版社，2005年版。

三、「三宜堂」詩與《詩經》

　　三宜堂金夫人詩歌創作大致可釐為三期，前期：未婚時節（1769～1786）；中期：南園媤家時節（1786～1801）；晚期：移居鎮安時節（1801～1823）。〔註129〕

　　金夫人為女兒時節即以「詩三百」為訓，喜讀《詩經》，遵詩教。其有《讀書有感》九首可窺見其學詩歷程，其二曰：「風化周南已蔚然，葩經一部即今傳。試看湖巷歌謠起，人孰採之被管絃。」首句即用《毛詩序》「周南」之意，此為金夫人詩學之總綱。葩經，即《詩經》別稱也，金夫人亦以為「詩三百」皆採之民間被之管絃者，所謂「風以動之，教以化之。」其強調純正詩教，以戒淫詩。如其五曰：「鄭衛音何載在詩？人心懲創莫如斯。世人不識宣尼意，惹出淫情反效為。」「鄭聲淫」，「放鄭聲」，金夫人以為孔仲尼仍將「鄭風」置於「詩三百」旨在懲戒世人人心，世人不識反傚之，真謬之甚矣！

　　作為少女之金夫人雖懷春亦止於禮，如《讀書有感》其四曰：「清晨坐讀召南詩，摽梅懷春若相思。於此始知觀詩法，其意不可害以辭。」「摽梅」語出《詩經·召南·摽有梅》第三章：「摽有梅，頃筐墍之。求我庶士，迨其謂之。」青春之漸逝，婚戀尚未得，閨閣女子懷春也。金夫人則與轉合處筆鋒忽旋，將此閨閣詞一變為論詩詩，歸結至「詩法」不可以意害辭，真一正統純粹之少女也！

　　而「三宜堂」詩開篇《笄年吟》第一首亦用《摽有梅》，其詩曰：「十三顏如花，十五語如絲。內則從姆聽，新妝學母為。束髮才成髻，舉案能齊眉。摽梅已三實，傾筐又墍之。」「十五而笄」，詩人以「摽梅已三實，傾筐又墍之」喻待嫁，並似有急切意思，猶如「摽有梅」之少女，焦急待春風。

　　金夫人詩發乎情止乎禮，雖少女亦不為情詩，如《笄年吟》其二曰：「生長深閨裏，窈窕守天性。曾讀內則篇，貫知家門政。於親當盡孝，於夫必主敬。無儀亦無非，惟順以為正。」「窈窕」語出《關雎》，淑女思春也，而詩人竟歸於「禮」言，遵《毛詩序》「關雎，后妃之德也。風之始也，所以風天下而正夫婦也。」故曰「無儀亦無非，惟順以為正。」其句取於《詩經·小雅·斯干》：「乃生女子，載寢之地，載衣之裼，載弄之瓦。無非無儀，唯酒

食是議，無父母詒罹。」《說文》：「非，違也。」無非，無違也。儀，度也，度事之輕重以為制斷也。於親於夫，無違其意，善度事而不自作主張。

金夫人閨中既有詩教之賢，嫁入河家後亦以詩教衡行止。其《和夫子詩》其二曰：「湛樂堂中樂五男，無雙盛事漢之南。須看棠棣花深處，自是西京風化覃」以《詩經‧小雅‧棠棣》喻兄弟和睦，其時河涅赴京趕考，金夫人以詩示夫，表明心跡，與家中兄弟和睦相處。其又《陪夫子唱酬》曰：「姬家文物煥吾東，柞棫鳶魚聖化隆。湛樂堂中娛樂處，周公棠棣又和風。」此詩除用「棠棣」外，「柞棫鳶魚聖化隆」化用《詩經‧大雅‧旱麓》三五兩章，「鳶飛戾天」、「瑟彼柞棫」。

金夫人《十二月詞》，組詩十二首，結構似從《七月》中的神韻，其九曰：「秋晚東籬菊有黃，薄言采采不盈筐。為誰酌彼杯中物，好送佳辰莫我傷。」借《詩經‧周南‧卷耳》意境寫重陽之詞，其十曰：「秋事前村已滌場，東家速舅殺羔羊。郎君不到重門掩，蟋蟀何心入我床。」「滌場」，「蟋蟀何心入我床」，皆自《七月》詩中來。

金夫人「三宜堂」集中屢有「詩三百」語詞顯於詩行，如《月出》、《伯兮》、《車攻》等篇什，非詩如此，書信中亦常以「詩三百」情境語詞表情達意。

如《與夫子書》：「芳草長堤，蕭蕭馬鳴。顛倒裳衣，出門而看，則有一年少飄然去。即命僮僕，往問科場消息，知吾君子，又落於今榜中也。君子得無勞乎？吾將竭力乃已！……」「蕭蕭馬鳴」語出《詩經‧小雅‧車攻》，「顛倒衣裳」語出《詩經‧齊風‧東方未明》，「君子得無勞乎」語出《詩經‧衛風‧碩人》。

再如《送夫子往拜沈熊川象奎序》：「屏山即我姓鄉之鄰邑也，僻處海隅，隔遠王城，呿俗蚩蚩，風化未洽。……」

而《送二女于歸序》則通篇以溫柔敦厚詩教行文：「……且汝之歸也，路過豐沛棠陰之下，想見風化之蔚然，必有興起，感發之心也。古昔召伯之憩南國也，南國婦女無不各得其所。摽梅、野麕、江沱、穠華之所以詠也。今我巡相，以聖上命，來按湖南宣化二年，州有江漢之風，野無行路之歎。召南之化，復見於今日也。……」

金夫人亦別有《雜識》一篇，亦闡明詩教之立身齊家之功能，並身體力行，恪守此道云云。

綜而言之，金海金氏夫人「三宜堂」詩由「詩三百」滋養而出，且其以詩教立身齊家。《詩經》於異國亦得芬芳彌播，「詩」之情之動人乎？「詩」之禮規人於雅正乎？或兼而有之矣。

第五節　心際筆端「詩三百」

「詩三百」爲後世詩歌創作文本之源，無論其語詞，抑或其本事及情境皆在後世詩歌中重現迭出。或隱稱其篇目，旨在藉用詩序美刺之意；或截取成句，移用周人情懷；或徑書成詞，而知其「詩三百」原句則益能發微作者宛曲。可見，「詩三百」存於歷代詩人心際筆端。本節以具體作家作品爲例研討「詩三百」於清詩詞文中之「積澱」。

一、「詩三百」之文學存活狀態

《詩經》爲文學經典，爲歷代詩人創作之衡度，非其「經學」身份可掩蓋者。有論者以爲六朝人說《詩》如謝氏顏推者開啓文學評點；亦有人論朱熹首創《詩經》文學研究。復有詩經學史論者以爲漢代爲文學《詩》而經學《詩》，明代爲經學《詩》而文學《詩》。愚以爲，作爲研究對象，《詩經》之文學特性歷代研究者從未忽視，而歷代皆有研討《詩經》文學藝術言論在，《詩》從來即「詩」也！

《詩》之爲「詩」，別一重要體現爲其始終存活於歷代文學作品中。此將涉及古代詩文批評一範疇：用典，故以此爲切角論「詩三百」之文學存活狀態。

今人羅積勇《用典研究》爲用典語言學研究之力作，其總結用典方式則列舉陳繹曾《文說》九類及高崎《文章一貫》十四類之說，〔註130〕此皆指用事而言，羅氏則從五種不同層面分出用典方式十六種，此立足於語言學研究用典。

《詩經》爲歷代詩人所用引稱舉皆可謂爲用《詩》典，愚嘗試爲分四類：用語，用事，用義，用情（境）。

用語，指用「詩三百」語詞，此類可分爲二。

所用之詞語只屬於「詩三百」，即用《詩經》專用語詞，此其一也。如顧

〔註130〕羅積勇：《用典研究》，頁二十九至三十，武漢大學出版社，2005年版。

炎武詩《河上作》〔註131〕：「行將朝白帝，一訴斯民罹。」「民罹」一詞語出《詩經・小雅・小弁》：「弁彼鸒斯，歸飛提提。民莫不穀，我獨于罹。何辜于天？我罪伊何？心之憂矣，云如之何？」此將「民莫不穀，我獨于罹」兩句首尾二字合為一詞，屬「詩三百」專有，顧氏用此憤憤譴責清廷「豈顧民生」？〔註132〕再如顧炎武詩《梓潼篇贈李中孚》：「尸饔常並日，廢《蓼》擬填溝」〔註133〕，「尸饔」一詞語出《詩經・小雅・祈父》：「祈父，亶不聰。胡轉予于恤？有母之尸饔。」此指「陳饔以祭，志養不及親」〔註134〕，為「詩三百」專有之詞。顧氏此詩用此語亦有譴責當政者「不聽民生」之意也！此為《祈父》此章之意。姚鼐《送胡豫生之山西趙城將訪乃翁所知》亦曰：「承家彈鋏向風塵，有母尸饔尚藜藿。」〔註135〕更顯見用《詩》語詞。

其二，所用詞語源於「詩三百」，後世成為常用詞語，重疊貌詞如「蚩蚩」、「蕭蕭」、「習習」、「奕奕」等，常用名動形容詞如「總角」、「執手」、「楊柳」、「黽勉」等，皆屬此類。此類用語亦可分為三種情況：

一者，僅為語詞習用，已與「詩三百」並無太大關係，知其源亦不能增其詩意蘊多少，不知其源似無妨。如顧炎武詩《述古》：「六國固蚩蚩，漢興亦攘攘」。〔註136〕「蚩蚩」，《毛傳》：敦厚之貌，語出《詩經・衛風・氓》「氓之蚩蚩」，後人皆知此意，此處似可擺脫「詩三百」之語源而讀顧氏此詩無礙。再如納蘭性德詞《菩薩蠻》：「黃雲紫塞三千里，女牆西畔啼烏起。落日萬山寒，蕭蕭獵馬還。」〔註137〕「蕭蕭」寫馬鳴喻離別出於《詩經・小雅・車攻》：「蕭蕭馬鳴，悠悠斾旌」。再如姚鼐詩《萬年庵次劉石庵韻以呈補山》：「遠風來習習，涼葉忽翻翻。」之「習習」，〔註138〕指其源於「習習谷風」與否無妨本詩理解。

〔註131〕顧炎武：《河上作》，《顧亭林詩集彙注》，頁一一四七。
〔註132〕愚按：此說可參王蘧常《彙注》所引徐注顧氏《答徐甥公肅書》。《顧亭林詩集彙注》，頁一一五零。
〔註133〕顧炎武：《梓潼篇贈李中孚》，《顧亭林詩集彙注》，頁一一八一。
〔註134〕程俊英：《詩經注析》，頁五三三。愚按：此為孔疏引許慎《五經異義》，程氏從之，然也。
〔註135〕姚鼐：《惜抱軒詩集訓纂》，頁二三六，黃山書社，2001年版。
〔註136〕顧炎武：《述古》，《顧亭林詩集彙注》，頁一零零六。
〔註137〕納蘭性德：《納蘭詞箋注》，張草紉箋注，頁八十一，上海古籍出版社，1995年版。
〔註138〕姚鼐：《惜抱軒詩集訓纂》，頁三二七。

　　二者，不溯源至《詩經》可作常用詞暢讀，若溯源「詩三百」原句解釋詩句意蘊更為豐富深入。如柳永詞《雨霖鈴》：「執手相看淚眼，竟無語凝噎」，「執手」語出《詩經・邶風・擊鼓》：「死生契闊，與子成說。執子之手，與子偕老。」不追溯語源無妨理解，若溯源於此，則可見詞人「執手」一詞白描中之百般情意萬般悲楚，本該「執手」「偕老」，而今別離，當時「偕老」之誓反使我怨矣！夫復何言哉？！惟「執手」「竟」「無語」「凝噎」！後三詞之情緒翻騰皆由「執手」而來，若不溯語源至「詩三百」恐不能如此深入也歟。同此，「楊柳岸曉風殘月」，「楊柳」一詞似緊連「依依」方能使人聯想《詩經・小雅・采薇》「昔我往矣，楊柳依依；今我來思，雨雪霏霏。」「楊柳」喻別離語典即出於此，《采薇》詞句中「楊柳」「雨雪」既春冬景色反襯，亦隱喻時序變化年齡增長，人生由「春」而「冬」，青年而老年。讀至此可見詞人淒美之境中悲愴之情，我之往者「楊柳」如戍士之往者同也，戍士於依依楊柳時而成孤獨之兵，詞人同境形隻影單，戍士暮年歸來，抑或如漢樂府所歌者——家空人無，雖歸，悲亦何及？而詞人何日重歸？重歸亦「雨雪霏霏」？噫，其悲涼真正徹骨！清詩亦如此，如顧炎武《悼亡》：「獨坐寒窗望藁砧，宜言偕老記初心。誰知遊子天涯別，一任閨蕪日夜深。」〔註139〕此處「宜言」、「偕老」已是常用詞，不溯源亦能暢讀。試溯源於「詩三百」《鄭風・女曰雞鳴》：「宜言飲酒，與子偕老。琴瑟在御，莫不靜好。」此寫新婚燕爾，顧氏悼亡「記初心」，亮色樂境寫哀境，其哀更甚百倍。

　　三者，詞雖常用而欲解其詩非溯源而不得。如杜甫詩《兵車行》：「車轔轔，馬蕭蕭，行人弓箭各在腰。耶娘妻子走相送，塵埃不見咸陽橋。」杜甫詩用《詩》語入己作例有數十，別文述論。此處「車轔轔」出自《詩經・秦風・車轔》：「有車鄰鄰，有馬白顛。未見君子，寺人之令」。「鄰鄰」又作「轔轔」。鄭箋：「君臣以閒暇宴飲相安樂也。」「馬蕭蕭」出自《車攻》，《毛序》：「宣王能內修政事，外攘夷狄，復文、武之境土；修車馬，備器械，復會諸侯於東都，因田獵而選車徒焉」。「行人」語出《詩經・齊風・載驅》：「汶水湯湯，行人彭彭。魯道有蕩，齊子翱翔。」《毛序》：「齊人刺襄公也。無禮義，故盛其車服，疾驅於通道大都，與文姜淫，播其惡於萬民焉。」於此可見解杜工部心曲不得不溯源「詩三百」，《兵車行》開篇即將唐王朝君臣逸樂以至

〔註139〕顧炎武：《悼亡》，《顧亭林詩集彙注》，頁一二六一。

淫亂播惡於民與用兵吐蕃民苦兵役〔註140〕交織詩行深處矣，「蕭蕭馬鳴」以壯行色，心存宣王仲興之願。不溯源「詩三百」，豈可探得杜工部宛曲衷腸？清詩亦有如此例，如顧炎武詩《爲丁貢生亡考衢州君生日作》：「欲向舊京傳孝友，當時誰得似丁蘭」〔註141〕此處「孝友」已爲常用詞，語源自《詩經・小雅・六月》：「吉甫燕喜，既多受祉。來歸自鎬，我行永久。飲御諸友，炰鱉膾鯉。侯誰在矣？張仲孝友。」《毛序》：「宣王北伐也。」顧氏欲中興朱明王朝無日不念在心際，不溯源至「詩三百」幾不可得其心衷。

用事，即用「詩三百」史實。《詩經》有史實可考者十之一二，且歷來眾說紛紜，故此類用典較少。如姚鼐《哭錢侍御三十二韻》：「能國惟君子，丕時讓俊民。……如何孤有德，終歎百其身。……」〔註142〕此處「百其身」用《詩經・秦風・黃鳥》事：「哀三良也。國人刺穆公以人從死，而作是詩也」。以「三良」之一喻錢東注，以秦穆公喻和珅，雖比類未必妥切，而情感激憤眞摯。

用義，指用《詩經》旨意入詩。此類於歷代詩歌用「詩三百」典最屬多見者，如顧炎武詩《謁周公廟》：「舊史書茅闕，新詩採閟宮。」〔註143〕此用《詩經・魯頌・閟宮》之旨，《毛序》：「頌僖公能復周公之宇也。」再如顧氏詩《杭州》：「一代都人士，盡屈穹廬膝。」〔註144〕此語出《詩經・小雅・都人士》：「彼都人士」，《毛序》：「《都人士》，周人刺衣服無常也。古者長民，衣服不貳，從容有常，以齊其民，則民德歸壹。傷今不復見古人也。」顧氏用義在「刺衣服無常也」！清初薙髮變服旨在以滿俗脫胎換骨漢家子弟。

用情，即用「詩三百」之情境入詩。如黃侃詞《壽樓春》下闋：「摧蓬鬢，驚塵沙。聽寒風野哭，荒戍清笳。換盡人間何世，海桑堪嗟。涼露下，滄波遐。澹一江、淒淒蒹葭。但遙想蒼茫，招魂路賒、愁轉加。」錢師曰：「涼露」三句出《詩經・秦風・蒹葭》；「遙想」二句暗用《蒹葭》〔註145〕。此黃氏詞中用「詩三百」《蒹葭》迷迷茫茫之意境也。

〔註140〕參見仇兆鰲：《杜詩詳注》，頁一一三，中華書局，1995年版。
〔註141〕顧炎武：《爲丁貢生亡考衢州君生日作》，《顧亭林詩集彙注》，頁五八七。
〔註142〕姚鼐：《惜抱軒詩集訓纂》，頁四六八。
〔註143〕顧炎武：《謁周公廟》，《顧亭林詩集彙注》，頁五六九。
〔註144〕顧炎武：《杭州》，《顧亭林詩集彙注》，頁七四二。
〔註145〕錢師仲聯：《清詞三百首》，頁四六二，嶽麓書社，1992年版。

二、清詩用「詩三百」典舉例

　　顧炎武詩處鼎革之際，存遺民之志，故詩中多變風變雅篇什。檢顧集略作統計，「小雅」有：《彤弓》、《斯干》、《四牡》、《巷伯》、《正月》、《大田》、《小宛》、《祈父》、《伐木》、《小弁》、《十月之交》、《南山有臺》、《信南山》、《何草不黃》諸篇；「大雅」有：《崧高》、《文王》、《酌》、《靈臺》、《棫樸》諸篇；餘及《衛風・氓》、《齊風・倚嗟》、《唐風・杕杜》、《齊風・雞鳴》等章。「三頌」所取較少。取「變風變雅」語詞抒發故國之思，記取亡國之痛，取「三頌」「正風正雅」語詞多期中興朱明，矢志抗清之冰潔之操。

　　顧詩中用「詩三百」語詞常多孤臣忠膽，如《將去關中別中尉存樞於慈恩寺塔下》：「薄田遺豆萁，童阜剩薪蒸。疾病嗟年老，虔恭尚夙興。」〔註146〕「薪蒸」語自《詩經・小雅・無羊》：「爾牧來思，以薪以蒸，以雌以雄。」《毛序》曰：「《無羊》，宣王考牧也。」用宣王中興乃顧詩中常見之例。「夙興」語出《詩經・衛風・氓》：「夙興夜寐，靡有朝矣。」以棄婦之辛勞喻遺民抗清之艱辛忠貞。「夙興」一詞別見於其詩《赴東》：「夙興正衣冠，稽首向園墠，詩人岸獄中，不忘恭敬辭。所秉獨周禮，顛沛猶在斯。」〔註147〕此詩中「岸獄」語自《詩經・小雅・小宛》：「哀我填寡，宜岸宜獄。」朱熹《詩集傳》曰：「此大夫遭時之亂，而兄弟相戒以免禍之詩。」「顛沛」一詞源於《詩經・大雅・蕩》：「人亦有言：顛沛之揭。」《毛序》：「蕩，召穆公傷周室大壞也。厲王無道，天下蕩蕩無綱紀文章，故作是詩也。」

　　處於盛世之重臣姚鼐詩集中則多引「大雅」「三頌」「正風」之篇，「大雅」篇目最多，如：《文王》、《大明》、《靈臺》、《棫樸》、《江漢》、《崧高》諸篇。

　　引「三頌」，如《登黃鶴樓次補山韻》：「罙入深穴縛虎子，欲效左手如羊牽。」〔註148〕「罙入」用《詩經・商頌・殷武》：「撻彼殷武，奮伐荊楚。罙入其阻，裒荊之旅。有截其所，湯孫之緒。」姚氏用殷武擴疆拓土遠征平定荊楚事典喻大學士傅恒督師遠征緬甸凱旋，極寫大國聖威。姚氏引「周頌」者如《銅鼓歌》：「峒溪春秋會，祈報進雞豚」。〔註149〕「祈報」語出《詩經・

〔註146〕顧炎武：《將去關中別中尉存杠於慈恩寺塔下》，《顧亭林詩集彙注》，頁八七零。
〔註147〕顧炎武：《赴東》，《顧亭林詩集彙注》，頁九六八。
〔註148〕姚鼐：《惜抱軒詩集訓纂》，頁九十五。
〔註149〕姚鼐：《惜抱軒詩集訓纂》，頁四九九。

周頌・載芟》之《毛序》:「春籍田而祈社稷也。」及《詩經・周頌・良耜》之《毛序》:「秋報社稷也。」

姚鼐於《〈瞻園松石歌〉爲陳東浦方伯作》詩自道曰:「謝公哀樂羊公淚,好誦《甘棠》召伯詩」〔註150〕,「二南」淳雅,爲文王之化,在朝重臣祈向於此可見一斑。姚氏多次引《甘棠》篇,如《哭陳東浦方伯三十二韻》等。姚氏詩中亦有引「小雅」入句者,如《懷陳伯思》:「料得涼宵風雨急,誦詩流涕即令原。」〔註151〕「令原」語出《詩經・小雅・棠棣》:「脊令在原,兄弟急難。每有良朋,況也永歎。」《毛傳》曰:「脊令,雝渠也。飛則鳴,行則搖,不能自舍耳。」《孔疏》引郭璞曰:「以喻兄弟相救於急難。」姚氏以此懷傷陳伯思,伯思字仲思,官檢討,與姚鼐友善,姚氏作是詩時伯思已卒。

思考「詩三百」此種文學存活狀態初因錢師課講沈增植詩《中秋前二夕月色致佳,憶甲午中秋京邸望月有詩,不能全憶矣》,錢師指出沈詩中雖多兩氏諸史,而詩中亦屢用六經,用《詩》尤多,當細察方能讀出沈詩趣味。愚歸後將錢師所注沈詩集中引《詩》句逐次輯出竟得百數十條。

沈增植詩《中秋前二夕月色致佳,憶甲午中秋京邸望月有詩,今不能全憶矣》:「依然圓滿清光在,多事山河大地依。十五年來天不駿,百千劫去淚長揮。當時棘爲銅駝歎,後夜潮催白馬歸。垂髮鬖醫憑欄影,只憐朝露未能晞。」「十五年來天不駿」用《詩經・小雅・雨無正》首章:「浩浩昊天,不駿其德。降喪飢饉,斬伐四國。昊天疾威,弗慮弗圖。舍彼有罪,既伏其辜。若此無罪,淪胥以鋪。」《毛傳》:「駿,長也。」錢師引胡承珙《毛詩後箋》曰:「長,與常同,即天命靡常之意。」〔註152〕沈氏此詩作於民國四年,1915年,其寓居滬上。〔註153〕此「天不駿」即指前清覆滅後國是紛亂而言,知《雨無正》之意方能深知沈詩詩旨,《毛序》:「《雨無正》,大夫刺幽王也。」政令多出如雨,生民不堪,皇天賜恩惠於下民無常也已!「只憐朝露未能晞」,語源自《蒹葭》:「蒹葭淒淒,白露未晞」,《蒹葭》,秦人思舊邦也,舊邦爲周。錢師於此徑引曹植詩:「人生處一世,忽若朝露晞。」沈氏爲遺老可見其心志一斑矣。

〔註150〕姚鼐:《惜抱軒詩集訓纂》,頁二零六。
〔註151〕姚鼐:《惜抱軒詩集訓纂》,頁三六一。
〔註152〕錢師仲聯:《沈增植集校注》,頁九四三,中華書局,2001年版。
〔註153〕許全勝:《沈增植年譜長編》,頁四一二,中華書局,2007年版。

　　沈詩用《詩》典常一語雙關，屬用語其二者。如《野哭》其四：「草草投東市，冥冥望北辰。並無書牘語，虛望解環人。天地微生苦，山河末劫眞。一哀終斷絕，千古爲酸辛。」〔註154〕沈氏五首《野哭》專爲悼「六君子」而作。此處「草草」固然指「六君子」遭「未訊而誅」，朝廷處決重臣竟如此「草草」！而此處「草草」亦用「詩三百」語詞，《小雅・巷伯》：「驕人好好，勞人草草。蒼天蒼天，視彼驕人，矜此勞人。」《毛傳》曰：「草草，勞心也。」《鄭箋》曰：「草草者，憂將妄得罪也。」經此一揭，悼亡憤懣抱屈之情便溢於言表。顧炎武亦有詩《桃花溪歌贈陳處士梅》：「定陵龍馭歸蒼昊，國事人情亦草草。」〔註155〕同此調。

三、清詞駢文用《詩經》典舉隅

　　詞家語取「詩三百」多限於用語，用情用義次之，絕少用事者。晚近詞人汪文溥《大江東去　弔廣州死難七十二烈士》：「殲良胡酷，剎那成宿草，痛哉英物！」〔註156〕即用「詩三百」《秦風・黃鳥》「三良人」事。此類甚少。

　　納蘭性德詞《金縷曲》：「生怕芳樽滿，到更深、迷離醉影，殘燈相伴。依舊迴廊新月在，不定竹聲撩亂。問愁與、春宵長短。人比疏花還寂寞，任紅蕤、落盡應難管。向夢裏，聞低喚。　　　此情擬倩東風浣。奈吹來、餘香病酒，旋添一半。惜別江郎渾易瘦，更著輕寒輕暖。憶絮語、縱橫茗碗。滴滴西窗紅蠟淚，那時腸、早爲而今斷。任角枕，欹孤館。」〔註157〕此處「角枕」爲「詩三百」專名，《詩經・唐風・葛生》：「角枕粲兮，錦衾爛兮。予美亡此，誰與獨旦！」《鄭箋》：「夫從征役，棄亡不反，則其妻居家而怨思。」《葛生》也可視爲悼亡詩之祖。〔註158〕以燦爛絢美之衾枕反襯斯人獨守漫漫長夜之孤苦，納蘭性德此詞爲悼亡之作，於此可得一證耳，此闋詞心正在於「任角枕，欹孤館。」知其用《葛生》典便可探得此首詞眞意。

　　再如《金縷曲　西溟言別，賦此贈之》下闋：「曰歸因甚添愁緒。料強似、冷煙寒月，棲遲梵宇。一事傷心君落魄，兩鬢飄蕭未遇。……」「曰歸」語出《詩經・豳風・東山》：「我東曰歸，我心西悲」極寫離緒別情。

〔註154〕錢師仲聯：《沈增植集校注》，頁一九七。
〔註155〕顧炎武：《桃花溪歌贈陳處士梅》，《顧亭林詩集彙注》，頁二八二。
〔註156〕錢師仲聯：《清詞三百首》，頁四六八。
〔註157〕納蘭性德：《納蘭詞箋注》，張草紉箋注，頁三零九。
〔註158〕程俊英：《詩經注析》，頁三二八。

浙派詞開山者朱彝尊爲經學家，詞集中用《詩》之典更在百數十處，當有別文專爲研討，於此僅舉一二例作豹窺。

如《多麗 送王懷仁謫官西安經歷》上闋開頭：「滿長亭、落葉西風殘日。縊青絲、勸斟別酒，一杯知共何夕。且踟躕、路歧執手，莫愁他、急管橫笛。……」〔註159〕此幾句除用「執手」外，尚有「何夕」出自《詩經‧唐風‧綢繆》：「今夕何夕？見此良人。子兮子兮！如此良人何！」「踟躕」語自《詩經‧邶風‧靜女》：「靜女其姝，俟我於城隅。愛而不見，搔首踟躕。」此皆情語，以聚寫離，別一種風姿。朱詞多用「搔首」、「踟躕」等情貌語，其白描法得諸「詩三百」。「何夕」於其詞《怨王孫 七夕》亦有。〔註160〕

再如《鶴衝天》「西風江渚」〔註161〕語用《蒹葭》「宛在水中央」，其情境亦用《蒹葭》篇。不贅。

清宋學家多擅散文，而漢學家多長於駢文。其健者如陳維崧、毛奇齡、汪琬、洪亮吉諸人。〔註162〕駢文用「詩三百」語典者更俯拾皆是，限於篇幅，亦舉一例備其一格。

如陳維崧《壽徐健庵先生序》〔註163〕曰：「顧諸君善禱，競誇有脊而有倫。詎賤子不文，未克以南而以雅。」《詩經‧小雅‧正月》：「維號斯言，有倫有脊。」「以雅以南」爲《詩經‧小雅‧鼓鍾》之句。又曰：「用文繁深，贊崧高之峻極」。《詩經‧大雅‧崧高》：「崧高維嶽，駿極于天。」再曰：「銅溝清泚，衎我嘉賓。」前句見左思賦與《南史》，後句語見《詩經‧小雅‧南有嘉魚》：「君子有酒，嘉賓式燕以衎。」

「詩三百」爲後世文學一大寶藏也，民初學士已多言及，以上《詩經》存活於清代文學之狀態，似可佐證之矣。

〔註159〕朱彝尊：《朱彝尊詞集》，頁四十九，浙江古籍出版社，1994年版。

〔註160〕朱彝尊：《朱彝尊詞集》，頁一九七。

〔註161〕朱彝尊：《朱彝尊詞集》，頁三六七。

〔註162〕參見瞿兌之：《駢文概論》，頁一一七至一二六，海南出版社，1994年版。

〔註163〕王文濡：《清代駢文評注讀本》，第一冊，頁十三至十六，上海文明書局，1917年版。

第七章　清代文學理論與詩經學

　　清代（包括晚近）文學理論爲傳統文學理論之顛峰，殆後世並無異言。流派之林立，立論之多彩，遠溯今討之精警，國學西學之相峙相融，詩詞文戲曲小說批評理論之競流，紛紛紜紜，蔚爲大觀。清代文學理論發展中一無可迴避之標的即《詩經》，清代文學理論語境中之《詩經》研究爲清代詩經學一支流之說當能成立，此類論述可視爲《詩經》存活於清代文學之理論文本。限於篇幅，本章僅以詩話與論詩絕句兩視角研討別一形態之清代詩經學。

第一節　清代詩話與詩經學

　　《文心雕龍》「徵聖」「尊經」、「辨騷」「明詩」之篇已有文學理論語境中論評「詩三百」之先河，而詩話之有論《詩經》者自宋詩話《溫公續詩話》之論《詩經·小雅·苕之華》始，司馬光曰：「詩云：『牂羊墳首，三星在罶。』言不可久。古人爲詩，貴於意在言外，使人思而得之，故言之者無罪，聞之者足以戒也。」〔註1〕後世詩話縱論「詩三百」不可勝指，而研究詩經學史之著多略而不計，殊爲憾者。

〔註 1〕 司馬光：《溫公續詩話》，《歷代詩話》本，何文煥輯，中華書局，1981年版。
　　　　愚按：此章所引多由閱讀蔡守湘編《歷代詩話論〈詩經〉〈楚辭〉》（武漢大學出版社，1991年版）及臺靜農《百種詩話類編》下冊（臺灣，藝文印書館，1974年版）所輯，愚按圖索驥閱讀相關詩話，復有所增，本文所引均一一查核原著，附記於此，以示坦誠而已。另，其它文學理論著作論《詩經》自有早於此者，詩話論《詩經》此似最早。

今人龔鵬程作專文《詩話詩經學》刊於《北京大學學報》，〔註2〕其以清詩話爲對象，其述及詩話詩經學內容爲六端：尊經、破迂、託興、理情、本源及得法。愚以爲龔氏所論皆詩話中之論文範疇，故試分考史、說經、論文三者略述如次。

一、詩話考《詩》之史

清詩話考證《詩》史及春秋賦詩用詩用力甚勤者勞孝輿《春秋詩話》也。勞氏受學於惠士奇，雍正十三年，1735 年拔貢，曾爲龍泉縣令，有政聲。別有《讀杜識餘》及詩文集行世。

其考《詩》之本事多說經儒生之語，可歸爲詩話說《詩》之經。而勞氏考春秋賦詩史實皆能還原《詩經》於春秋時代之傳播情狀。如「虢之盟，令尹享趙孟，賦《大明》之首章。趙孟賦《小宛》之二章。事畢，趙孟謂叔向曰：『令尹自以爲王矣，何如？』對曰：『王弱，令尹強，其可哉？雖可不終。』趙孟曰：『何故？』曰：『強以克弱而安之，強不義也。不義而強，其斃必速。《詩》曰：「赫赫宗周，褒姒滅之」，強不義也。』《大明》之賦，得意在『赫赫』二字。叔向即引《詩》『赫赫』二語，見不足恃。赫赫而得，則可爲文王；赫赫而失，則滅於褒姒。孰謂《春秋》非詩史哉？」〔註3〕此考春秋《詩》賦詩用義，末由「赫赫」二字生發將《詩經‧大雅‧大明》《詩經‧小雅‧小宛》及《詩經‧小雅‧正月》三詩繫聯，以爲《春秋》與《詩經》同，詩史也！讀《春秋》者難做此想，常例，《詩經》，同於《春秋》，史詩也。

再如勞孝輿由春秋賦詩而考「詩教」之源，其曰：「文公如晉，晉侯享公，賦《菁菁者莪》，莊叔以公降拜，曰：『小國受命於大國，敢不愼儀？君貺之以大禮，何樂如之？抑小國之樂，大國之惠也。』晉侯降辭，登成拜，公賦《嘉樂》。頌不忘規，詩之教也，以樂倡，即以樂答，一唱一和，視後人步韻往復者，倍有深情。」〔註4〕

王士禛主神韻，其考史嘗臆測之言，如：「古今論世者以尹吉甫爲名臣，徒以伐獫狁，及《崧高》、《烝民》、《韓奕》、《江漢》四詩耳。吾獨疑吉甫惑後妻之言，至使其子伯奇衣苔帶藻，作《履霜之操》，此與晉獻、驪姬之事何

〔註2〕龔鵬程：《詩話詩經學》，《北京大學學報》，2005 年第 3 期。
〔註3〕勞孝輿：《春秋詩話》，頁七，《叢書集成初編》本，商務印書館，1936 年版。
〔註4〕勞孝輿：《春秋詩話》，頁一，《叢書集成初編》本。

異？夫不能齊家，而妄稱之曰「萬邦爲憲」，吾不信也。其猶後世詞人之諛韓
佗冑、賈似道者，動以伊周擬之，其又足信乎？」〔註5〕

　　沈德潛雖非考《詩》史，然其由詞體氣象斷《詩》大、小雅之世，如今
視之仍不能不深服其精微。其曰：「大、小《雅》皆豐、鎬時詩也。何以分大
小？曰：音體有大小，非政事有大小也。雜乎《風》之體者爲小，純乎《雅》
之體者爲大。試詠《鹿鳴》、《四牡》諸詩，與《文王》、《大明》諸詩，氣象
迥然各別。」〔註6〕

　　民國易順豫著《共和詩史發微》乃先考詩史繼之評點相關詩篇，故宜列
入詩經詩話也。《共和詩史發微》〔註7〕乃專門考史之詩經詩話，其前有程淯、
賈恩紱序。易氏將共和十四年間詩篇一一考述，其所考者：《抑》、《小宛》、《小
弁》、《雲漢》、《瞻卬》、《四月》、《十月之交》及《桑柔》諸篇。其先述「共
和始末」，總論各篇《詩》中之史，次爲《厲宣之際詩史》，各篇逐句發微，
題下先列《序》，復補釋《序》之未盡之意，後列詩章，依次述史。殿後爲賈
恩紱《共和鉤沉》。

二、詩話說《詩》之「經」

　　詩話中說經一如經學著作中一二處文學賞讀，讀來總有新鮮感。前述者
勞孝輿《春秋詩話》乃將《春秋左傳》中涉及《詩經》處悉爲整理，釐爲五
卷，卷一賦詩，卷二解詩，卷三引詩，卷四拾詩，卷五評詩。附盛逢潤、張
汝霖、何夢瑤、蘇珥和羅天尺諸人序，及伍崇曜跋文。「四庫全書」視其爲詩
話，而論其「既不同詮釋傳文，又非盡沿討詩義。編葺雖勤，殊無所取也。」
〔註8〕

　　然勞氏所說「經」之語愚以爲詩話中尚有可取也，如：「衛莊公娶於齊東
宮得臣之妹，曰莊姜，美而無子，衛人所爲賦《碩人》也。此說《詩》標題
解也，特見者四。此與衛之《新臺》、《載馳》，鄭之《清人》，秦之《黃鳥》
是也。左氏傳《春秋》，學最博，而尤好說《詩》。《詩》之關時事者，往往標
出，獨怪《春秋》時事之見於《詩》者，如《叔于田》之刺莊，《同車》、《扶

〔註5〕王士禎：《帶經堂詩話》，頁七零零，人民文學出版社，1963年版。
〔註6〕沈德潛：《說詩晬語》，《原詩‧一瓢詩話‧說詩晬語》，頁一九三，人民文學
　　　出版社，1998年版。
〔註7〕易順豫：《共和詩史發微》，《范盧叢書》之一，南京印書館，1939年版。
〔註8〕永瑢等：《四庫全書總目》，頁一零一一。

蘇》、《籜兮》、《狡童》之刺忽,《蟋蟀》之刺僖,《山有樞》、《揚之水》、《椒聊》之刺昭,《無衣》、《杕杜》之美武,《葛生》、《采苓》之刺獻,《車鄰》、《駟驖》之美秦,如此類者,不一而足。……大抵《詩》之作必有題,而善讀者不可有題,非謂《詩》本無題也。學者生千載後,不得起千載以上之人而請業焉。事在渺茫,而強為之題,牽《詩》以就我,則有題已無《詩》,不如無題《詩》尚在也。試觀諸名卿所賦何詩,其詩何題哉!」〔註9〕再如其考定詩篇曰:「衛宣公烝於夷姜,生急子,屬諸左公子,為娶於齊而美,公娶之。《新臺》之詩所由作也」。又曰:「狄滅衛,戴公廬於漕,許穆夫人賦《載馳》。」再曰:「鄭棄其師,鄭人為之賦《清人》。」〔註10〕

詩話之說經最為執著者吳景旭《歷代詩話》,吳氏斯著甲集六卷均論「詩三百」,乃詩話說經傑出者。今人陳衛平、徐傑點校刊行。〔註11〕如其開篇論《關雎》曰:「《關雎》:《小序》:『《關雎》,后妃之德也。』先儒議其詩雖若專美太姒,而實以深見文王之德。《序》者徒見其詞,而不察其意,遂一以后妃為主,而不復知有文王,失之矣。至於化行國中,三分天下,皆以為后妃所致,則是禮樂征伐,皆出於婦人之手,而文王徒擁虛器以為之君也,其失甚矣。南豐曾氏曰:『先王之政,必自內始。故其閨門之治,所以施之家人者,必為之師傅保姆之助、詩書圖史之戒,珩璜琚瑀之節,威儀動作之度,其教之者有此具。然古之君子,未嘗不以身化也。故家人之義,歸於反身;《二南》之業,本於文王。豈自外至哉?世皆知文王之所以興,能得內助,而不知其所以然者,蓋本於文王之躬化。故內則后妃有『關雎』之行,外則君臣有『二南』之美。與之相成,其推而及遠,則商辛之昏俗,江漢之小國,兔罝之野人,莫不好善而不自知。此所謂身修故國家天下治者也。』此說庶幾得之。

吳旦生曰:大中年間,博士沈朗表稱:『《關雎》『后妃之德』,不可為《三百篇》之首,今別撰二篇為堯、舜詩,取《虞人之箴》為禹詩,取《大雅‧文王》之篇為文王詩,請以此四詩置《關雎》之前,所以先帝王而後后妃,尊卑之義也。』其論雖甚狂悖,然亦據《序》『后妃之德』,而不推原文王躬化之所由始,遂欲新添四篇,妄自上書,而不自知其謬也。又見漢儒之稱《詩》

〔註 9〕勞孝輿:《春秋詩話》,頁十一至十二,《叢書集成初編》本。
〔註10〕勞孝輿:《春秋詩話》,頁十二至十三,《叢書集成初編》本。
〔註11〕吳景旭:《歷代詩話》,陳衛平、徐傑點校,京華出版社,1998 年版。

者：《漢書・杜欽傳》云：『佩玉晏鳴，《關雎》歎之。』李奇云：『后夫人雞鳴佩玉去君所，周康王后不然，故詩人歎而傷之。』臣瓚云：『此魯詩也。』《後漢紀》楊賜上書云：『昔周王承文王之盛，一朝晏起，夫人不鳴璜，宮門不擊柝，『關雎』之人，見幾而作。』注：『此事見魯詩，今亡失矣。』揚子云：『周康之時，《頌》聲作乎下，《關雎》作乎上，習治出，故習治則傷始亂也。』《史記》云：『周道缺，詩人本之衽席，而《關雎》作。』《列女傳》云：『康王晏出朝，《關雎》豫見。』《春秋說題辭》云：『人主不正，應門失守，故歌《關雎》以感之。』其他傅會無論。如魯、齊、韓，皆以《關雎》為康王政衰之詩。朱子惡其違夫子不淫不傷之訓，故辨之云：『《儀禮》以《關雎》為鄉樂，又為房中之樂，則是周公製作之時，已有此詩矣。若如魯說，則《儀禮》不得為周公之書。《儀禮》不得為周公之書，則周之盛時，乃無鄉射、燕飲、房中之樂，而必有待乎後世之刺詩也。其不然也明矣。且為人子孫，乃無故而播其先祖之失於天下，如此而尚可為風化之首乎？』

《關雎》，畢公所作，《補傳》謂得之張超，或謂得之蔡邕，亦誤。」〔註12〕且生，吳景旭字也。其考述未必，然其探史說經開清初風氣之功不可不知也。

　　其語詞之釋亦為說經之語，如其說「嚶嚶」曰：「《古今注》謂《禽經》稱『鶯鳴嚶嚶』，要是後人附會，非《詩》本意。《東皋雜錄》云：『《鄭箋》：『嚶嚶，兩鳥聲。』正文與注皆未嘗及黃鳥。自白樂天作《六帖》，始類入鶯門中。又作詩如『谷幽鶯暫遷』之類，後人多祖述用之也。《野客叢書》云：『觀張平子《東京賦》，『雎鳩麗黃，關關嚶嚶』，然則以嚶嚶為黃麗用，自漢已然，不可謂自樂天始也。』《嘉話錄》云：『今謂進士登第為『遷鶯』者久矣。蓋《毛詩・伐木》篇並無『鶯』字。頃歲省試《早鶯求友詩》，又《鶯出谷詩》，別書固無證據，斯大誤也。《緗素雜記》云：『宋景文詩：『曉執谷鶯朋友動，杏園初日待鶯遷。』王荊公詩：『鶯猶尋舊友。』又曲名《喜遷鶯》者，皆循習唐人之誤也。惟漢梁鴻《思友人詩》：『鳥嚶嚶，友之期。念高子，僕懷思。』《南史》劉孝標《廣絕交論》：『嚶嚶相召，星流電激。』是真得《毛詩》之意。」述一語詞源源自自，落腳處為「真得《毛詩》之意。」說經面目顯露無遺。

─────────────

〔註12〕吳景旭：《歷代詩話》，頁一至二。

三、詩話論《詩》之「文」

詩話之論《詩》文學藝術最為常見，龔鵬程文分為六端稱引亦廣，於此略引數例如次。

以文學發展論「詩三百」，如毛先舒《詩辯坻》曰：「詩學流派，各有專家，要其鼻祖，歸源《風》、《雅》。《風》、《雅》所衍，流別已多，舉其巨族，厥有三支：一曰詩，二曰騷辭，三曰樂府。《離騷》興於戰國，其聲純楚，哀誹淫泆，類出《小雅》；而詳其堂構，不近詩篇，雖瓜瓞於古經，蓋別子而稱祖者也。後遂寢變為賦，又其流矣。樂府興於漢孝武皇帝，曲可絃歌，調諧笙磬，《練日》奏於郊祀，《鷺茄》□於玉帳。蓋以商、周《雅》、《頌》歌法失傳，故遣嚴、馬之徒維新厥制，已而才人辭士，下逮於閭巷閨禕，咸各有作，飆流濫焉。『昔有霍家奴』，雅留曲厥，『相逢狹路間』，燕女溺志，稟酌四詩，情亡不有。魏、晉相承，體緒頗雜，而並隸樂府，莫之或變。然周、秦歌謠及《鴻鵠》、《騅逝》諸作，並采入樂苑者，以類相景附云耳。至於唐世樂府，絕句為多，而章句俳齊，稍同文侯恐臥之響，故填詞出焉。爾時但有小令，聽者苦盡，故宋人之慢調出焉。慢調者，長調也。金人欲易南腔為北唱，故小變詞法，而弦索調出焉。然弦索調在填詞為長，在曲又嫌其短，故元人之套數出焉。元曲偏北而不嫻南唱，故明興，則引信宋詞，拗旋元嗓，參伍二制，折衷九宮，而今南曲出焉。故漢初已彰樂府，六朝稍演絕句，唐世肇詞，宋時未亡而金已度北曲，元未亡而已見南曲。要皆萌芽，各入其昭代而始極盛耳。斯則樂府之統系，是《三百篇》之支庶也。若夫古詩，大約以五言為準。何者？後代四言，率多窘縛，附庸三古，難起一宗。五言，西漢則《十九》、《河梁》，東京則伯喈、平子，建安則子建、仲宣，魏、晉則阮、陸、陶、謝，六代翩翩儇儷之風，四唐英英律絕之製。又既趨近體，則七言兼著。故其物章比興，辭班麗則，調務淵雅，旨放清穆，蕩樂府之欹藪，閒騷人之怨亂者，其惟《詩》乎？若乃《詩》有變風雅，而端木氏又別小大正續傳。予謂騷辭樂府，大約得於變傳為多，而詩人有作，必貴緣夫《二南》、《正雅》、《三頌》之遺風，無邪精義，美萃於斯。是則六義之家嫡，元音之大宗也。」〔註13〕《詩辯坻》論及「詩三百」者達數十條，此可視為總論也。

舉「詩三百」大纛以標舉自家詩學理論源為至正者，清詩話俯拾皆是，

〔註13〕毛先舒：《詩辯坻》，《清詩話續編》本，頁六至七，上海古籍出版社 1983 年版。

如王士禛倡神韻曰：「景文云：『蕭蕭馬鳴，悠悠斾旌。』顏之推愛之。『昔我往矣，楊柳依依，今我來思，雨雪霏霏。』謝玄愛之。『訏謨定命，遠猶辰告。』安石以爲有雅人深致。愚案：玄與之推所云，是矣，太傅所謂雅人深致，終不能喻其指。」又曰：「顏之推標舉王籍『蟬噪林逾靜，鳥鳴山更幽』，以爲自《小雅》『蕭蕭馬鳴，悠悠斾旌』得來。此神契語也。學古人勿襲形橅，正當尋其文外獨絕處。」〔註14〕

　　論「詩三百」某句之文學藝術者常見於今人文章，於此不贅矣。

四、詩經詩話一勺——王夫之《詩譯》

　　《詩譯》，向不爲詩論家所重，所見僅今人湯勁先生有專文討論，〔註15〕前後論船山詩經學、詩學有論及者意見近同。《詩譯》，論詩札記也，計十六則，愚誦讀數過，略呈一隅之見。

　　船山詩學理論誠如張健所云：主情與崇正。〔註16〕《清代詩學研究》論船山詩學甚詳，惜無一語所涉《詩譯》。蓋《詩譯》爲世人所輕可見一斑矣。

　　愚以爲，《詩譯》貢獻有三：

　　其一，別詩與史。六經皆史，古已有論焉，杜少陵爲後世所宗仰者，以詩而存一代史蹟耳，船山全不以爲然。不割裂詩與史，認同二者之聯繫，卻視二者非一也，千餘年迷障遂爲之一清。

　　《詩譯》〔註17〕第一則云：「《春秋》者，衰世之事，聖人之刑書也，平、桓之天子，齊、晉之諸侯，荊、吳、徐、越之僭僞，其視六代、十六國，相去無幾，事不必廢也，而詩亦如之。」論詩與史有聯繫，同爲審視社會之鏡，《春秋》與《詩》及以下之詩皆紀社會變遷，《春秋》偏於事，而《詩》偏於情。

　　《詩》及一切詩皆爲「元韻之機，兆在人心，流連泆宕，一出一入，均此情之哀樂，必永於言者也。」釋經之儒正不明此理，故讀《詩》時有不盡然處。船山以爲「六經皆史」，「同歸」之外，當重在別詩史「殊途」，「釋經

〔註14〕王士禛：《帶經堂詩話》，頁十九。
〔註15〕湯勁：「王船山《詩譯》芻議」，《中國韻文學刊》，1998年第1期。
〔註16〕張健：《清代詩學研究》，頁二六四至三二六，北京，北京大學出版社，1999年。
〔註17〕王夫之：《船山全書》，第十五冊，頁八零七至八一四，長沙，嶽麓書社，1998年。

之儒，不證合於漢、魏、唐、宋之正變，抑爲株守之兔罝。(詩)陶冶性情，別有風旨，不可以典冊、簡牘、訓詁之學與焉也。」此一主張與晚明詩經文學研究之深入相關，明季清初，如萬時華所云：「今之君子，知《詩》之爲經，而不知《詩》之爲詩。」〔註18〕明清之際詩經學家於是以《詩》爲詩，詩經學文學研究凸現爲一時風氣，船山詩、史有別論正此風氣之理性總結。

第十二則益加鮮明，「夫詩之不可以史爲，若口與目之不相爲代也，久矣。」喻譬尖新。此論極新人耳目，然，若絕對推演之，亦成船山詩論之弊也。船山之貶敘事長詩，便爲此論絕對化後之表現。錢師仲聯先生誚之絕妙。〔註19〕

其二，《詩》功能論。船山於孔子詩功能論，有重新詮釋。船山「興、觀、群、怨」論，友人張兵有專論在，〔註20〕於此，略有補述者三。

船山此論有所針對，朱子《詩集傳》於三百篇詩句，明白指出何句爲「興」，何句爲「觀」，何句爲「群」，何句又爲「怨」，儒生說詩無有敢逾之者，與其它詩經學著述同者，船山旨在駁議《詩集傳》，所用謝安欣賞《詩·大雅·抑》「訏謨定命，遠猷辰告。」謂爲「偏有雅人深致」之事〔註21〕，《詩譯》第二則論曰：「而增其遐心。人情之遊也無涯，而各以情遇，斯所貴於有詩。」「觀」而有「興」，以六朝詩說非朱子之論，意甚明矣。一也。

「興、觀、群、怨」根本於「情」，因情爲起源，「情無所窒」，「作者用一致之思」，故於作者言，此四者不可分辨。而「讀者各以其情而自得」，因此，「各以其情遇」，故於讀者言，此四者亦不可分辨。讀詩、寫詩一併以「興、觀、群、怨」論之，前所未有。二也。

指出「興、觀、群、怨」乃詩教之本，亦爲說詩之始，所謂「『詩可以興，可以觀，可以群，可以怨。』盡矣。辨漢、魏、唐、宋之雅俗得失以此，讀《三百篇》者必此也。」千餘年，論《詩》之功能爲「興、觀、群、怨」，而

〔註18〕 萬時華：「《詩經偶箋》序」，劉毓慶：《從經學到文學——明代「詩經」學史論》，頁二六九。

〔註19〕 錢師仲聯先生：「王船山詩論後案」，《夢苕庵清代文學論集》，頁五四至六三，濟南，齊魯書社，1983年。

〔註20〕 張兵：「王夫之興、觀、群、怨說再評價」，《西北師大學報》(社會科學版)，1994年第5期。類似觀點互見於其「王夫之詩論摭談」，《蘇州大學學報》(哲學社會科學版)，1996年第1期。

〔註21〕 謹按：典出《世說新語·文學》。

讀《詩》之鎖鑰在此，則未有論者，固然，船山詩論有其詩教政治局限性在〔註
22〕，而其強調由此「四情」而讀詩，不失爲一家之見。三也。

其三，說《詩》論情景。情景說乃船山詩學重要內容，引情景說入詩經
學爲船山獨創，援此論《詩》中篇什之藝術，審美詩法，自有創新在焉。

第五則論《詩·小雅·出車》「春日遲遲，卉木萋萋；倉庚喈喈，採蘩祁
祁。執訊獲醜，薄言還歸。赫赫南仲，玁狁于夷。」「曲盡人情之極至者也。」
其妙處，「訓詁家不能領悟。」可見，船山論詩非限於訓詁爲止，主情而論常
理。論訓詁家之失，在於僅講文字，不求情理。

於是，《詩譯》第三、四、六、七、八、九、十、十一、十三、十四、十
五、十六則均以此論詩法，以情景說爲基礎，論詩之章法結構，字法句法，
比興修辭。廣引陶詩、杜詩、唐宋名家詩句及論詩語錄，以讀商周詩。愚以
爲，《詩譯》乃詩經詩話最爲傑出者。

第二節　清人論詩絕句與詩經學

自杜甫《戲爲六絕句》始，論詩絕句發展成爲一種詩歌絕句中獨特之體
裁，錢師仲聯與郭紹虞、王蘧常輯《萬首論詩絕句》，清代論詩絕句所佔十九。
論詩絕句論「詩三百」起自五代之際釋齊己，釋齊己有《風騷指格》，其論詩
絕句曰：「時事嬾言多忌諱，野吟無主若縱橫。君看三百篇章首，何處分明著
姓名？」〔註23〕清人論詩絕句論「詩三百」者五十餘首，其中，同光間詩人
虞景璜一人獨撰四十二首。

本節述論論清代詩絕句論詩經之篇什，略補此類研究之闕者焉。

一、風騷同論

清人論詩絕句多風騷同論。吾國詩歌傳統源自風騷，風騷亦稱騷雅。
故後世論詩詞嘗溯源風騷以示取徑之醇正高遠，清人論詞亦不能免，如厲
鶚論詞絕句之「尊體」即爲一例，「清初浙西詞人承接此種『尊體』之說，

〔註22〕謹按：關於船山詩論之局限，郭瑞林：「詩論船山詩學思想的局限性」，《湘潭
　　　　師範學院學報》（社會科學版），2001 年第 1 期。討論較詳，可參見。
〔註23〕錢師仲聯、郭紹虞、王蘧常：《萬首論詩絕句》，頁五十一，人民文學出版社，
　　　　1991 年版。

開始把詞上接《風》、《騷》。」〔註24〕論詩宗風騷為歷代詩人共同指向，清人沈德潛倡格調說，論詩之本原為風雅比興，《離騷》與「美人」之思，風騷第舉。〔註25〕

清人論詩絕句風騷同論者如柯振岳之《論詩三十九首》之一：「國風三歎有遺音，屈子離騷見古心。詩教不因忠愛著，美人香草為誰吟？」〔註26〕柯振岳，字霽青，慈谿人，諸生。有《蘭雪集》。柯氏此絕句以為《離騷》承「國風」「一唱三歎」之表現手法，忠君愛國之情操，「香草美人」詩教也！再如其曰：「放翁情韻石湖豪，未許庭堅奪錦袍。皋羽冀黃衰世志，采薇何必異風騷。」論陸放翁范石湖詩以「風騷」為衡。

再如蘇宗經論詩絕句《讀詩經》：「諷詠葩經三百章，國風意味最深長。美人芳草流連處，惟有靈均得別腸。」〔註27〕讀葩經聯想《離騷》，謂騷繼風雅。「離騷」作為屈賦代表為風雅衍流，並峙為吾國詩歌原初階段兩座高峰，成為後代論詩參照幾為吾國文學理論之共識。

風騷同論嘗論及正變，持論多以變風變雅與香草美人相埒。如何一碧論詩絕句曰：「忠愛能無君國憂，繁霜變調類《桑柔》。變而又變騷人出，撩亂聲聲淚並流。」〔註28〕騷人承繼「詩三百」之變風變雅，憂國憂君，聲淚俱悲，風騷指精神在此！高彤《讀詩雜感》之一：「離騷著錄在蕭樓，詞賦稱經亦有由。風雅陵夷無美刺，蘭荃蕭艾只心憂。」《離騷》之所以為「經」，皆美刺，皆心憂宮闕也。

宮爾鐸《讀元遺山、王漁洋《論詩絕句》愛其文詞之工，惜其所言尚非第一義，漫成此作以質知音》：「三百流風孰寫陶？靈均變格賦離騷。一腔忠憤憂君國，不媿光爭日月高。」以為騷為風之變格，此亦為別一種「風騷」觀念也。

二、論「經」析「文」

古人論詩嘗以尚詩尊經相屬，推崇「詩三百」篇旨在「尊經」，在詩教溫

〔註24〕楊師海明：《從厲鶚〈論詞絕句〉看浙派詞論一斑》，《明清詩文研究叢刊》，頁一九三，蘇州大學明清詩文研究室，內刊。
〔註25〕劉誠：《中國詩學史》「清代卷」，頁一九四，鷺江出版社，2002年版。
〔註26〕錢師仲聯、郭紹虞、王蘧常：《萬首論詩絕句》，頁七七八。
〔註27〕錢師仲聯、郭紹虞、王蘧常：《萬首論詩絕句》，頁八七六。
〔註28〕錢師仲聯、郭紹虞、王蘧常：《萬首論詩絕句》，頁一三二零。

柔敦厚。如清初李呈祥《憶與復陽論詩途次口占卻寄》：「聲音文字自何原，龍馬河圖已有言。刪後何曾無正始，國風雅頌滿乾坤。」〔註29〕此詩故不佳，而其尚詩崇詩教之溫柔敦厚爲傳統詩人論詩之常意，故錄此存照。

論千古詩人心理一致情致相近，故低徊風雅之「詩三百」可列爲聖經，黃承吉《集秋平丈掃垢山房分詠古籍二首》：「歌詠如何列對經？繹來端緒始分明。低徊古昔知風雅，遠絕時賢切近情。」此詠《詩小序》，宗經之情極爲「分明」。

論「經」嘗論及「詩三百」美刺功能，如高彤《讀詩雜感》：「閭巷歌謠人使車，國風十五盡堯芻。若云文字能成獄，三百篇中多謗書。」以爲「詩三百」篇多刺時謗世。詩之功能在醒國人警君王，此立足於變風變雅而言者。

再如何一碧論詩絕句二首則更將詩教推崇備至，其曰：「自然音節留天地，雷動風號總是詩。會得人心原有樂，可從百代辨淳漓？」「雄奇板屋西秦唱，深婉河丘衛女思。拈出各家情至處，先王風教到今遺。」論詩之音節動情者歸結爲「先王風教」。

再如道光間湖南善化許瑤光《讀詩經詩》「周召庭前詔鯉爲，洋洋兩度說關雎。岐山聖德尼山教，王化人倫壓卷詩」。〔註30〕

由孔子詩學二論《詩經》風教者如黃承吉《秋齊坐雨適讀毛詩楚辭等書漫成四絕句》：「一字絲抽一繭清，文章不繹不分明。從來若解關雎序，便是尼山雅頌情。」其自注曰：「《詩大序》：自『上以風化下』至『故曰風』句，分言正風。自『至於王道衰』至『先生之澤』句，分言變風。從來誤解風刺二字，是以不明。此與下投閣沈淵二句，俱明於予所著《正揚論》中。」

論《詩經》篇章文學藝術或將詩經置於詩歌發展進程論贊者爲清人論詩絕句重要內容。如張問陶《偶理案上書帙各題一詩排悶》：「遺經箋注要功臣，訓詁何妨竟等身。只有詩情難甚解，莫尋章句累風人」。自注：「詩經」反對以「經」解《詩》主張以情解《詩》，張問陶，遂寧人，有《船山詩草》。

論「詩三百」篇感人心懷之作嘗舉《黍離》，此謂都破家亡王道中落之衰世悲音，如高彤《讀詩雜感》之一：「無端周鼎帳東遷，王降爲風亦可憐。讀

〔註29〕　錢師仲聯、郭紹虞、王蘧常：《萬首論詩絕句》，頁二零四。以下所引皆自於此，不一一注出矣。

〔註30〕　劉立志、紀景超：《〈詩〉學史文學現象之一隅》，《蘇州大學學報》，2006年第1期。

到《黍離》應掩卷，我聞未見尙潛然。」此詩作於甲寅年，即咸豐四年，1854年，正聲勢浩蕩之太平天國破諸城以危社稷時，故詩人讀《黍離》生悲潛然，類乎姜白石過江之詞。

三、虞景璜論葩經絕句

虞景璜（1862～1893）字澹初，號澹園先生，寧波鎮海人。學者。光緒壬午舉人，南宮報罷後，家居不出。著有《澹園詩文集》。

虞景璜作《讀葩經雜詠四十二首》，爲詠《詩經》組詩，開篇明宗旨，其曰：「齊、魯、燕、韓早著名，《毛詩》晚出獨遵行。證諸他傳多能合，宗派西河語語精。」宗毛詩爲古文經學，猶奉毛西河爲圭臬，毛西河浙人也。

餘下四十一首分詠「詩三百」諸篇，自《卷耳》至《七月》，或作考史家語，或作文學藝術體味，或作詩教經學闡釋，皆有可觀者。

如論三首《揚之水》曰：「《揚水》三詩盡刺詩，周平鄭忽弱難支。晉人託譬尤深厚，白石粼粼知不知？」就興喻而言，於是認爲「唐風」《揚之水》最爲深厚，非詩家不能道也。

虞氏考史則曰：「王室如燬絕可憐，千城全籍武夫賢。公侯父母尊親甚，誣說稱王質獄年。」自注曰：「朱子曰：《免罝》、《汝墳》之詩，稱文王曰公侯父母，亦未嘗稱王之一證也。」再如：「溫禾周麥任鴟張，周室中興鄭最強。舊樂今詩同次第，素臣未必獨無王。」自注曰：「春秋之始，鄭最強。觀交質中肩事可見，故王風之後，即次以鄭。季札觀樂亦先歌王而後鄭，次與今詩同。左氏於交質事，直書曰周、鄭，猶國風王後繼鄭也。降周於風，周自降，非左氏降之也。呂氏博議以無王罪左氏，冤哉。」虞氏論詩之編次，由考試舉證，能爲一家說也。

藉詩而論史，爲虞景璜此四十餘首論詩絕句明顯特徵，如：「煽處豔妻炙手憐，中興空說脫簪賢。長孫母德堪千古，身後才人有則天。」由《十月之交》「豔妻」而長孫皇后在武則天，似「小雅」之篇僅爲一話頭而已，論詩刺今爲詩家所心也，所刺者當爲慈禧皇太后。與此相關，正面立意者如：「莘長摯仲繼後塵，姜嫄姜女肇生民。一家婦道兼臣道，閨閣動名廁九人。」藉詩論三代史者如：「王業艱難《七月》篇，邠居式廓實開先。公劉亦是多才甚，徹法會行貢助年。」自注曰：「公劉遷豳，當夏桀時。」以《七月》爲史詩，故有此云。

　　虞景璜所論多屬宣前後詩，應是當時社會之折射，如：「屬宣貪禍及幽平，不解中興蒙此名。《祈父》諸詩多戒懼，百年戎禍亙西京。」詩下有一長注：「觀祈父諸詩，與《六月》、《采芑》並陳，宣王雖號中興，亦功罪相半矣。案《竹書記年》，自穆公遷戎太原，世有戎禍。至宣王三十三，伐太原之戎，不克。三十八年，伐條戎、奔戎，王師敗逋。三十九年，伐姜戎，戰於千畝，王師敗逋。四十年，料民太原。幽王繼起，後敗績六濟，於是關中之地，戎得以整居其間，陝東之申侯至與之結盟而入寇。自遷戎至此一百七十六年，而王室東矣。王子晉云：昔我先王厲、宣、幽、平而貪滅禍，至於今未弭也。窮兵黷武之漸，可不戒哉。」幾乎在作當代史分析！

　　絕句論《詩經》為別一種研究《詩經》之文本，論詩絕句中論《詩經》詩略述如此。限於聞見，此外尚有論詩絕句論《詩經》者未一一述及，譬如龔自珍《己亥雜詩》之六十三：「經有家法夙所重，詩無達詁獨不用。我心即是四始心，沉寥再發姬公夢。」自注曰：「為詩非序、非毛、非鄭各一卷。予說詩以涵泳經文為主，於古文、毛、今文三家，無所尊，無所廢。」〔註31〕龔氏自道治《詩》心得如此。此就論《詩經》絕句而言，而非絕句論《詩經》詩則更多，宜將他日豐富此題之論焉。

〔註31〕劉逸生：《龔自珍己亥雜詩注》，頁六十二，中華書局，2003年版。

附　論

第八章　晚近現代詩經學個案研究

　　晚近現代詩經學研究非本論題重點，然亦不可或缺，故以個案研究附論於此，本章分兩節分別論及晚近、現代詩經學家之詩經學研究成就，以作豹窺。

第一節　晚近詩經學個案研究

　　本節以晚近詩經學四家爲個案，揭示晚近詩經學學術與政治之密切關係。今文經學崛起乃傳統詩經學全面復興標誌，物極必反，傳統詩經學至此亦將落幕矣。

一、魏源與《詩古微》

　　魏源（1794～1857），原名遠達，字默深，湖南邵陽人。道光二十四年（1844）進士。歷任東臺、興化知縣，咸豐元年，授高郵知州。熟於國故朝章，從劉逢祿習公羊學。治經以經世致用爲宗旨，與龔自珍交往很深，時人並稱「龔魏」。曾先入兩江總督陶澍、江蘇巡撫林則徐等幕，襄助籌議漕運、水利、鹽政諸務。鴉片戰爭後作《海國圖志》，倡「師夷長技以制夷」說。晚年以世亂多故，無心仕宦，隱居杭州，潛心著述。

　　魏源「讀萬卷書，行萬里路，綜一代典，成一家言」（龔自珍贈聯），著述等身，除《聖武記》、《默觚》、《海國圖志》等巨著外，還有《古微堂集》、《書古微》、《詩古微》、《公羊古微》、《曾子發微》、《子思子發微》、《高子學譜》、《孝經集傳》、《小學古經》、《大學古本發微》、《兩漢古文家法考》、《論

學文選》、《元史新編》、《明代兵食二政錄》、《春秋繁露注》、《老子本義》、《墨子注》、《孫子集注》等若干卷。嶽麓書社於 2004 年出版有《魏源全集》20 冊，爲迄今最爲全面整理之結集。

魏氏乃近代啓蒙思想家，開創經世一派，洋務、維新以至新文化運動，皆可溯源魏氏。所撰《詩古微》爲晚清今文經學重要著作之一，其上承宋代疑古惑經思潮，下啓民國初年反《詩序》運動，轉變詩經研究路向，極大動搖傳統文學闡釋模式之理論基礎，質疑經學話語於文論領域之壟斷控制。非僅於晚清文論史具有劃時代意義，其發揚三家詩之微言大義，爲政治改革主張尋求理論依據，以求國家之治興，於維新中國功不可不謂大矣！

「今文學」之初期，專言《公羊》，未及他經。殆輯佚之風盛行，古經說片語隻字，搜集不遺餘力，治今文遺說者日漸多哉。馮登府《三家詩異文疏證》，陳壽祺《三家詩遺說考》，陳喬樅《三家詩遺說考》、《齊詩翼氏學疏證》，迮鶴壽《齊詩翼氏學》等皆不過言家法同異而已，未及眞僞問題。直至魏源著《詩古微》，始大攻《毛傳》及《大小序》，謂爲晚出僞作。其言博辯，可比美於閻若璩之《尚書古文疏證》。

其卷首爲《四家詩傳授考》，羅列史志，頗爲詳備。

此書不附詩篇本文，也不訓釋詞句。全書分若干章節，分門別類評論《詩經》諸多問題，如《齊魯韓毛異同論》、《夫子正樂論》、《四始義例篇》、《詩序集義》等共三十多題。持論專主齊、魯、韓三家詩說，攻擊《毛傳》及「大小序」，排斥古文經學派。認爲三家均有古序，其說詩與《儀禮》、《左傳》諸書相合，而《毛詩》則動輒與之相牴牾。梁啓超曰：其論《詩》不爲美刺而作，謂：「美刺固《毛詩》一家之例，……作詩者自道其情，情達而止，……豈有歡愉哀樂，專爲無病代呻者耶？」（《齊魯韓毛異同論》中）此深合「爲文藝而作文藝」之旨，直破二千年來文家之束縛。〔註1〕

論及詩樂問題，謂「夫子有正樂之功，無刪《詩》之事」；梁氏又曰：又論詩樂合一，謂：「古者樂以詩爲體，孔子正樂即正詩。」（《夫子正樂論》上）皆能自創新見，使古書頓帶活氣。又謂「周時無不入樂之詩」；謂「九夏是樂而非詩」，「貍首非詩非樂」，皆屬卓見。而謂「古者嫁娶必以燎炬爲燭」，所以「三百篇言取妻者，皆以析薪起興」等，亦有見地。然，魏源好創新解，

〔註 1〕 梁啓超：《清代學術概論》，二十二，《清代今文學與龔魏》，頁七十五至七十六，上海古籍出版社，1998 年版。

武斷之處故亦不少，如說《關雎》為刺紂王之詩，《狡童》所指為申侯，等等，不足取信。

　　齊思和曰：「晚清學術界之風氣，史學則重本朝掌故，地理則重邊疆輿地，而經學則提倡今文。前二者皆自魏源倡之。今文之學雖非倡自魏氏，而魏氏亦一重要之倡導人物也。」〔註2〕（此文初刊於1950年《燕京學報》第三十九期《魏源與晚清學風》）

　　魏氏著《詩古微》，「發揮齊、魯、韓三家詩之微言大誼，補苴其罅漏，張皇其幽眇，以豁除《毛詩》美刺正變之滯例，而揭周公、孔子制禮正樂之用心於來世也」。（《詩古微序》）時清政正漸陵夷衰微，舉國方沉酣太平，而魏氏若不勝其憂危，慨然指天畫地，規天下大計，是書之作，蓋憤悱於衷而渴欲有所啓發，借闡詩之道，而明禮樂，顯春秋，昭明「古聖憂患天下來世之心」〔註3〕。

　　一如齊思和謂此書曰「扶微繼絕，厥功甚偉」，周予同則謂「從魏書出而《詩》、《書》始復於西漢」〔註4〕。

　　《詩古微》版本複雜先後兩刻，略述於此。

　　《詩古微》有初刻、二刻之別。

　　初刻本僅上、下兩卷，有修吉堂寫刻本。前有武進李兆洛序，謂：「無獨是之見者，不可與治經，蔽於所不見也，眾喙若雷，此挽彼推，頹靡而已。守獨是之見者，不可與治經，蔽於其所見也，盛氣所鑠，不顧迕錯，虛詭而已。魏子默深之治詩也，鈲割數千年來相傳之篇弟，掊擊若干年來株守之序箋，……其綜之也博，其擇之也卓；其會之也密，其斷之也確。」並將其與張惠言之《虞氏易事》、劉逢祿之《春秋公羊何氏釋例》並稱。卷上有《正始篇》二、《詩樂篇》四、《三家發凡》三、《毛詩明義》五，共十四篇；卷下有《三家發微》三、《齊魯詩發微合篇》、《魯詩發微》二、《韓詩發微》二、《三家同義》、《三家通義》、《三家異義》、《集傳初義》各一，共十二篇，合計二十六篇。諸篇之目，俱不見於二十卷本，蓋初稿也。周中孚謂其「大旨挾三家緒論，以砭毛詩古義，頗與范家相《三家詩拾遺》相近。近而轉有取於宋

〔註2〕楊慎之、黃麗鏞編：《魏源思想研究》頁三十八，湖南人民出版社，1987年版。
〔註3〕楊慎之、黃麗鏞編：《魏源思想研究》頁三十八。
〔註4〕周予同：《經今古文學》，《周予同經學史論著選集》，上海人民出版社，1996年版。

元明人諸家之說，且並小序傳箋一概排斥，知其學從何楷《世本古義》入手也。」（《鄭堂讀書記》卷八）

後經魏源增補爲上、中、下三編，共二十二卷（魏源《書古微序》自稱「予既成《詩古微》二十二卷，復致力於《尚書》」，今復旦大學圖書館藏），道光二十年刻，後又自改篇目，定爲二十卷，前有魏源自序，謂：「上編六卷，並卷首一卷，通語全經大誼；中編十卷，答問逐章疑難，下編三卷，其一輯古序，其二演外傳，凡爲卷二十。」蓋魏氏定本，然版毀於兵，傳本罕見，頗不易得。南菁書院《皇清經解續編》本出自二刻，刪去卷首及《詩外傳演》上下二卷，是爲十七卷本。

光緒十一年，楊守敬予以重新刊刻於黃岡學署，世稱飛青閣本。重刊時，楊氏將道光本某些章卷重新組合編次，仍爲上中下三編，然並作十六卷，與道光本顯有異同，雖自此該書始較通行，然恐非魏氏原意。後之掃葉山房青浦席氏補刊本即從楊本出。嶽麓書社《魏源全集》，兩卷本以修吉堂爲底本，二十卷本以道光本爲底本，以楊氏重刻本對校。學苑出版社 2002 年《詩經要籍集成》本，則徑以《皇清經解續編》本爲底本。

寓所寓目者北圖所藏飛青閣本《詩古微》十五卷，卷首一卷。前有楊守敬《重刊詩古微序》：「魏先生默深詩古微，張皇幽眇，歸之大道，嚮之棄之如遺噤不敢出口者，至此大聲疾呼，曠若發蒙，蓋二千年之絕學，天實啓之」，然未交代改編魏書原因及目的。此刻此種處理愚以爲自有其道理，如道光本下編三卷，卷一爲《詩序集義》，係徵引百家所論「詩序」，雖是輯錄，實屬專題；卷二爲輯錄古人劉敞、惠棟、顧炎武、莊存與、張爾岐等人論詩言論，卷三則專取王夫之《詩廣傳》中精華，故楊氏將《詩序集義》移至上編。

飛青閣本有魏源會試受知師武進劉逢祿序，謂：「邵陽魏君默深……於詩則表章魯韓墜緒，以匡傳箋，既與予說重規疊矩，其所排難解剝，鈎沉起廢，則又皆足干城大道，張皇幽眇，申先師敗績失據之謗，箴後漢好異矯誣之疾，使遺文湮而復出，絕學幽而復明，其志大，其思深，其用力勤矣。」劉序此前不見於任何一刻，而存於劉集中，楊氏爲之補刻。

以魏源爲晚近詩經學開篇，其例與本文他處似乖，其重要詩經學著作《詩古微》刻於道光朝。然，魏氏之功在晚近，其功不在轉折意義而在開一時代風氣，而其卒於晚近。故不顧自亂體例，晚近詩經學以魏氏發端。

二、方玉潤與《詩經原始》

　　方玉潤（1811～1883），字友石，又字黝石，自號鴻濛子，雲南寶寧人。自幼嗜學好古，飽讀經書。道光諸生，應試凡十五次均不第。咸豐五年，著《運籌神機》，投筆從戎。同治三年，以軍功銓選隴西州同，在官十八年，公務之餘，專事著書講學。著有《鴻濛室文鈔》、《詩鈔》、《三易原始》、《風雨懷人集》等數十種，《詩經原始》爲其晚年所著。其《星烈日記彙要》卷首有《鴻蒙室主人自訂年表》。

　　《詩經原始》有同治十二年隴東分署刊《鴻蒙室叢書》本，1914 年趙藩、陳榮昌等輯雲南圖書館刊《雲南叢書》本，1924 年上海泰東圖書局影印本，1986 年中華書局李先耕點校本，1989 年臺灣新文豐出版公司刊《叢書集成續編》本，北京學苑出版社 2002 年《詩經要籍集成》本。〔註 5〕

　　《詩經原始》十八卷，卷首二卷，《凡例》、《詩旨》各一篇。《凡例》詳述編寫主旨和體例；《詩旨》則論析自《虞書》、《禮記》至清初各家論《詩》得失。方氏在《凡例》中指出，歷來「說《詩》諸儒，非考據即講學兩家，而兩家性情與《詩》絕不相近，故往往穿鑿附會，膠柱鼓瑟，不失之固，即失之妄」，不能得詩人言外之意。其主張「循文按義」，以求《詩》旨。書前有同治十年自序，謂撰寫此書「反覆涵詠，參論其間，務求得古人作詩本意而止，不顧《序》，不顧《傳》，亦不顧《論》〔註 6〕，唯其是者從而非者正，名之曰《原始》，蓋欲原詩人始意也。」

　　本書最可取之處在於論詩方法。前人論詩，一直繼承《毛序》傳統，重詩之取義，而不重詩人作詩之義，方氏則反其道而行之，唯重詩人作詩之義，跳出古人窠臼，直探詩人作詩本義。方氏論詩不依傍門戶，其於今、古文學派與宋儒見解都有擇取，但不主一家，獨立鑽研，敢抒己見，判斷解釋詩旨皆自出心杼。方玉潤絕不迷信別人，只涵詠經文，就詩論詩，多出人意表。如開篇《周南·關雎》，他力駁《毛詩序》、《詩集傳》牽強附會之說，指出「《小序》以爲『后妃之德』，《集傳》又謂『宮人之詠大姒文王』，皆無確證」，認爲此詩不過「周邑之詠初昏者」，乃「樂得淑女以配君子也」，並不實指其人，其勇氣可嘉，其方法也可取。

〔註 5〕愚按：本文所引爲中華書局本。方玉潤：《詩經原始》，李先耕點校，中華書局，1986 年版。

〔註 6〕愚按：此指姚際恒《詩經通論》。

　　方氏進一步強調「詩到眞極，羌無故實，亦自可傳」，方氏並不用力鈎沉「微言大義」，而體味詩人情感爲其首要。如其《衛風・竹竿》評語：「蓋其局度雍容，音節圓暢，而造語之工，風致嫣然，自足以擅美一時，不必定求其人以實之也。……俗儒說《詩》，務求確解，則《三百》詩詞，不過一本記事珠，欲求一陶情寄興之作，豈可得哉？」又《唐風・綢繆》總評曰：「此詩無甚深義，只描摹男女初遇，神情逼眞，自是絕作，不可廢也。若必篇篇有爲而作，恐自然天籟，反難索已！」

　　方玉潤《詩經原始》，以詩讀詩，別有風味，解釋溫情自然，讀來可親愉悅，沁人心脾。如《周南・芣苢》篇云：「讀者試平心靜氣，涵詠此詩，恍聽田家婦女，三三五五，於平原繡野，風和日麗中，群歌互答，餘音嫋嫋，若遠若近，忽斷忽續，不知其情之何以移，而神之何以曠，則此詩可不必細繹而自得其妙焉。……今南方婦女，登山採茶，結伴謳歌，猶有此遺風云。」旖旎徜徉，彷彿臨境。又如釋《小雅・無羊》：「詩首章『誰謂』二字飄忽而來，是前此凋耗，今始蕃育口氣。以下人物雜寫，或牛羊並題，或牛羊渾言，或單詠羊不詠牛，而牛自隱寓言外，總以牧人經緯其間，以見人物並處，兩相習，自不覺其兩相忘耳。其體物入微處，有畫手所不能到，晉唐田家諸詩何能夢見此境？末章忽出奇幻，尤爲匪夷所思，不知是眞是夢，眞化工之筆也。其尤要者，『爾牲則具』一語爲全詩主腦。蓋祭祀燕饗及日用常饌所需，維其所取，無不具備，所以爲盛，固不徒專爲犧牲設也。然淡淡一筆點過，不更纏繞，是其高處。若低手爲之，不知如何鄭重以言，不累即腐，文章死活之分，豈不微哉！」簡直一篇精彩賞析！如今讀之亦不能不折服散攤者矣。又如《周南・漢廣》：「終篇忽疊詠江漢，覺煙水茫茫，浩渺無際，廣不可泳，長更無方，唯有徘徊瞻望，長歌浩歎而已。」《秦風・蒹葭》：「玩其詞雖若可望不可即，味其意實求之而不遠，思之而即至者，特無心以求之，則其人偶乎遠矣。」此等解釋，以形象語言描繪原詩意境，頗能助於詩歌理解。

　　方玉潤亦以眉批、旁注、圈點以及部分總評等形式對《詩經》格調、文勢、筆意等文學諸命題分析探討，如總評《秦風・渭陽》：「詩格老當，情致纏綿，爲後世送別之祖，令人想見攜手河梁時也。」評《邶風・柏舟》二章筆法：「用翻筆接入，勢捷而矯。」評《大雅・大明》八章鍊字：「『清明』作收，與『明明』『赫赫』相應，用字亦極不苟如是。」等等。

　　方玉潤究未得現代風氣，仍受時代傳統限制，此不可不謂之遺憾。方氏論《詩》，亦不少因襲舊說，穿鑿附會，甚至歪曲解釋之處，如論《召南·野有死麕》詩旨爲「拒招隱」，解《衛風·靜女》成「刺衛宣公納伋妻」，解《召南·行露》爲「貧士卻婚以遠嫌也」等，書中名物集釋，亦無可觀，而卷首所列「思無邪太極圖」，也可見方氏的迂闊。

三、王先謙與《詩三家義集疏》

　　王先謙（1842～1917），字益吾，號葵園，湖南長沙人。同治四年進士，選庶吉士，授翰林院編修，歷任國子監祭酒、江蘇學政等職。師事曾國藩，博通經史，工古文詞。先後主講南菁、思賢、嶽麓、城南諸書院，培養人才，校刊古籍文獻多種。辛亥革命後，回鄉隱居。著述宏富，編有《皇清經解續編》、《續古文辭類纂》、《駢文類纂》、《十朝東華錄》、《南菁書院叢書》等，著有《尚書孔氏參正》、《漢書補注》、《後漢書集解》、《元史拾補》、《荀子集解》、《莊子集解》、《水經注箋》、《新舊唐書合注》、《虛受堂詩文集》等。《清史稿》卷四百八十二有傳。

　　《詩三家義集疏》有民國四年長沙虛受堂家刻本，1987 年中華書局吳格點校本及 2002 年北京學苑出版社《詩經要籍集成》本。另國家圖書館藏有民國間增刻本一種，其卷首較家刻本有所增加。

　　《詩三家義集疏》二十八卷，初名《三家詩義通繹》，始撰於江蘇學政任內，至《衛風·碩人》而止。晚年續成全書，中經兩度修訂，於民國四年（1915年）刊行。此書爲民國四年虛受堂刊本。卷首一卷，冠以聖旨，評是書「網羅散佚，獨具苦心，折衷異同，義據精確，洵有益於詩學」；次南書房覆奏稿，稱此稿「使西漢經師遺言奧旨，萃於一編，郎若列眉」；次陳君進呈稿，贊「其功視孔氏正義，殆不多讓」。次《序例》十一條，引用陳喬樅《魯齊韓詩遺說考序》及魏源《詩古微》諸說，爲己張目。其中首條序例寫於民國二年癸丑，很像是此書的前言：認爲「毛之訓詁，非無可取，而當大同之世，敢立異說，貽誤後來」。《毛詩》能夠獨存，非因《毛詩》較「三家詩」說強，實爲「魏晉以降，鄭學盛行，讀鄭箋者必通毛傳。其初人以信三家者疑毛，繼則以宗鄭者暗毛，終且以從毛者屏三家，而三家亡矣。」自宋以來，才諝之士「咸出己見，以求通於傳箋之外，好古者復就三家遺文異義爲之考輯。近二百年來，儒碩踵事搜求，有斐然之觀。顧散而無紀，學著病焉。余研核全經，參

彙眾說，於三家舊義採而集之，竊附己意，爲之通貫，近世治傳箋之學者，亦加擇取，期於破除墨守，暢通經旨。」

誠如王氏所言，輯錄三家遺說，自宋代王應麟發其端，至清臻於極盛。清代三百年間，范家相、阮元、馬國翰、馮登府、陳壽祺、陳喬樅、李富孫、迮鶴壽、魏源、丁晏等，都有考輯專著，古籍中所存「三家詩」佚文遺義，大都已搜羅無遺，王氏書出而集其大成。該書所引典籍，自漢至清約有數十百種，可謂浩繁。陳啓源、惠棟、戴震、盧文弨、焦循、郝懿行、段玉裁、王念孫、王引之、胡承珙、馬瑞辰、陳奐、丁晏諸家，屢見徵引；清後期出現《三家詩》輯本和論著如宋綿初、徐璈、阮元、馮登府、迮鶴壽、陳壽祺、陳喬樅、魏源諸家著述，均已採及，而以陳喬樅、魏源之書，採錄尤多。王氏如蜂採蜜，集腋成裘，「自愧用力少而取人者多」（《序例》一），故名之曰《集疏》，書成問世以來，公認爲迄今最完備之《三家詩》讀本，最有代表性，有魯殿靈光之譽。

而王氏貢獻，不僅在於網羅詳備，其論證亦復精審，各說並列而取其最善，互有爭議而斷其是非，折衷異同，義據精確，尤屬難能可貴。所加案語，發揮己意，每有創獲，精彩紛呈，頗能顯示作者學養及詩學造詣。如《秦風·無衣》，《毛序》謂此詩爲「刺用兵也，秦人刺其君好攻戰」，王氏案云：「世次之說，出毛武斷，而審度此詩詞氣，又非刺詩，斷從齊說。」所謂「齊說」，乃謂山西天水一帶，「迫近羌胡，民俗修習戰備，高尚勇力鞍馬騎射……其風聲氣俗自古而然，今之歌謠慷慨，風流猶存耳」（《漢書·趙充國辛慶忌傳贊》），以爲《無衣》反映秦地尚武習俗，確較毛說貼近詩意。《小雅·白駒》，《毛序》謂「大夫刺宣王也」。王氏採魯、韓之說，定爲「賢人遠引，朋友離思」之作，認爲「必謂刺王不能留，則詩外之意也」。他如《麟之趾》用韓說「美公族之盛也」，較《毛序》「《關雎》之應也」近理；於《小星》則據齊、韓二家之說，定爲卑官奉使、早夜勤勞之作，一掃《毛序》「惠及賤妾」之陋說；於《邶風·擊鼓》「是與陳、宋伐鄭之役軍士所作」，「一時怨憤離叛之狀可見」；於《四月》則據徐幹《中論·譴交篇》所用魯說，定此詩爲「大夫行役過時，不得歸祭，怨思而作」，亦較《毛序》「大夫刺幽王也」貼合詩旨，爲有識之論。書中如遇他家說解有誤，必予以駁正，如《雨無正》篇引「《集傳》載劉安世見《韓詩》作《雨無極》，《序》作『正大夫刺幽王也』，篇首多『雨無其極，傷我稼穡』二句，呂東萊《讀詩記》載董氏引《韓詩》，則作《雨無政》，《序》亦作『正大夫刺幽

王也」。王氏於此條加案語云：「詩曰『正大夫離居，莫知我？』，是兼刺正大夫之詞，非正大夫刺幽王也，劉、董之說，未足據信。」一言定奪，足釋千載之疑。書中所述三家於詩篇本事說解，如《周南・漢廣》所詠江漢人民敬慕漢神故事，《鄭風・溱洧》所述鄭國三月上巳節溱洧之濱男女聚會風俗等，均較《毛詩》說法近於情理。

王先謙旨在恢復「三家詩」二十八卷原貌，《集疏》把《邶風》、《鄘風》、《衛風》合為一卷（仍分上、中、下）。因「三家詩」早佚，無法窺其全貌，各詩經文，仍依《毛詩》。經文下面先列「注」，依次臚列可考三家異文以及自秦漢以至唐宋歷代典籍中輯錄出來三家遺說，章句、文字凡三家有說者，多斷從三家。然後列「疏」，首列毛傳、鄭箋，次錄《爾雅》、《說文》、《方言》、《經典釋文》、《廣雅》等書詞義訓詁，再廣泛徵引歷代諸家說解，附於疏中，凡《毛詩》有解而三家無徵者，則曰「三家無異義」或「三家義未聞」，雖告闕疑，難免有強拉古文學派以壯大今文學之嫌。書中論詩，亦有迂曲甚於《毛詩》之處。如論《鄭風・野有蔓草》，不取《毛詩》「男女之詞」之說，而取三家詩說「思遇賢人」旨義。

王氏學識淵湛，富有經驗，編寫《集疏》，歷時彌久，反覆推敲，精雕細琢，故全書體例完密，內容宏富，博大精深，同類書中無與倫比。

四、皮錫瑞與《詩經通論》

皮錫瑞（1850～1908），字鹿門，一字麓雲，湖南善化人。舉人。三應禮部試未中，潛心講學著書。景仰西漢今文學大師伏勝，署所居名「師伏堂」，學者因稱「師伏先生」。光緒十六年，主湖南桂陽龍潭書院講席。後移江西南昌經訓書院，說經嚴守家法，詞章必宗家數。甲午戰後，憤於《馬關條約》喪權辱國，極言變法圖強。光緒二十四年春，任「南學會」會長，主講學術，宣揚保種保教，縱論愛國維新。「戊戌變法」後，清廷指責其「離經叛道，其於康有為之說心悅誠服」，下令革去舉人，逐回原籍。晚年長期任教，博覽群書，創通大義，今文經學造詣很深。所著《五經通論》，皆為其心得，示學人以途徑。《經學歷史》則則為經學入門書。皮氏主張解經當實事求是不應黨同妒真，於各家說評持論公允，為晚清經學大家之一，工於詩及駢文。著作甚富，有《師伏堂叢書》、《師伏堂筆記》、《師伏堂日記》、《師伏堂詩草》等。《中國近代學人像傳》有傳。

　　《五經通論》有光緒間善化皮氏師伏堂叢書本、光緒三十三年思賢書局《皮氏叢書》本、民國十二年商務印書館影印本、民國二十三年商務國學基本從書本、1954 年中華書局校點排印本等。〔註7〕

　　《五經通論》包括《易》、《書》、《詩》、《三禮》、《春秋》等五種，其中《詩經通論》一卷，收列三十八篇專論，內容大致可分兩類：一類專論《三家詩》，鈎稽三家遺說；一類泛論《詩》學，論述治《詩》諸多專門問題。

　　泛論《詩》學如：「論《詩》比他用尤難明，其難明者有八」；「論《詩》有正義，有旁義，即古義亦未可盡信」；「論《詩》無不入樂，《史》、《漢》與《左氏傳》可證」；「論《鄭譜》、《鄭箋》之義，知聲音之道與政通」；「論《左氏傳》所歌詩，皆傳家據已定錄之，非孔子之前已有此義」；「論三百篇為全經，不可增刪改竄」；「論風人多託意男女，不可以文害辭」；「論鳥獸草木之名，當考《毛傳》、《爾雅》、《陸疏》而參以圖說目驗」；「論詩教溫柔敦厚在婉曲不直言，《楚辭》及唐詩、宋詞猶得其旨」；「論十五國風之次，當從《鄭譜》世次篇次，三家亦不同於毛」。以上泛論《詩》學各篇，題下皆有長文，發揮其旨。

　　《詩經通論》搜集三家詩資料較多，可以鈎稽遺說，考覈異同。例如「論毛義不及三家，略舉典禮數端可證」；「論《關雎》為刺康王詩，魯齊韓三家同」；「論《生民》、《元鳥》、《長發》、《閟宮》四詩當從三家，不當從毛」；「論魯詩奚斯作，《商頌》為正考父作當從三家，不當從毛」等等，皆駁辨有據，言之有理。於《詩經》專門論題，如「四始」、「五際」、編排次序、時間下限等，皆能闡發今文三家論點，顯彰三家詩特色。如「論跡熄詩亡，說者各異，據《三家詩》，變風亦不終於陳靈」一則，論曰：「三家以《燕燕》為衛定姜送婦之詩，又在陳靈之後，按《毛詩》則變風終於陳靈，據三家則當云變風終於衛獻，而三家之說多不傳，或更有後於衛獻者，尤未可執變風終於陳靈以斷之也。」此處論及《詩經》時代下限問題，極有參考價值。

　　皮氏論詩序，歷舉沉重、王肅、韓愈、王安石、程子、鄭樵、朱子諸人意見，予以分析，以為詩序確為後出；范曄以為衛宏作，較為可信。據此以為毛詩序多不可信。

〔註7〕愚按：本文所引中華書局本。皮錫瑞：《經學通論》，中華書局，1954 年版。

論毛傳，皮氏以爲毛傳不可信者二：一爲毛傳來歷有兩傳承系統，自相矛盾；二爲毛傳訓釋錯誤許多。

論三家詩，皮氏接受《史記》、《漢書》之說，以爲三家詩來歷亦有問題。而討論詩篇涵義及與毛詩序傳、朱子《詩集傳》相較量時，則又偏重三家之說。如從三家以《關雎》、《鹿鳴》爲刺詩；從三家以無父感生之說訓釋《生民》、《玄鳥》等篇；從三家主張奚斯作《魯頌》、正考父作《商頌》，此類觀點皆有偏頗，值得今人再予辨正。

論詩教，皮氏以爲詩本託諷，故以溫柔敦厚、婉曲不直言爲主。毛、鄭解詩，已與此義不甚契合；朱子淫詩之說，背離詩教尤甚。然皮氏說詩，仍遵毛序、刺某君之說，與其原所主張「序所言刺某君，多無明文可據」觀點自相矛盾。

論風謠，皮氏認爲「風人多託意男女，不可以文害辭」，採陳傅良「凡詩中所說男女事，不是說男女，皆是說君臣」之意，以爲「風人之義，實當有作如是解者」。此一觀點，實已違背風謠本意。據《漢書·食貨志》何休《公羊解詁》等所載，《國風》來自民間當屬可信。民間歌謠，敘男女情即爲男女情，豈能轉意爲君臣義？皮氏之見，實與漢儒同流，了無新意。

由求證態度觀之，皮氏雖有「解經須確憑，不得逞臆說」之言，實則得自歷史考證者少，但憑前人臆說者多。由思想模式觀之，皮氏論及毛與三家序，則重三家而輕毛；言說朱傳淫詩，則取毛而抑朱。其主張說經要守家法，其所守即今文詩說。然而家法之不可取，即在於排他、專斷、思想閉塞。即使近世知名學者，如主今文之康有爲，主古文章太炎，皆因此思想受束縛，於經學故不易戞然獨造。皮氏此書百年以來頗多流傳，於詩經學若干歷史學案論說，其結論雖多有武斷之處，然仍不失爲學案中一家之言，不可廢也。

第二節　現代詩經學個案研究

現代詩經學爲傳統詩經學之餘波，愚此文斷時間下限至 1976 年文革結束，上限自「五·四」起，1919 年。前已述及本文立論基點，此不贅。

本節以現代詩經學三家作爲個案，論其與傳統詩經學之關聯，亦論其現代詩經學之新質。

一、梁啓超詩經學研究

「道咸以降，粵學乃驟盛」﹝註8﹞治《詩經》有專書刊行而成一家獨特之言論者不乏其人。道咸間有林月亭（伯桐）（《鄭氏詩譜序》（一卷））等，咸同間有陳東塾（澧）（《東塾先生讀詩日錄》（一卷））等，光宣間有黃晦聞（節）（《詩序非衛宏所作說》（一卷）、《詩旨纂辭》（五卷）、《變雅》（一卷））等。﹝註9﹞任公與黃晦聞同時，於《詩經》，任公雖無專書論之，然，細梳晚季《詩經》研究歷程，任公之貢獻則不可忽視。

任公論《詩經》及「《詩經》研究」散見於：《中國韻文裏頭所表現的情感》、《古書眞僞及其年代》、《國學入門書要目及其讀法》、《要籍解題及其讀法》、《中國歷史研究法》、《中國之美文及其歷史》、《論中國學術思想變遷之大勢》、《中國近三百年學術史》、《清代學術概論》諸文。論述雖無嚴密系統，但若視爲「詩經學」由傳統而現代轉變處一重要環節，諒無不可。今謹略述如次：

「四詩」之論：

任公爲近世重要經學家，於《詩經》最具發明者：釋「四詩」。任公分《詩經》爲四類：南、風、雅、頌，並詳爲釋「體」，見諸《中國之美文及其歷史》（第五冊）與《要籍解題及其讀法》（第九冊）。論曰：「風」爲民謠，不歌而誦者；「南」、「雅」爲歌者，乃樂府歌辭。「南」爲南方之樂，一種合唱音樂；「雅」爲周通行音樂，中原正聲也；「頌」爲跳舞樂或劇本。任公論「四詩」「惟釋『頌』一項本諸阮元《揅經室集》而小有異同，其餘都是自己以意揣度的。」竊以爲此一論之，則決千載懸疑，遂成不刊。《詩經》本爲歌唱辭本，當以歌唱之體異而別之，此說雖得鄭樵、朱熹之說啓發﹝註10﹞，而辨歌唱之異或勝之。此其一。

以《詩經》句「以雅以南」證，以左傳、禮記句佐，以《詩》論《詩》，別《詩經》之體，釋「南」實發千古未發，允爲定論。今人秦堅、張勇、張平轍繼此而有文申論焉﹝註11﹞，「南」爲《詩經》之一體。當灼灼明矣。此其二。

﹝註 8﹞ 梁啓超：《近代學風之地理的分布》，《飲冰室合集》，第五冊，中華書局 1989年版，下引梁文均出此書，故只注篇名及冊次。

﹝註 9﹞ 參見黃蔭普：《廣東文獻書目知見錄》，（附補篇）香港大東圖書公司（未注刊印年月）。

﹝註10﹞ 關於鄭樵、朱熹「風」、「雅」、「頌」分類之說，參見胡安蓮：「《詩經》『風』、『雅』、『頌』分類」，《南都學刊》，2000 年第 7 期。

﹝註11﹞ 張平轍：「《詩經》『以雅以南』何解」，《西北師大學報》，1994 年第 6 期；秦堅、張勇：「《詩經》二南探微」，《新疆教育學院學報》，1998 年第 2 期。

釋「雅」之法與太炎先生近同﹝註12﹞，太炎先生爲近世古文經學派代表，長於乾嘉漢學之文字訓詁和文獻考據，於此，似可見任公論詩並不嚴守古、今文之限閾，實兼採而融通者也。此其三。

約之，如此分《詩經》爲四體，實任公一大貢獻，其貢獻之處，非惟結論，方法足爲「現代詩經學」之先聲，「現代詩經學」與「傳統詩經學」重要區別之一：不恪守古、今文限閾，不嚴遵某一師（家）法。任公以此立說，力求圓通，合乎人情物理，實已通後期「疑古派」詩經學之聲氣﹝註13﹞。

詩經與「周史」：

「詩三百」乃一部從周公迄孔子時周人史，前後「相距約五百年」，﹝註14﹞任公於詩經與周史之論見於《中國歷史研究法》（第十冊）、《古書眞僞及其年代》（第九冊）、《要籍解題及其讀法》（第九冊）諸文。詩經本文雖有亂章錯簡，異句訛字，但總不失爲一種重要史料，任公以爲「詩經中之含有史詩性質者，亦皆屬純粹的史料，前既言之矣。餘如易經之卦辭爻辭，即殷商之際絕好史料，如詩經之全部分，如儀禮，即周代春秋以前之絕好史料，因彼時史蹟太缺乏，片紙隻字，皆爲環寶。」又云「詩經爲古籍中最純粹可信之書，絕不發生眞僞問題，故但考其年代已足。」亦云「現存先秦古籍，眞贗雜糅，幾乎無一書無問題，其精金美玉字字可信可寶者，詩經其首也。故其書於文字價值外尚有一重要價值焉。曰可以爲古代史料或史料尺度。」

「歷史的」讀詩經爲《詩經》舊讀法之一﹝註15﹞，作爲近世重要史學家之任公將「詩三百」作爲如此重要之史料，無疑對後世史學家如郭沫若輩確深具影響，此貢獻之一也。

回到「詩經『時代，詳加考釋，任公甚爲用力，最古一篇詩何？最晚一

﹝註12﹞章太炎先生釋「雅」見其文「小疋大疋說」（上、下）、「六詩說」。另任公釋「南」亦用乾嘉樸學之法。章說見《太炎文錄初編》、《太炎文錄續編》，上海書店，1992年版，卷一。

﹝註13﹞「疑古派」詩經學，參見檀作文：「20世紀《詩經》研究史略」，《天中學刊》，2000.2。

﹝註14﹞今人李今坤「著文「《詩經》最晚詩小考」，訂《無衣》爲最晚，則又延長50年。《江海學刊》，2002年第2期。

﹝註15﹞聞一多：《風詩類鈔》甲，《序例提綱》，《聞一多全集》，第四冊，湖北人民出版社，1993年版，指出「詩經有三種舊讀法：經學的、歷史的、文學的」，稱自己讀詩之法爲「社會學的」，用「《詩經》時代的眼光讀詩，乃正是他的研究旨趣」，此論見《20世紀〈詩經〉研究史略》。

篇詩何？其間相差若干年？何一時代篇數最多？幾篇可合成一組，認作某時代作品？「詩三百」何時編成？均一一考辨，還原《詩經》於其當時代，觀念之新，遂開聞一多、孫作云詩經「史學」研究派風氣無疑已。此貢獻之二也。

「歷史決不限於政治，其最主要者在能現出全社會心的物的兩方面之遺影。而高尚的文學作品，往往最能應給此種要求。左傳季札觀樂一篇對於『詩的時代』——紀前九〇〇至六〇〇之中華民族之社會組織的基礎及其人生觀的根核，可以得較明確的概念。而各地方民性之異同及其醇化之跡，亦可以略見，其在物質方面，則當時動植物之分佈，城郭宮室之建築，農器、兵器、禮器用器之製造，衣服飲食之進步……凡此種種狀況，試分類耙梳，所得者至復不少，故以史料讀詩經幾乎無一字無用也。」此論實融經學、史學、文學於一，立足國學，借鑒西學。主張文化還原批評，較「傳統詩經學」之文化還原似又略高一籌〔註 16〕，任公以爲透過「詩三百」能尋繹「詩的時代」中華民族之心態、生態（生存狀態），實又爲 20 世紀詩經文化人類學研究導夫先路者。此貢獻三也。

詩經學史之論：

任公爲近世最爲重要之學術史家，爲近百年來學術史研究之開創者，民國以還似仍無一人學術史研究成就能與之相匹。任公詩經學史之論見於《中國近三百年學術史》、《清代學術概論》、《近代學風之地理的分佈》、《論中國學術思想變遷之大勢》、《古書真僞及其年代》、《要籍解題及其讀法》等。所涉者四：

其一，孔子與詩。任公於此亦有結論者四：一、孔子對詩篇之次序曾用一番心思；二、孔子有意爲「四始」；三、孔子加編《商頌》；四、孔子用功深處不在乎刪詩，而在正樂。「孔子刪詩」，詩經學史千年聚訟，任公此論雖非定論，確爲總漢以下諸儒（無論古、今文）之言所作持平之論。一、四兩點似合情理亦有文獻佐證，二、三兩點似僅爲邏輯推論。臆測獻疑而已。

其二，論序之爲僞妄。任公辨詩序之僞立足於「從思想淵源上檢查」〔註17〕。即便任公以爲「詩是文學家的寄託，別人有時不易知道本事是什麼，有序還可給人以一個聯想」，但仍云「詩經有序，已是無聊。」任公立足於今文

〔註16〕 關於傳統詩經學之文化還原，參見楊子怡：「傳統詩經學對《詩經》的文化還原」，《西北師大學報》，2000 年第 7 期。

〔註17〕 參見葉樹聲：「梁啓超對辨僞學的貢獻」，《淮北煤師院學報》，1997 年第 2 期。

經學之立場，斷詩序爲「假東西」，此雖非任公獨創，然任公一再申述，其受今文經學過於古文經學影響則顯矣。任公年十三入學海堂，承古文經學與訓詁之學，越三年，任公詣萬木草堂，自此便深受康有爲之影響，轉依今文經學，此爲任公詩經學史視角之基點。

　　其三，論清代詩經學史。論清代詩經學史所涉者三：一，任公極爲推崇「最近世」魏默深（源）之《詩古微》，多次從學術史角度論及其貢獻，謂其「使古書頓帶活氣」，愚竊以爲此論當出於政治目的。任公尙今文經學似爲其論政治理想服務〔註 18〕。二，並不忽視古文經學，任公亦極推崇治毛詩者如近世三家胡、馬、陳，尤重陳，謂其「最爲精審」、「最善」，若以近世之政治家衡詩經學史，尙今文，情理也。若以學者，尙古文，亦情理也。任公既爲政治家，亦爲學者，故其兼重古、今文，推薦《毛氏傳疏》爲「詩經」條下惟一「國學入門書要目」，實學者之見。

　　三，澄清曼殊一朝之詩經學史略，並指出其貢獻。於《中國近三百年學術史》、《清代學術概論》中所涉治《詩經》之學者，連綴一線，可視爲清代詩經學史之輪廓，非任公他人則不能。指出「清儒的詩學，訓詁名物方面，我認爲成績狠優良，詩旨方面卻不能滿意」，寥寥數語，非任公他人則下不得〔註 19〕。其次，論詩經學之發展。任公於《戴東原著述纂校書目考》（第五冊）中云：「至其專就全詩考其字義、名物於各章之下，而不以作詩之意衍其說，則洵治詩良法也。」於《中國近三百年學術史》中則更爲明確曰：「我想，往後研究詩經的人，只好以東原這話自甘，那麼，清儒所做工作，已經給我們不少的便利了。」可見，任公仍將以樸學之法治詩作爲詩經學史發展之重要方向。

　　「詩」之文學研究：

　　任公乃近世重要詩人、詩論家。「1920 年後，梁啓超所寫的一系列研究中國古典詩學的論著，更是與以前強調政治性、功利性不同，完全以學者的身份，運用西方的文學理論，著重探討和總結其藝術價值。」〔註 20〕任公晚歲治詩亦如此，眞正將《詩經》作爲「詩」讀，若尋其「因」，則見諸《中國近

〔註 18〕參見湯志鈞：《近代經學與政治》中「導論」，所涉近代經學之特點及第七章「革政」和「革命」，中華書局，2000 年版。

〔註 19〕今人周元彪作「清代《詩經》研究觀的嬗變與毛詩學派的《詩經》研究」，雖長文詳論，仍不出任公之圍，《江西社會科學》，1998 年第 4 期。

〔註 20〕黃霖：《中國文學批評通史》，近代卷，頁三六九，上海古籍出版社，1996 年版。

三百年學術史》中任公論清代詩經學史之「文學」研究派者如方玉潤、姚際恒輩倍爲賞歎，而《要籍解題及其讀法》、《中國韻文裏頭所表現的情感》之論則爲「果」已。

任公以詩人感悟論《詩經》表現情感之法，如「纏綿而極蘊藉」之「君子于役」等，「極委婉而實極決絕」之《柏舟》等，「極沉痛而一發務使盡者」、「於無字句處寫其深痛或摯愛者」……如詩話中之論詩，妥帖而入微，眞正明數千年前詩人之心緒也哉！

於《中國韻文裏頭所表現的情感》幾乎每講一法，起首均引證《詩經》句，並以《詩經》爲發端，以期劃出千年來美文之輪廓。如講「奔迸法」引《蓼莪》、《黃鳥》，次及「易水」之歌，再次「古樂府」、「虞兮歌」、「大風歌」，直至杜工部詩、吳梅村詩，宋詞、元曲——「奔迸」而出，似後世詩人此類情感均根植於《詩經》中。

此種研究之貢獻有三：其一，將《詩經》還原到詩，千年來經學史中雖不乏從文學角度治詩，然治詩僅爲「津梁」，「彼岸」則爲治經，清代詩經「文學」研究派亦不能免，而任公則赤頭赤尾讀「詩」，於是，似可以爲任公《詩經》研究具有明顯之「現代性」。

其二，確認《詩經》於文學發展史中之「濫觴」地位，後代文學無論內容、形式、似均可溯源於《詩經》。此一觀點對當代文學史觀影響甚大。

其三，任公已似從文學表現情感手法角度已略治一部詩經接受史，而此領域迄今仍無人有系統論著。後代詩人如何從《詩經》中汲取表現情感之手法，確有梳理清楚之必要，任公可看作此種研究之拓荒並有成果者。

綜論之，任公可視爲近代詩經學史上一「轉折性」人物，早年作爲一政治家，傾向今文經學。然，「從嚴格意義上說，梁啓超不是一個今文經學家，但是他卻是近代第一個對清代今文經學運動作出了精闢論述的學者」〔註21〕。晚歲作爲一學者、詩人，傾向于兼容古、今文經學總結前代歷程，繼而開闢詩經研究之新域。誠然，「任公先生沒有成體系的學術思想，他爲人們打開了堵塞的道路說：你們走吧，道已通了。但走向何方，他心中無譜，無論在學術上政治上都是如此。」〔註22〕而於詩經研究，任公之除塞拓道之功豈能抹殺也歟？

〔註21〕鄭師渠：「梁啓超與今文經」，《中州學刊》，1994年第4期。
〔註22〕楊向奎：《清儒學案新編》八，頁五六一，齊魯書社，1994年版。

二、聞一多詩經學研究

聞一多（1899～1946），原名聞家驊，又名多、亦多、一多，字友三、友山，湖北蘄水人。中國民主同盟早期領導人，詩人，學者。1912 年考入北京清華學校，1922 年 7 月赴美國芝加哥美術學院學習。1925 年回國，歷任國立第四中山大學、武漢大學、青島大學、北京藝術專科學校、政治大學、清華大學、西南聯合大學教授。1943 年後，積極參加反對獨裁、爭取民主鬥爭，次年加入中國民主同盟，積極參加反對內戰民主運動。1946 年 7 月 15 日在昆明悼念李公樸先生大會上，被國民黨特務殺害。

著有詩集《紅燭》、《死水》，表達祖國深摯感情，憎惡抗議黑暗現實。致力於古典文學整理研究，於《周易》、《詩經》、《莊子》、《楚辭》各領域成就卓著，後彙爲《古典新義》，郭沫若稱爲「前無古人，後無來者」。

另有《岑嘉州繫年考證》、《天問釋天》、《高唐神女傳說之分析》、《離騷解詁》、《敦煌舊鈔本楚辭音殘卷跋》等，有《聞一多全集》行世。〔註23〕

《聞一多全集》，有 1948 年上海開明書店朱自清編輯本，1982 年北京三聯書店本，1993 年湖北人民出版社孫黨伯、袁謇正主編本。

聞一多詩經研究著述有：《詩經的性欲觀》、《詩新臺鴻字說》、《匡齋尺牘》、《說魚》、《詩經新義》、《詩經通義》等。2002 年李定凱編校爲《詩經研究》一書，有巴蜀書社本。《詩經講義》，2005 年天津古籍出版社劉晶雯整理本。

「古史辨派」現代《詩經》學之主要貢獻，在於清算和破除傳統經學研究方法，從而掀起現代觀念解讀《詩經》熱潮。此大潮中，聞一多、郭沫若諸人研究，尤爲突出，其繼「古史辨派」之後，將現代《詩經》學推向成熟階段，堪爲學術史上光輝一頁。

聞一多爲當之無愧現代《詩經》學大師，其研究成果引人注目。聞氏繼承乾嘉學派方法，以小學爲手段，以經史爲主攻對象，醉心於考據訓詁之學，廣泛吸收王念孫父子、孫詒讓和俞樾等樸學大師成果；亦並不囿限於乾嘉學派，而深入研究殷商甲骨文與周代鍾鼎文，復運用近代社會學、民俗學、神話學與文化人類學等方法綜合研論。

〔註23〕愚按：本文所引《聞一多全集》本。聞一多：《聞一多全集》，湖北人民出版社，1993 年版。

聞一多研究《詩經》，既關注「經」之意義，益關注「詩」之情感，於漢唐訓詁及宋儒詩說，無不臚列追究而吸取之。而強調直對本文爲聞氏詩經學研究重要現代方法，其論《詩經》研究，總置字義解釋於一定歷史時代之中，基於清代樸學家訓詁學之上，利用社會歷史知識，如民俗、心理、宗教、思想等意識形態進行關照，從而對詩義作出全新而又合理解釋。聞氏爲《詩經》新訓詁學與文化人類學取嚮之奠基人和集大成者。

其早期論文《詩經的性欲觀》受弗洛伊德學說影響，用泛性論和潛意識理論來解讀《詩經》的代表性作品。其以爲：《詩經》時代的生活，沒有脫盡原始人的蛻殼。《詩經》表現性欲的方式，可分成五種：（一）明言性交（二）隱喻性交（三）暗示性交（四）聯想性交（五）象徵性交。而由象徵說到性交，是出於潛意識的主動。出於這種認識，他將《召南‧草蟲》篇「我既覯止」的「覯」字及《鄭風‧野有蔓草》、《溱洧》篇的「邂逅」釋爲交媾，將《終風》篇「謔浪笑傲」的「謔」字解作性虐待；又將《詩經》中虹、雲、風雨、魚、鳥等意象都當作性交象徵；說魚筍是女陰象徵，芄蘭是壯陽藥，《鄭風‧大叔于田》爲一首象徵性交之詩。其說誇張處近於猜破廋語。

《詩新臺鴻字說》則以上下文文意、文字音義及語言演變之跡爲根據，考訂「鴻」字不當爲鳥名，而實爲蟾蜍之異名。而其後來《說魚》一文中，竟又放棄此一觀點，然，其訓詁考證之方法實具指導意義。

《匡齋尺牘》爲研究《芣苢》、《狼跋》、《兔罝》三篇專文，訓詁多勝說，如訓「采采」同「璨璨」，爲顏色鮮亮貌；「芣苢」爲「胚胎」；「肅肅」爲「縮縮」，即繩索紛亂狀。是篇論及研究原則命題，論《詩經》研究工作有三樁困難：一、今天所見《三百篇》，尤其是二《南》與十三《風》，決不是原來面目。二、沒有血緣相近民族可參照物，出土文物亦沒有參照物，用漢後民歌解釋周初民歌，用自己心理去讀《詩經》，在方法上極爲很危險！三、如何擺開自己主見，突破文化鴻溝，去悟入完全和自己生疏之「詩人」心理？

聞氏力求克服此三困難，主張以「《詩經》時代」眼光讀《詩經》，具體做法：從文化人類學角度，借用訓詁手段，教人回到原始狀態，努力復原當時景況，給人確解，並教人想像，促使讀者張開想像翅膀，飛翔於《詩經》時代上空。其亦強調當以「詩」之眼光讀《詩經》：「漢人功利觀念太深，把《三百篇》做了政治課本；宋人稍好一點，又拉著道學不放手——一股頭巾氣；清人較爲客觀，但訓詁學不是詩；近人囊中滿是科學方法，眞屬害，無

奈歷史——唯物史觀和非唯物史觀的，離詩還是很遠。明明一部歌謠集，爲什麼沒人認眞的把它當文藝看呢！」於是篇中，聞氏揭示《詩經》中諸多具有共性現象，其曰：「在《詩經》裏，『名』不僅是『實』的標籤，還是『義』的符號，『名』是表意的，也是表德的，所以識名必須包括『課名責實』與『顧名思義』兩種涵義，對於讀詩的人，才有用處。譬如《麟之趾》的『麟』字是獸的名號，同時也是仁的象徵，必須有這雙層的涵義，下文的『振振公子』才有著落。同樣的，茉苡是一種植物，也是一種品性，一個 allegery。『茉苡』既與『胚胎』同音，在《詩》中這兩個字便是雙關的隱語。」《狼跋》篇中，針對懷疑何以將公孫比作野獸，其以爲此皆現代人過慮。其曰：「在『詩人』看來，以蠍尾比婦人的髮，所講的本只是蠍尾與髮的形狀，爲什麼要牽連的問到婦人的德性與蠍的德性有無相似之處呢？同樣的，以狼比公孫的步態，也決不會牽涉到狼的德性上頭去，而因此發生污蔑公孫的人格的嫌疑。所以詩中儘管一面講到『狼跋其胡，載疐其尾』，一面還可以說『德音不瑕』，而不嫌其矛盾。」所論眞發人深思！

1939 年聞氏發表《歌與詩》，論《三百篇》有源頭二端：一是歌，一是詩，其時所謂詩本質乃是史。志與詩原本一字。志有意義三：記憶，記錄，懷抱，恰代表詩之發展途徑三個主要階段。「歌」本質爲抒情，「詩」本質爲記事。《三百篇》誕生乃詩與歌之合流。歌詩平等合作，「情」「事」平均發展，爲詩之第三階段進展，亦正《三百篇》之特質。

聞氏 1940 年作《姜嫄履大人跡考》，則是用文化人類學方法研究上古神話，揭示「姜嫄履大人跡」眞相：履跡乃祭祀儀式之一部分，疑即一種象徵舞蹈；所謂「帝」實即代表上帝之神尸；神尸舞於前，姜嫄尾隨其後，踐神尸之跡而舞，舞畢相攜止息於幽閒之處，因而有孕。當時實情，只與人野合而有身，後人諱言野合，則曰履人之跡，更欲神異其事，乃曰履帝跡。

其 1945 年發表《說魚》，繼闡發《詩經的性欲觀》中觀點，揭示民俗歌謠和古籍中「魚」作爲「配偶」或「情侶」隱語之廣泛運用，較爲完善論證「《國風》」言魚，皆兩性間互稱其對方之廋語」，亦爲向來說《詩》者所未道，且解決古籍許多語義問題。該篇實將「魚」作爲一典型隱語例研究，聞氏論「隱語」性質與作用爲：隱訓藏，借另一事物將本可「說得明白」者「說得不明白點」。隱於《六經》中，類乎《易》「象」與《詩》「興」。《詩》——

作為社會詩、政治詩之「雅」，作為風情詩之「風」，「在各種性質的沓布（taboo）的監視下，必須帶著偽裝，秘密活動，所以詩人的語言中，尤其不能沒有興。隱語應用的範圍，在古人生活中，幾乎是難以想像的廣泛。」

聞一多具體注解《詩經》著作有《詩經通義》（甲、乙）、《詩經新義》、《風詩類鈔》（甲、乙）等數種。此類著作皆能體現作者獨特研究風格，即長於文字訓詁，超乎乾嘉學派基礎之上，廣泛利用甲骨、金文材料，博採時人勝說；又擅長採用民俗學、人類學視角看問題，故見解新穎而有據。《詩經通義》（甲）以《左傳·昭公十七年》所載以鳥師紀官為上古圖騰社會之遺蹟，進而論述《三百篇》中以鳥起興者亦導源於圖騰。其說《匏有苦葉篇》以「匏有苦葉，濟有深涉」上下二句語法一律，匏與濟，葉與涉，皆二名詞對舉，而葉屬於匏，涉亦屬於濟也。而昔儒無語法觀念，咸以涉為動詞涉水之名，因之下文歷與揭，亦不得不為涉水深淺有差之名，於是全章之義，皆被誤解。並以「迨冰未泮」句為以冬日為婚期者，且指出婚期在古時曾有一個大的變更。大抵是：初民根據其感應魔術原理，以為行夫婦之事，可以助五穀之繁育，故嫁娶必於二月農事作始之時行之；試觀冬行婚嫁之例，如《邶風篇》所紀者，《三百篇》中僅只一見，知其時只偶一行之，不為常則。迨夫民智漸開，始稍知適應實際需要移婚期以就秋後農隙之時。降至戰國末年，去古已遠，觀念大變，於是嫁娶正時，乃一反舊俗，而嚮之因農時以為正者，今則避農時之為正。此誠古今社會一大變也。此等勝說，聞著中比比皆是。

《風詩類鈔》（甲、乙），以社會學讀法治《詩》，視風詩為社會史料、文化史料，此為傳統詩經學未曾有亦不敢有者。《風詩類鈔》（甲）之《序例提綱》指出《詩經》有三種舊讀法：1、經學的 2、歷史的 3、文學的；標榜自己讀法為「社會學的」。該書依社會組織綱目將《國風》重行編次，分為婚姻、家庭、社會三大類目。據三家《詩》、舊本、叶韻、上下文等依據，校訂今本《毛詩》文字錯誤。並針對三種不同詩體而採取不同讀法：於數章詞句複疊只換韻字「歌體」，用橫貫讀法，取各章所換之字合併解釋；於一般「詩體」，用直貫讀法自上而下依次解釋，以一章為一段落；於「綜合體」，則兩種讀法兼用。該書力圖縮短讀者與《詩經》時間距離——用語體文將《詩經》移至讀者的時代；並用考古學、民俗學、語言學等方法帶讀者至「《詩經》時代」。同時倍加關注「象徵廋語」、「諧聲廋語」等古歌詩特有技巧。

聞一多有編纂《詩經字典》計劃，欲全面徹底解決《詩經》文字問題，

惜未能如願。《詩經詞類》爲其計劃全部《詩經》劃分詞類之一部未完稿，釋義字詞計四十。其體例按音韻編次，字頭依古音遠近相次；一字頭之下，按詞性作第一步區分，同一詞性之下，再按詞義區分。局量宏大，而又條分縷析。

　　聞一多在《詩經》新訓詁學及文化人類學取向影響極其深遠。其《詩經》訓詁，繼承乾嘉學派因聲求義優良傳統，吸收王國維、林義光等注重金文材料新成果，且多所借鑒胡適倡導之文法研究。每說一字，既能以六書理論證明（尤善於音訓，兼及甲骨、金文、小篆字形演變），又長於文例疏通，且能從文法角度考慮，廣列旁證，務使新義突出，令人信服。聞氏詩經學研究影響至今，現代《詩經》訓詁學因此得以完善發展。其現代《詩經》學文化人類學取向影響極爲深刻，可稱吾國開創者：五六十年代孫作雲研究受其影響，孫爲聞氏清華大學之學生。八十年代以來興起的《詩經》文化人類學研究熱亦以聞氏爲始作俑者。

　　今人述論聞一多詩經學研究專論甚多，此不贅。

三、朱自清與《詩言志辨》

　　朱自清（1898～1948）原名自華，字佩弦，號秋實，江蘇揚州人，原籍浙江紹興。1920 年畢業於北京大學哲學系。1922 年發表長詩《毀滅》，後從事散文寫作。1931 年至 1932 年曾留學英國。先後任教於江蘇、浙江幾所著名中學，又任清華大學、西南聯合大學教授，並致力學術研究。抗戰結束後，積極支持學生運動。1948 年 8 月拒絕接受美國救濟糧，因貧病逝世於北京。

　　早期詩作憂憤黑暗現實，憧憬美與光明；散文風格素樸縝密，清雋沉鬱，以語言洗煉、文筆秀麗著稱。著有詩集《雪朝》、《蹤跡》；散文集《背影》、《歐遊雜記》、《你我》、《倫敦雜記》；雜文集《標準與尺度》、《論雅俗共賞》等。作爲學者，朱自清於詩歌理論、古典文學、新文學史及語文教育諸方面研究均有實績。論著有《新詩雜話》、《詩言志辨》、《經典常談》、《國文教學》（與葉聖陶合著）和講義《中國新文學研究綱要》等。有《朱自清全集》行世。

　　《詩言志辨》，有 1947 年上海開明書店《開明文史叢刊》本，1950 年香港建文書局本，1956 年北京古籍出版社本，1996 年上海華東師範大學出版社

《二十世紀國學叢書》本，同年江蘇教育出版社《朱自清全集》本，2004 年廣西師範大學出版社《朱自清系列作品》本。〔註24〕

《詩言志辨》原擬名爲《詩論釋辭》，後因書中論文全以《詩言志》一個主題爲中心，故改今名。曾於 1937 年 6 月發表於聞一多主編《語言與文學》創刊號（名《詩言志說》）。共收《詩言志》、《比興》、《詩教》、《正變》四篇論文，提綱挈領縱橫解剖中國詩論四大中心觀念詩言志、比興、詩教、正變，理清脈絡，以大處落墨法勾勒全部中國文學批評史輪廓。前有朱自清自序：「現在我們固然願意有些人去試寫中國文學批評史，但更願意有許多人分頭來搜集材料，尋出各個批評的意念如何發生，如何演變──尋出它們的史蹟。這個得認眞的考辨，一個字不放鬆，像漢學家考辨經史子書。」可見其研究旨趣和治學方法。

《詩言志辨》初衷期冀澄清批評史重要概念，而其所論重點恰爲漢代《詩經》學基本範疇，以此延伸，究其流變，故亦不妨視爲批評史角度《詩經》學專題研究。

《詩言志》著眼於詩樂關係考察，從詩與樂密合與分離視角，論述先秦人作詩、用詩觀念轉變。論詩樂關係，其基本認同顧頡剛觀點，以爲《詩經》基本合樂，詩樂分離大約在春秋戰國之交。並論曰先秦人作詩、用詩觀念時代先後有「獻詩陳志」、「賦詩言志」、「教詩明志」、「作詩言志」四轉變階段，細緻剖析其產生背景及具體內涵。朱氏以爲：「樂以言志」、「歌以言志」、「詩以言志」乃傳統之一貫。以樂歌相語爲初民生活方式之一，獻詩和賦詩正從生活必要和自然需求而來。據《詩經》十二處說到作詩，其作意不外乎諷和頌，判定「言志」不出乎諷與頌，而諷比頌多。指出「賦詩言志」乃由外交功能出發，詩以言諸侯之志，一國之志，與獻詩陳己志不同。其特點頌多而諷少，與獻詩相反。獻詩之詩皆有定旨，全篇意義明白。賦詩則常斷章取義，沒有定準。斷章取義只借用詩句「作自己的話」，所取的只是句子字面意思，而不管全詩上下文意思。

朱自清論云：詩樂不分家時代只看重聽歌之人；只有詩，無詩人，也無「詩緣情」意念。詩樂分家以後，教詩明志，詩以讀爲主，以義爲用；論詩才漸意識作詩人之存在。《大序》託名子夏，而與毛傳「一鼻孔出氣」，當作

〔註24〕愚按：本文所引爲江蘇教育出版社本。朱自清：《朱自清全集》，江蘇教育出版社，1996 年版。

於秦漢之間，乃重義不重聲之時代產物。《詩序》將「以詩合意」結果當作「知人論世」，將理想當作事實，將主觀當作客觀，自然教人難信。其解釋「陳詩觀風」說之產生極為合理，指出像《野有蔓草》一類男女私情之作，既非諷與頌，也無教化作用，「根本不是『言志』詩」。賦詩流行之時，因合樂而存在；詩樂分家，賦詩不行之後，此類詩便失去存在理由，「但事實上還存在著」。「為了給這些詩找一個存在的理由，」於是乎有「陳詩觀風」說。

《比興》討論「毛詩鄭箋釋興」、「興義溯源」、「賦比興通釋」、「比興論詩」四問題。「毛詩鄭箋釋興」論：《毛傳》「興也」之「興」有意義二：一是發端，一是譬喻；「這兩個意義合在一塊兒才是」「興」。興為譬喻，「又是」發端，便與「只是」譬喻不同。前人似未注意「興」之兩重義，因此夾纏不清。興詩通例多以一「事」為喻。《鄭箋》說興詩，詳明而有系統，勝於《毛傳》；《箋》又參照《毛傳》興詩之例，增加諸多興詩。並「以《傳》老是接著《序》說為根據」，判斷《序》不能作於《毛傳》之後。

「興義溯源」論：賦詩、引詩皆「斷章取義」，取其能明己意而止，向來不問「作詩人」之志。毛鄭解《詩》一律用賦詩、引詩方法，以斷章之義為全章全篇之義，而說比興尤然，《風詩》及《小雅》較多解說上尤顯支離傅會。「毛鄭跟著孟子注重全篇的說解，是一條正路，」然其曲解「知人論世」，死守「思無邪」一義膠柱鼓瑟「以意逆志」，於是乎，說詩為證史矣。朱自清以為《詩序》「美刺」名目來自當時《春秋》家。

「賦比興通釋」論：「風」、「賦」、「比」、「興」、「雅」、「頌」原本皆樂歌名稱，合言「六詩」，以聲為用；《詩大序》改為「六義」，則變成以義為用。其曰：「賦」原為合唱；「比」乃變舊調唱新辭，「比」字有樂歌背景、經典根據及政教意味，與「取他物而以明之」之「譬」相異；「興」為合樂開始新歌。其以為：朱說之「興」為「託物興詞，初不取義」，與《毛傳》異調。《楚辭》「引類譬喻」實際形成後世「比」之意念，後世所謂「比」，通義是譬喻，別義即比體詩；後世比體詩可分為詠史、遊仙、豔情、詠物四大類。

「比興論詩」論：後世論詩所說的「比興」，並非《詩大序》「比」、「興」；其所重亦非「比」「興」本身，而為詩之功用。

《詩教》討論包括「六義之教」、「著述引詩」、「溫柔敦厚」三問題。朱自清論曰：漢人著述，無論大端細節，都愛引《詩》，或斷或證；而且主要是關於德教、政治、學養等幾個方面。漢人因讀誦而興之例，多半說明「興於

詩」是以孝思爲主，均爲溫柔敦厚《詩》教之實踐，而《詩》教又與樂教及禮教休戚相關。其曰：孔子時代，《詩》與樂開始分家；從前是《詩》以聲爲用；「孔子論《詩》才偏重在《詩》義上去。到了孟子，《詩》與樂已完全分了家，論《詩》便簡直以義爲用了。從荀子起到漢人的引《詩》，也都繼承這個傳統，以義爲用。」「溫柔敦厚」內涵爲「和」、「親」、「節」、「適」、「中」，標誌殷周以來傳統思想。至宋代理學家，尤其朱熹，徑以「思無邪」爲《詩》教，所重在道不在詩，完全以正邪善惡爲準，著眼「爲人」。

《正變》包括「風雅正變」與「詩體正變」兩個問題討論。朱自清論：《詩譜序》將「風雅正經」與「變風變雅」對立，劃期論世，分國作譜，顯明禍福，「作後王之鑒」，「風雅正變」說實爲鄭玄創見，但其本身並不圓滿，其所謂「風雅正經」和「變風變雅」並無過多確切分別。朱氏以爲《詩譜序》風雅正變說受六氣正變分別和天象正變理論影響，最有力之直接影響爲五行家所說「詩妖」。

附述朱自清治學特點如次：

朱自清先生「講語文，講注釋，講文學評論，講文學源流發展，處處可見其留意考據，不作無根之談。」〔註25〕《詩言志辨》勤於搜討，選材豐富，全書加注材料，近二百則。關於材料來源，自序云：「詩文評的專書裏包含著作品和作家的批評，文體史的發展，以及一般的理論，也包含著一些軼事異聞。這固然得費一番把梳別扶的工夫。專書以外，經史子集裏還有許多，直接的或間接的……這些才是我們的詩文評的源頭，從此江淮河漢流貫我們整個文學批評史。至於選集、別集的序跋和評語，別集裏的序跋、書牘、傳志，甚至評點書，還有三國志、世說新語、文選諸注裏，以及小說、筆記裏，也都五光十色，層出不窮。這種種是取不盡、用不竭的，人手越多越有意思。只要不掉以輕心，謹嚴的考證、辨析，總會有結果的。」

朱自清注重考據而不囿於考據，朱氏曾俏皮將「把詩只看成考據校勘或箋證的對象，而忘記了它還是一首整體的詩」的學者，比作詩人的勁敵，說他們的特長是「把美人變成了骷髏」。朱氏雖「像漢學家考辨經史子書」專注於字詞訓詁，然其卻將此種傳統之法置於詩學、文化人類學大背景中，貫穿史學意念，故而其考證辨析，謹嚴有度，行文樸實清新，眉清目朗。

〔註25〕季鎮淮：《回憶朱佩弦自清先生》，《完美的人格》，三聯書店，1987年版。

　　別有兩點疑義：

　　一爲朱自清「言志」與「緣情」對舉，論春秋戰國以前，詩以諷頌爲主，「緣情」作用不著；漢魏六朝「作詩言志」，「緣情」方掩蓋「言志」。朱光潛以爲古代所謂「志」與後代所謂「情」本爲「一件事」，「言志」也好，「緣情」也好，都是所謂「表現」。孔穎達《左傳正義・昭二十五年》說「此六志，《禮記》謂之六情，在己爲情，情動爲志，情志一也」。朱自清引用此語，並未加反對。另外論《詩經》篇多諷頌，與政教有關，亦屬以偏概全之論。

　　其二是朱自清固然揭示「六義平列」，以爲其皆指樂聲分別：「風賦比興雅頌似乎原來都是樂歌的名稱，合言六詩，正是以聲爲用」；「大概賦原來就是合唱」；「比原來大概也是樂歌名，是變舊調唱新辭」；「興似乎也本是樂歌名，疑是合樂開始的新歌」。持論固然新穎，惜並無充分證據，其連用「大概」「似乎」字樣，亦足見謹慎與虛心。

參考文獻

A

1. 愛新覺羅‧弘曆：《御製樂善堂全集定本》，四庫全書本。
2. 愛新覺羅‧弘曆：《御製詩集》，四庫全書本。

B

1. 班固：《漢書》，中華書局，1975 年。

C

1. 蔡守湘：《歷代詩話論〈詩經〉〈楚辭〉》，武漢大學出版社，1991 年。
2. 曹貞吉：《珂雪詞》，四庫全書本。
3. 查慎行：《敬業堂集》，四庫全書本。
4. 陳伯海：《近四百年中國文學思潮史》，東方出版社，1997 年。
5. 陳登原：《國史舊聞》，中華書局，2000 年。
6. 陳奐：《詩毛詩傳疏》，中國書店，1984 年。
7. 陳澧：《東塾讀書記》，愚家藏光緒初刻本。
8. 陳確：《陳確集》，中華書局，1979 年。
9. 陳壽祺、陳喬樅：《三家詩遺說考》，皇清經皆本。
10. 陳廷焯：《白雨齋詞話》，人民文學出版社，1998 年。
11. 陳桐生：《史記與詩經》，人民文學出版社，2000 年。
12. 陳衍：《陳衍詩論合集》錢師仲聯編校，福建人民出版社，1999 年。

13. 陳寅恪：《陳寅恪集》，三聯書店，2001 年。

14. 陳玉蘭：《清代嘉道時期江南寒士詩群與閨閣詩侶研究》，人民文學出版社，2004 年。

15. 陳戰峰：《宋代詩經學與理學》，博士論文，2005 年，西北大學。

16. 陳子展：《詩三百解題》，復旦大學出版社，2001 年。

17. 陳祖武、朱彤窗：《乾嘉學術編年》，河北人民出版社，2005 年。

18. 程俊英、蔣見元：《詩經注析》，中華書局，1999 年。

19. 程嫩生：《戴震〈詩經〉學研究》，博士論文，浙江大學，2005 年。

20. 程應鏐：《流金集》，上海古籍出版社，1995 年。

D

1. 戴廷傑：《戴名世年譜》，中華書局，2004 年。

2. 戴維：《詩經研究史》，湖南教育出版社，2001 年。

3. 戴逸、李文海：《清通鑒》，山西人民出版社，2000 年。

4. 擔當：《擔當詩文全集》，余嘉華等點校，雲南人民出版社，雲南美術出版社，2003 年。

5. 杜維運：《清代史學與史家》，中華書局，1988 年。

6. 杜預：《春秋經傳集解》，上海古籍出版社，1988 年。

F

1. 范希增：《書目答問補正》，上海古籍出版社，1986 年。

2. 方松華：《中國學術思潮史》，《現代多元學術思潮》，上海社會科學院出版社，2006 年。

3. 方玉潤：《詩經原始》，李先耕點校，中華書局，1986 年。

4. 封桂榮等：《江蘇藝文志揚州卷》，江蘇人民出版社，1995 年。

G

1. 高亨：《尚君書注譯》，中華書局，1974 年。

2. 葛兆光：《中國思想史》，復旦大學出版社，2001 年。

3. 龔自珍：《龔自珍全集》，王佩錚校，上海古籍出版社，1999 年。

4. 顧頡剛：《古史辨》，上海古籍出版社，1982 年。

5. 顧炎武：《顧亭林詩文集》，中華書局，1983 年。

6. 顧炎武：《日知錄》，黃汝成集釋，秦克誠點校，嶽麓書社，1996 年。

7. 關長龍：《兩宋道學命運的歷史考察》，學林出版社，2001年。

8. 郭康松：《清代考據學研究》，湖北辭書出版社，2001年。

9. 郭紹虞：《中國歷代文論選》，上海古籍出版社，1983年。

H

1. 何丹：《〈詩經〉四言體起源探論》，中國社會科學出版社，2001年。

2. 何海燕：《清代〈詩經〉學研究》，博士論文，華中師範大學，2005年。

3. 黑格爾：《美學》，《朱光潛全集》本，安徽教育出版社，1997年。

4. 洪亮吉：《北江詩話》，人民文學出版社，1998年。

5. 洪湛侯：《詩經學史》，中華書局，2002年。

6. 胡承珙：《毛詩後箋》，郭全芝點校，黃山書社，1999年。

7. 胡樸安：《胡樸安學術論著》，浙江人民出版社，1998年。

8. 胡曉明、傅傑：《釋中國》，上海文藝出版社，1998年。

9. 黃霖：《中國文學批評通史》，近代卷，上海古籍出版社，1996年。

10. 黃蔭普：《廣東文獻書目知見錄》，香港大東圖書公司，未注刊印年月。

11. 黃宗羲：《黃宗羲全集》，浙江古籍出版社，1985～1994年。

12. 惠周惕：《詩說》，「叢書集成」本，商務印書館，1939年。

13. 惠棟：《松崖文鈔》，江蘇廣陵古籍刻印社，1986年。

J

1. 季鎮淮：《完美的人格》，三聯書店，1987年。

2. 江藩：《經解入門》，天津市古籍書店，1990年。

3. 蔣見元、朱傑人：《詩經要籍解題》，上海古籍出版社，1996年。

4. 蔣秋華、王清信纂輯：《清代詩經著述現存版本目錄初稿》，《清代詩話知見錄·附錄》，臺灣中央研究院，臺灣，2002。

5. 蔣寅：《王漁洋事蹟徵略》，人民文學出版社，2001年。

6. 焦循：《毛詩補疏》，皇清經解本。

7. 解爲幹：《潤州事蹟詩鈔》，愚家藏同治刻本。

8. 金夫人：《三宜堂金夫人遺稿》，韓國，三奇堂石印本，1931年。

9. 金淵洙：《清代前期楚辭學研究》，博士論文，蘇州大學，1998年。

K

1. 寇淑慧：《二十世紀詩經研究文獻目錄》，學苑出版社，2001年。

L

1. 勞孝輿：《春秋詩話》，《叢書集成初編》本，商務印書館，1936 年。
2. 黎靖德：《朱子語類》，中華書局，1994 年。
3. 李慈銘：《越縵堂讀書記》，上海書店出版社，2000 年。
4. 李東陽：《李東陽集》，嶽麓書社，1984 年。
5. 李光地：《榕村語錄續編》，陳祖武校點，中華書局，1995 年。
6. 李海生：《中國學術思潮史》，《樸學思潮》，上海社會科學院出版社，2006 年。
7. 李學勤：《李學勤集——追溯·考據·古文明》，黑龍江教育出版社 1989 年。
8. 李鄴嗣：《杲堂詩文集》，浙江古籍出版社，1988 年。
9. 李顒：《二曲集》，蘭州古籍書店，1990 年。
10. 李月英：《三宜堂金夫人遺稿譯注》，韓國信禮出版社，2004 年。
11. 梁啓超：《清代學術概論》，東方出版社，1996 年。
12. 梁啓超：《飲冰室合集》，中華書局，1989 年。
13. 廖可斌：《明代文學復古運動研究》，上海古籍出版社，1994 年。
14. 劉誠：《中國詩學史》，「清代卷」，鷺江出版社，2002 年。
15. 劉大杰：《中國文學發展史》，上海古籍出版社，1998 年。
16. 劉冬穎：《〈詩經〉變風變雅考論》，中國社會科學出版社，2005 年。
17. 劉靖淵：《乾嘉之際詩群詩風研究》，博士論文，蘇州大學，2000 年。
18. 劉立志：《漢代〈詩經〉學史論》，中華書局，2007 年。
19. 劉師培：《經學教科書》，《民國叢書》本，上海書店，1990 年。
20. 劉世南：《清詩流派史》，人民文學出版社，2004 年。
21. 劉逸生：《龔自珍己亥雜詩注》，中華書局，2003 年。
22. 劉毓慶：《從經學到文學——明代〈詩經〉學史論》，商務印書館，2001 年。
23. 劉再華：《近代經學與文學》，東方出版社，2004 年。
24. 陸奎勳：《陸堂詩學》，「續修四庫全書」本，據陸氏小瀛山閣刻本影印。
25. 羅積勇：《用典研究》，武漢大學出版社，2005 年。

M

1. 馬大勇：《清初金臺詩群研究》，博士論文，蘇州大學，2001 年。
2. 馬瑞辰：《毛詩傳箋通釋》，中華書局，1989 年。

3. 馬亞中：《近代詩歌史》，臺灣，學生書局，1992 年。

4. 馬衛中：《光宣詩壇流派發展史論》，蘇州大學出版社，2000 年。

5. 馬宗霍：《中國經學史》，上海書店，1984 年。

6. 毛奇齡：《白鷺洲主客說詩》，「續修四庫全書」，上海古籍出版社，2002 年。

7. 毛先舒：《詩辯坻》，《清詩話續編》本，上海古籍出版社 1983 年。

8. 莫礪鋒：《朱熹文學研究》，南京大學出版社，2000 年。

P

1. 潘師樹廣：《古代文學研究方法導論》，安徽文藝出版社，1998 年。

2. 皮錫瑞：《經學概論》，北京，中華書局，1995 年。

3. 皮錫瑞：《經學歷史》，中華書局，1989 年。

Q

1. 錢澄之：《藏山閣集》，湯華泉校點，黃山書社，2004 年。

2. 錢澄之：《田間詩集》，諸偉奇點校，黃山書社，1998 年。

3. 錢穆：《中國近三百年學術史》，商務印書館，1997 年。

4. 錢穆：《中國思想史》，臺灣學生書局，1983 年。

5. 錢謙益：《牧齋有學集》，錢師仲聯先生標校，上海古籍出版社，1996 年。

6. 錢師仲聯、王蘧常、郭紹虞：《萬首論詩絕句》，人民文學出版社，1991 年。

7. 錢師仲聯：《廣碑傳集》，蘇州大學出版社，1999 年。

8. 錢師仲聯：《歷代別集序跋綜錄》，江蘇教育出版社，2005 年。

9. 錢師仲聯：《夢苕庵論集》，中華書局，1993 年。

10. 錢師仲聯：《錢仲聯講論清詩》，魏中林整理，蘇州大學出版社，2004 年。

11. 錢師仲聯：《清詞三百首》，嶽麓書社，1992 年。

12. 錢師仲聯：《人境廬詩鈔箋注》，上海古籍出版社，1981 年。

13. 錢師仲聯：《沈增植集校注》，中華書局，2001 年。

14. 錢師仲聯先生：《清詩紀事》，江蘇古籍出版社，1987 年。

15. 錢儀吉：《碑傳集》，上海古籍出版社，1987 年。

16. 錢鍾書：《談藝錄》，中華書局，1993 年。

17. 仇兆鰲：《杜詩詳注》，中華書局，1995 年。

18. 漆永祥：《乾嘉考據學研究》，中國社會科學出版社，1998 年。

R

1. 阮元：《揅經室集》，中華書局，1993 年。

S

1. 上海圖書館編：《中國圖書綜錄》，上海古籍出版社，1993 年。
2. 沈德潛：《古詩源》，中華書局，1990 年。
3. 沈德潛：《說詩晬語》，《原詩·一瓢詩話·說詩晬語》，人民文學出版社，1998 年。
4. 施閏章：《施愚山集》，黃山書社，1992 年。
5. 司馬光：《溫公續詩話》，《歷代詩話》本，何文煥輯，中華書局，1981 年。
6. 司馬遷：《史記》，中華書局，1975 年。
7. 宋濂等：《元史》，中華書局，1976 年。
8. 孫承澤：《詩經朱傳翼》，四庫存目本，影印復旦大學藏清康熙孫氏刻本。
9. 孫敏：《六朝詩經學研究》，揚州大學，2001 年。
10. 孫枝蔚：《溉堂集》，上海古籍出版社，1979 年。

T

1. 臺靜農：《百種詩話類編》，臺灣，藝文印書館，1974 年。
2. 檀作文：《朱熹詩經學研究》，學苑出版社，2004 年。
3. 湯右曾：《懷清堂集》，四庫全書本。
4. 湯志鈞：《近代經學與政治》，中華書局，2000 年。
5. 田雯：《古歡堂集》，四庫全書本。
6. 脫脫：《宋史》，中華書局，1975 年。

W

1. 萬仕國：《劉師培年譜》，廣陵書社，2003 年。
2. 王安石著，邱漢生輯：《詩義鈎沉》，中華書局，1982 年。
3. 王達敏：《姚鼐與乾嘉學派》，學苑出版社，2007 年。
4. 王夫之：《船山全書》，嶽麓書社，1998 年。
5. 王國維：《王國維遺書》，上海書店出版社，1996 年。
6. 王鴻緒：《欽定詩經傳說彙纂》，愚家藏清刻本。

7. 王懷宜：《〈毛傳〉本體研究》，復旦大學出版社，2006 年。

8. 王冀民：《顧亭林詩箋釋》，中華書局，1998 年。

9. 王俊義：《清代學術探研錄》，中國社會科學出版社，2002 年。

10. 王閩運：《湘綺樓詩文集》，嶽麓書社，1996 年。

11. 王清珍：《〈左傳〉用詩研究》，博士論文，北京大學，2003 年。

12. 王蘧常：《顧亭林詩集彙注》，上海古籍出版社，1983 年。

13. 王瑞昌：《陳確評傳》，南京大學出版社，2002 年。

14. 王師永健：《洪昇》，春風文藝出版社，1999 年。

15. 王士禛：《池北偶談》，中華書局，1997 年。

16. 王士禛：《帶經堂詩話》，人民文學出版社，1963 年。

17. 王士禛：《漁洋精華錄集釋》，上海古籍出版社，1999 年。

18. 王先謙：《詩三家義集疏》，吳格點校，中華書局，1987 年。

19. 王獻唐：《山左先哲遺書提要》，瑞安做古書局，1937 年。

20. 王小舒：《神韻詩學》，山東人民出版社，2006 年。

21. 王應麟：《困學紀聞》，遼寧教育出版社，1998 年。

22. 王英志：《清人詩論研究》，江蘇古籍出版社，1986 年。

23. 王運熙、顧易生：《中國文學批評史》，上海古籍出版社，1985 年。

24. 王章濤：《阮元年譜》，黃山書社，2003 年。

25. 魏源：《詩古微》，嶽麓書社，1989 年。

26. 魏源：《魏源集》，中華書局，1976 年。

27. 聞一多：《聞一多全集》，湖北人民出版社，1993 年。

28. 翁紹軍：《中國學術思潮史》，《心學思潮》，上海社會科學出版社，2006 年。

29. 鄔國平、王鎮遠：《清代文學批評史》，上海古籍出版社，1996 年。

30. 吳景旭：《歷代詩話》，陳衛平、徐傑點校，京華出版社，1998 年。

31. 吳梅村：《吳梅村全集》，上海古籍出版社，1999 年。

32. 吳企明：《歷代名畫詩畫對讀集》，蘇州大學出版社，2005 年。

33. 吳雁南、秦學頎、李禹階：《中國經學史》，福建人民出版社，2005 年。

34. 吳雁南：《清代經學史通論》，雲南大學出版社，2001 年。

X

1. 夏傳才、董治安：《詩經要籍提要》，學苑出版社，2003 年。

2. 夏傳才：《詩經研究史概要》，河南中州書畫社，1986 年。

3. 蕭滌非：《漢魏六朝樂府文學史》，人民文學出版社，1998 年。

4. 蕭華榮：《中國古典詩學理論史》，華東師範大學出版社，2005 年。

5. 蕭穆：《敬孚類稿》，黃山書社，1992 年。

6. 蕭蓮父、許蘇民：《明清啓蒙學術流變》，遼寧教育出版社，1995 年。

7. 謝啓昆：《小學考》，愚家藏光緒刻本。

8. 邢昺：《論語注疏》，「四部精要」本，上海古籍出版，1992 年。

9. 徐洪興：《中國學術思潮史》，《道學思潮》，上海社會科學出版社，2006 年。

10. 徐兆英：《梧竹軒詩鈔》，愚家藏光緒刻本。

11. 許全勝：《沈增植年譜長編》，中華書局，2007 年。

Y

1. 楊師海明：《唐宋詞與人生》，河北人民出版社，2002 年。

2. 嚴師迪昌：《清詞史》，江蘇古籍出版社，1990 年。

3. 嚴師迪昌：《清詩史》，浙江古籍出版社，2002 年。

4. 楊伯峻：《論語譯注》，中華書局，1983 年。

5. 楊慎之、黃麗鏞：《魏源思想研究》，湖南人民出版社，1987 年。

6. 楊向奎：《清儒學案新編》，齊魯書社，1994 年。

7. 楊旭輝：《清代經學與文學——以常州文人群體爲典範的研究》，鳳凰出版社，2006 年。

8. 楊蔭瀏：《中國音樂史稿》，人民音樂出版社，1980 年。

9. 姚際恒：《詩經通論》，序，續修四庫全書本。

10. 姚際恒：《儀禮通論》，陳祖武標點，中國社會科學出版社，1998 年。

11. 姚鼐：《惜抱軒詩集訓纂》，黃山書社，2001 年。

12. 葉燮：《原詩》，《清詩話》，上海古籍出版社，1999 年。

13. 易順豫：《共和詩史發微》，《範廬叢書》之一，南京印書館，1939 年。

14. 永瑢等：《四庫全書總目》，上海古籍出版社，「四部精要本」，1992 年。

15. 于省吾：《澤螺居詩經新證》，中華書局，1982 年。

16. 余嘉錫：《世說新語箋疏》，中華書局，1983 年。

17. 袁愈宗：《〈詩廣傳〉詩學思想研究》，山東大學，2006 年。

Z

1. 曾棗莊、舒大剛主編：《三蘇全書》，語文出版社，2001 年。

2. 張秉戍：《彈指詞箋注》，北京出版社，2000 年。

3. 張健：《清代詩學研究》，北京大學出版社，1999 年。

4. 張鑑：《阮元年譜》，黃愛平點校，中華書局，2002 年。

5. 張謙宜：《絸齋詩談》，《清詩話續編》本，上海古籍出版社，1999 年。

6. 張書學、李勇慧：《新發現的傅斯年書簡輯錄》，油印本。

7. 張舜徽：《清代揚州學記》，《張舜徽集》，華中師範大學，2005 年。

8. 張舜徽：《清儒學記》，齊魯書社，1991 年。

9. 張仲謀：《貳臣人格》，長江文藝出版社，1996 年。

10. 張啓成：《詩經研究史論稿》，貴州人民出版社，2003 年。

11. 章炳麟：《訄書》，徐復詳注，上海古籍出版社，2000 年。

12. 章炳麟：《章太炎政論選集》，中華書局，1977 年。

13. 章炳麟：《國學講演錄》，華東師範大學出版社，1995 年。

14. 章炳麟：《章太炎全集》，上海人民出版社，1982 年。

15. 章培恒：《洪昇年譜》，上海古籍出版社，1979 年。

16. 昭槤：《嘯亭雜錄》，何英芳點校，中華書局，1997 年。

17. 趙爾巽：《清史稿》，中華書局，1994 年。

18. 趙茂林：《兩漢三家〈詩〉研究》，揚州大學，2004 年。

19. 趙園：《制度·言論·心態》，北京大學出版社，2006 年。

20. 趙執信：《談龍錄》，陳邇冬校點，《談龍錄 石洲詩話》人民文學出版社，1981 年。

21. 趙沛霖：《詩經研究反思》，天津教育出版社，1989 年。

22. 鄭板橋：《鄭板橋集》，上海古籍出版社，1979 年。

23. 鄭廉：《豫變紀略》，《甲申史籍三種校本》，欒星輯校，中州古籍出版社，2002 年。

24. 支偉成：《清代樸學大師列傳》，嶽麓書社，1998 年。

25. 周予同：《周予同經學史論著選集》（增訂版），朱維錚編，上海人民出版社 1996 年。

26. 周作人：《周作人文類編》，鍾叔河編，湖南文藝出版社，1998 年。

27. 朱維錚：《求索眞文明──晚清學術史論》，上海古籍出版社，1996 年。

28. 朱維錚：《中國經學史十講》，復旦大學出版社，2002 年。

29. 朱熹：《詩集傳》，鳳凰出版社，2007 年。

30. 朱彝尊：《朱彝尊詞集》，浙江古籍出版社，1994 年。

31. 朱則傑：《清詩史》，江蘇古籍出版社，2000 年。

32. 朱自清：《朱自清全集》，江蘇教育出版社，1999 年。

附錄一：清代詩經學論著知見錄

A

1. 艾暢：詩義求經，二十卷
2. 艾紫東：毛詩說略，八卷，首，一卷

B

1. 包世榮：毛詩禮徵，十卷
2. 包濤：說詩旁見，一卷；邶鄘衛三風詩意，一卷

C

1. 曹元弼：復禮堂述學詩，十五卷
2. 陳保眞：讀詩商，二十八卷
3. 陳潮：毛詩衍聲表，一卷
4. 陳大章：詩傳名物集覽，十二卷
5. 陳道：詩經鳥獸草木解，卷不詳
6. 陳蕃：詩經析疑，二卷
7. 陳孚：詩傳考，六卷
8. 陳奐：毛詩九穀考，一卷；釋毛詩章，四卷；詩毛氏傳疏，三十卷，釋毛詩音，四卷，毛詩說，一卷，毛詩傳義類，一卷，鄭氏箋考徵，一卷；毛詩釋義一卷

9. 陳廣尊：詩說，二卷

10. 陳繼揆：讀詩臆補，十五卷；讀風臆補，二卷

11. 陳僅：詩誦，五卷

12. 陳九齡：詩經發明，八卷

13. 陳澧：東塾讀詩錄，一卷；讀詩日錄，不分卷

14. 陳啓源：毛詩稽古編，三十卷，附考，一卷（費雲倬輯）

15. 陳遷鶴：毛詩國風繹，一卷；讀詩隨記，一卷

16. 陳喬樅：毛詩鄭箋改字說，四卷；齊詩翼氏學疏證，二卷，敘錄，一卷；三家詩遺說考（齊詩，四卷；魯詩，六卷；韓詩，五卷）；詩經四家異文考，五卷；詩緯集證，四卷

17. 陳岫：詩考異再補，二卷

18. 陳詵：詩經述，四卷

19. 陳聖澤：詩經集說，卷不詳

20. 陳士楚注，陳本禮錄，何焯批校：續補舉業必讀詩，四卷

21. 陳士珂：韓詩外傳疏證，十卷

22. 陳世鎔：求志居詩經說，六卷

23. 陳壽祺撰，陳喬樅述：魯詩遺說考，二十卷；別有，六卷，敘錄一卷；齊詩遺說考，十二卷；別有，十四卷，敘錄一卷；齊詩遺說考，十七卷；別有，五卷，敘錄，一卷，附錄，一卷，補遺，一卷；三家詩遺說考（魯詩遺說考，六卷，敘錄，一卷；齊詩遺說考，四卷，敘錄，一卷；韓詩遺說考，五卷，敘錄，一卷，附錄，一卷，補遺，一卷）

24. 陳抒孝撰，汪基增訂：詩經啗鳳詳解，八卷，圖說，一卷

25. 陳希獻：詩教摘粹，不分卷

26. 陳曉：詩經串解，五卷

27. 陳與橋：詩經辨體，一卷

28. 陳玉樹：毛詩異文箋，十卷

29. 陳元：三家詩補遺，三卷

30. 陳鱣：三家詩拾遺，十卷；詩人考，三卷

31. 陳兆崙：詩義折中，二十卷

32. 陳震：讀詩識小錄，十卷

33. 陳子龍：毛詩蒙引，二十卷；詩問略，不分卷

34. 陳梓：讀詩，一卷；毛詩正本，二十卷

35. 陳寅：讀詩識餘，二卷

36. 陳祖範：詩經古韻，六卷，首，一卷；詩咫，一卷

37. 陳天道：詩叶考，八卷

38. 成僎：詩說考略，十二卷；別有，不分卷

39. 成蓉鏡：詩聲類表，一卷

40. 程大鏞：讀詩考字，二卷，補一卷

41. 程晉芳：毛鄭異同考，十二卷，別有，十卷

42. 程瑤田：釋蟲小記，一卷

43. 程以恬：毛詩音韻考，四卷

44. 程崇信：詩補箋繹，二十卷

45. 遲德成：詩經音律續編，八卷

46. 崔述：讀風偶識，四卷

47. 褚汝文：木齋詩說存稿，六卷

D

1. 戴震：戴氏詩經考；毛詩補傳；吳騫批校：毛鄭詩考正，四卷，首，一卷；
   毛鄭詩考正一卷；杲溪詩經補注，二卷

2. 戴元裔：詩經音義約編，十卷

3. 鄧翔：詩經繹參，四卷

4. 鄧亢宗：詩經集解，十四卷

5. 鄧廷楨：詩雙聲疊韻譜，不分卷

6. 鄧顯鶴：說詩囈語，十卷

7. 丁壽昌：詩經解，不分卷

8. 丁惟汾：毛詩韻聿，不分卷

9. 丁晏：毛詩草木鳥獸蟲魚疏校正，二卷；毛鄭詩釋，四卷；詩集傳附釋，
   一卷；詩考補注，二卷，補遺一卷；鄭氏詩譜考正，一卷

10. 丁以此：毛詩正韻，四卷，韻例，一卷；毛詩正韻，四卷

11. 丁顯：毛詩異字同聲考，一卷

12. 董秉純：讀詩私說，一卷

13. 董桂新：毛詩多識錄，十六卷

14. 董燿：讀詩記，不分卷
15. 董日炘：詩經彙解，卷不詳
16. 董爾宏：詩經翼志，八卷
17. 董明倫：詩經集注，四卷
18. 董沛：韓詩箋，六卷
19. 狄郁：詩說標新，二卷
20. 段玉裁：毛詩故訓傳定本，三十卷；毛詩故訓傳定本小箋，三十卷；詩經小學，四卷
21. 多隆阿：毛詩多識，六卷；別有，二卷；十二卷

F

1. 范爾梅：讀詩小記，一卷；毛詩札記，二卷
2. 范家相：三家詩拾遺，十卷，附，源疏，一卷，夏小正輯注，四卷；詩瀋，二十卷
3. 范士增：周易解詩經，一卷；尚書解詩經，一卷；詩經互解，一卷；禮記解詩經，一卷；四書解詩經，一卷；
4. 范迪襄：毛鄭異同疏正，不分卷
5. 范芳：詩經彙詁，卷不詳
6. 范之恒、萬經：辨志堂新訂詩經纂序說約集解，八卷
7. 方苞，單作哲編次：詩義補正，八卷
8. 方潛：讀詩經筆記，一卷；詩經序傳擇參，一卷
9. 方荣如：毛詩通義，十四卷
10. 方玉潤：詩經原始，十八卷，首，二卷
11. 方毓辰：毛詩句解析疑，十四卷
12. 方宗誠：詩傳補義，三卷；說詩章義，三卷
13. 方瑗：讀詩釋物，二十一卷
14. 馮登府：三家詩遺說，不分卷；別有，八卷，補，一卷；三家詩遺說翼證，不分卷；讀異文釋，六卷，補遺，一卷；三家詩異文釋，三卷，補遺，三卷；三家詩異文疏證，六卷，補遺，三卷；三家詩異文疏證，二卷；三家詩異字詁，三卷
15. 馮浩：詩經解，不分卷

16. 馮李驊，丁丙跋：讀詩小匡，一卷
17. 鳳恭寶：讀毛詩日記，一卷
18. 傅恒等：御纂詩義折中，二十卷

G

1. 高儕鶴：詩經圖譜慧解，十卷
2. 高朝瓔：詩經融注大全體要，八卷，附，十五國風詩經地理，一卷
3. 高澍然：詩音，十五卷
4. 高士奇：詩經講義，三十卷
5. 高臺：小雅辯論，卷不詳
6. 葛士清等：參校詩傳說，存二卷
7. 龔自珍：詩非序、詩非毛、詩非鄭，三卷
8. 龔橙：詩本誼，一卷；詩圖，不分卷
9. 龔鑒：龔明水詩說，不分卷；毛詩序說，三十二卷
10. 龔景瀚：邶風說，二卷
11. 龔元玠：詩經客難，二卷
12. 鞏于汃：詩經大旨，不分卷
13. 顧昺：詩經序傳合參，卷不詳
14. 顧成志：治齋讀詩蒙說，一卷，首一卷
15. 顧棟高：毛詩訂詁，八卷，附錄，二卷；毛詩類釋，二十一卷，續編，三卷
16. 顧廣譽：學詩詳說，三十卷，正詁，五卷；學詩求是錄，八卷
17. 顧廣圻：毛詩校勘記，七卷　　即為阮元署名刊行者
18. 顧玘徵：十五國風疏，一卷
19. 顧炎武：詩本音，十卷
20. 顧鎮：虞東學詩，十二卷，首，一卷
21. 顧震福：韓詩遺說續考，四卷
22. 顧鼎受：誦詩弋獲，四卷；六義辨，一卷；國風演連珠，一卷
23. 顧蒪麟：詩經說約，二十八卷
24. 顧淳：毛詩古音述，　卷；聲音轉迻略，一卷
25. 關棧生：詩經味根錄，四卷

26. 桂文燦：毛詩釋地，六卷；鄭氏詩箋禮注異義考，一卷
27. 郭志正：東遷後詩世次表，一卷
28. 郭汝特：毛詩韻譜，八卷
29. 郭柏蒼：七月漫錄，二卷
30. 郭柏蔭：變雅斷章衍義，一卷
31. 郭慶藩：詩異文考證，一卷
32. 郭江：詩法指南（卷一，卷四論毛詩眼、毛序）
33. 郭師古：毛詩均譜，二十卷
34. 郭翹楚：東山淫詞論，一卷
35. 管棘珍：讀詩一隅，四卷
36. 管世銘：詩說，一卷
37. 管禮耕：操觚齋詩解，不分卷

H

1. 韓怡：讀詩辨字略，三卷；讀詩傳偽，三十卷
2. 郝懿行：詩問，七卷；詩說，二卷，詩經拾遺，一卷
3. 何志高：釋詩，一卷
4. 何芬：讀詩，不分卷
5. 何震：多識考，六卷
6. 何西夏：釋詩，一卷
7. 何焯：義門讀書記詩經，二卷
8. 何國鎮：詩經類句對，不分卷
9. 賀貽孫：詩觸，六卷；詩筏，一卷
10. 洪亮吉：毛詩天文考，一卷
11. 洪坤煊：詩經補注，二卷
12. 洪震煊：毛鄭詩考補正，四卷
13. 洪瞻壇：毛鄭詩譜，二卷
14. 洪昇：《詩騷韻》，六卷，存一卷
15. 胡本淵：詩義輯解，十卷
16. 胡匡憲：毛詩集釋，二十卷
17. 胡秉元：詩地理考實，不分卷

18. 胡秉虔：毛詩小識，不分卷

19. 胡承珙撰，陳奐補，別傳，胡培翬撰：毛詩後箋，三十卷，附，胡君別傳，一卷

20. 胡嗣運：枕葄齋詩經問答，十四卷，別有，八卷

21. 胡薇元：詩緯汜曆樞訓纂，一卷

22. 胡渭：詩箋辨疑，二卷

23. 胡文英：毛詩通義，六卷；詩疑義釋，二卷；詩經逢原，十卷；詩考補，二卷；詩疏補遺，五卷

24. 胡元儀輯：（漢）鄭玄撰，毛詩譜，一卷

25. 胡良臣；詩經直義，卷不詳

26. 胡樊新：詩經解疑，卷不詳

27. 胡錫燕：詩古音釋，一卷

28. 黃朝槐：荀子詩說箋，一卷

29. 黃春魁：詩經鳥獸草木考，一卷

30. 黃淦：詩經精義，四卷，首，一卷，末，一卷

31. 黃漣：種芭蕉館詩經述，不分卷

32. 黃模：三家詩補考，卷不詳

33. 黃啓興：詩考，五卷，附錄，一卷

34. 黃奭：詩汜曆樞，一卷；詩緯，一卷；

35. 黃奭輯：（漢）韓嬰撰，韓詩內傳，一卷；（漢）申培撰，魯詩傳，一卷；（漢）轅固撰，齊詩傳，一卷；（漢）鄭玄撰，毛詩譜，一卷；（魏）宋均注，詩推度災，一卷

36. 黃叔琳：詩統說，三十二卷

37. 黃位清：詩緒餘錄，八卷；詩異文錄，三卷

38. 黃元吉撰，高燮跋：詩經遵義，二十卷

39. 黃雲鵠：群經引詩大旨，六卷

40. 黃應嵩：毛詩興體說，一卷

41. 黃中：詩傳蒙求分韻，二卷

42. 黃中松：詩疑辯證，六卷

43. 黃宗裔：毛詩瑣言，一卷

44. 黃式三：詩序說通，一卷；詩叢說，一卷；詩傳箋考，一卷

45. 黃以恭：詩學管見，三十卷

46. 黃節：詩序非衛宏所作說，一卷；詩旨纂辭，三卷

47. 惠棟：毛詩古義，一卷

48. 惠周惕：詩說，三卷，附，一卷

J

1. 郟鼎元：讀毛詩日記，一卷

2. 紀大奎：詩經附義，不分卷

3. 紀昀：審定風雅遺音，不分卷

4. 紀昭：毛詩廣義，不分卷

5. 紀汝綸輯：詩述，十二卷

6. 簡朝亮撰，梁應揚注：毛詩說習撰，一卷

7. 江有浩：詩經韻讀，存三卷（缺卷四）

8. 江瀚：詩經四家異文考補，一卷

9. 姜炳璋：詩序廣義，（又作詩序補義），二十四卷；詩經提綱，一卷

10. 姜宸英：詩箋別疑，一卷；別有，三卷

11. 姜國伊：詩經思無邪序傳，四卷

12. 姜文燦、吳荃：詩經正解，三十三卷

13. 姜兆錫：詩傳述蘊，四卷

14. 蔣廷錫等：詩經部彙考，十六卷，總論，八卷，藝文，三卷，記事，三卷，雜錄，四卷

15. 蔣日豫：韓詩輯，一卷；詩經異文，四卷

16. 蔣思睿：詩經纂注約編，卷不詳

17. 蔣文照：毛詩注經引文異同，一卷

18. 蔣紹宗：讀詩知柄，二卷

19. 蔣光焴：詩小說，一卷

20. 焦循：陸璣疏考證，二卷；毛詩草木鳥獸蟲魚疏疏，二卷；別有，十二卷；陸氏草木鳥獸蟲魚疏疏，二卷；草木疏校正二卷；毛詩補疏，五卷；詩箋異同釋，不分卷；毛詩地理釋，四卷；毛詩物名釋，二十卷；推小雅十月辛卯日食詳疏，一卷；別有，二卷

21. 焦廷琥：讀詩小牘，二卷

22. 金聖歎：唱經堂釋小雅，一卷
23. 金鏡：詩經傳演，卷不詳
24. 金谷春：讀詩識名證義，八卷
25. 金煦春：詩經集解，二卷
26. 金榮鎬：讀詩經偶錄，二卷

K

1. 康國熹：詩經串義，五卷
2. 孔廣林輯：（漢）鄭玄撰，毛詩譜，一卷
3. 孔繼堂：詩經古韻，四卷；詩述，十卷，首，二卷

L

1. 勞孝輿：春秋詩話，五卷
2. 黎惠謙：毛詩箋注舉要，十二卷，首，一卷
3. 李超孫：詩氏族考，六卷
4. 李誠：詩意，十九卷
5. 李次山：詩韻字聲通證，七卷
6. 李調元：童山詩音說，四卷
7. 李德淑：毛詩經句異文通詁，七卷
8. 李黼平：毛詩紬義，二十四卷
9. 李富孫：詩經異文釋，十六卷
10. 李塨：詩經傳注，五卷
11. 李光地：詩所，八卷
12. 李光廷輯：（漢）鄭玄撰，詩譜，一卷
13. 李灝：詩說活參，二卷
14. 李健：詩義翼朱，八卷
15. 李九華：毛詩評注，三十卷
16. 李坤：齊風說，一卷
17. 李式穀：詩經衷要，十二卷
18. 李式玉：詩匡，卷不詳
19. 李堂：詩學源流，卷不詳

20. 李聯桂：詩經反身錄，不分卷

21. 李詒經：詩經蠹簡，四卷

22. 李貽德：詩經考異，詩經名物考，卷不詳

23. 李允升：詩義旁通，十二卷

24. 李兆勖：毛詩箋疏辨異，三十卷，毛詩總辨，不分卷

25. 李鍾僑：詩經測義，四卷

26. 李重華：詩經附義，二卷

27. 李宗棠：學詩堂經解，二十卷

28. 李宗淇：詩經讀鈔，三十二卷

29. 李煥燾，李春枝：毛詩義疏，卷不詳

30. 李春枝：毛詩名物考，二卷；毛詩古音異字考，卷不詳

31. 李源：詩經說約，不分卷

32. 李景星：詩經條貫，六卷

33. 李遵義：毛詩草名今釋，一卷；毛詩魚名今考，一卷，附，嘉魚考

34. 梁明祥：詩經博證，不分卷

35. 李璨：毛詩補注，八卷

36. 梁中孚：詩經精義集鈔，四卷

37. 廖翱：詩繹，二卷

38. 廖平：四益說詩，一卷；詩學質疑，不分卷；詩緯新解，不分卷；詩緯搜遺，不分卷

39. 林伯桐：毛詩通考，三十卷；毛詩識小，三十卷

40. 林成章：詩辭類纂詁，不分卷

41. 林兆豐：毛鄭詩考正續，一卷

42. 林昌彝：詩玉尺，二卷

43. 林錫齡：詩經審鵠要解，六卷

44. 林國賡：毛詩體興說，一卷

45. 林義光，詩經通解，三十卷

46. 淩樹屛：詩經異文別說存，十四卷

47. 淩鳴喈：讀詩拙言定誤，一卷

48. 淩萬才：詩經直音，四卷

49. 劉寶楠：毛詩學，不分卷；毛詩正義長編，不分卷；詩序疏，一卷

50. 劉承幹：毛詩單疏校勘記，三卷

51. 劉燦：嚴氏詩緝補義，八卷；詩古音考，一卷

52. 劉存仁：詩經口義，二卷

53. 劉逢祿：毛詩譜，三卷；詩說，二卷；詩聲類，未成

54. 劉奉璋：群籍引經釋異，六卷

55. 劉恭冕：毛鄭薪傳，不分卷

56. 劉青芝：學詩闕疑，二卷

57. 劉始興：詩益，二十卷

58. 劉士毅：讀詩日錄，十三卷

59. 劉師培：毛詩札記，一卷；毛詩詞例舉要詳本，一卷

60. 劉維謙：詩經叶音辨訛，八卷，首，一卷

61. 劉學寵：詩含神霧，不分卷；詩紀曆圖，不分卷

62. 劉沅：詩經恒解，六卷

63. 劉曾騄：毛詩約注，十八卷

64. 劉濴　：毛詩通錄，十卷

65. 劉孔懷：詩經辨韻，無卷數

66. 劉衍慤：詩經摭餘，七卷

67. 劉光蕡：毛詩注疏校勘札記，二十卷

68. 柳承元：毛詩翼敘，二卷

69. 柳興恩：毛詩注疏糾補，三十卷

70. 羅典：讀詩管見，十四卷

71. 龍起濤：毛詩補正，二十五卷

72. 龍元玠：畏齋詩經客難，二卷

73. 龍綸沛：詩經通源，十八卷

74. 盧文弨：盧抱經增校詩考，四卷；呂氏讀詩記補闕，一卷

75. 陸炳章：讀毛詩日記，一卷

76. 陸奎勤：陸堂詩學，十二卷，讀詩總論，一卷

77. 陸錫璞：詩經精義彙鈔，四卷，首，一卷；別有，二十八卷

78. 陸錫蕃：詩經異文考證，二十二卷

79. 陸以誠：毛詩鳥獸草木本旨，十三卷

80. 陸圻：詩經吾學，三十卷；詩論，五卷

81. 陸心源：詩說補，二卷

82. 陸以誠：毛詩鳥獸草木蟲魚本旨，十三卷

83. 呂調陽：詩序義，四卷

84. 呂留良：三元堂新訂增刪詩經彙篡祥解，八卷

85. 呂治平：詩經辨訛，一卷

86. 羅典：凝園讀詩管見，十四卷

87. 羅振玉：毛鄭詩講議，一冊；毛鄭詩斠議，一卷

M

1. 馬國翰：毛詩蟲草經，一卷

2. 馬國翰輯：玉函山房輯詩，四十三卷；（漢）韓嬰撰，韓詩故，二卷；（漢）韓嬰撰，韓詩內傳，一卷；（漢）韓嬰撰，韓詩說，一卷；薛君韓詩章句，二卷；（漢）侯苞撰，韓詩翼要，一卷；（漢）后蒼撰，齊詩傳，二卷；（漢）申培撰，魯詩故，三卷；（晉）郭璞撰，毛詩拾遺，一卷；（晉）徐邈撰，毛詩徐氏音，一卷；（梁）簡文帝撰，毛詩十五國風義，一卷；（南齊）劉（王獻）等撰，毛詩序義疏，一卷；（魏）宋均注，詩緯含神霧，一卷；（魏）宋均注，詩緯汜曆樞，一卷；（魏）宋均注，詩緯推度災，一卷；（吳）徐整撰，毛詩譜暢，一卷

3. 馬舉撰，許瀚校，趙之謙跋：詩傳略考

4. 馬其昶撰，李崇周校：毛詩學，三十卷

5. 馬瑞辰：毛詩傳箋通釋，三十二卷

6. 馬翼贊：詩序集說，不分卷

7. 馬徵麟：毛詩鄭譜疏證，一卷；四詩世次通譜，一卷

8. 馬徵□：毛詩七聲四音韻，四卷

9. 馬宗槤：毛鄭詩詁訓考證，卷不詳

10. 毛奇齡：白鷺洲主客說詩，一卷；國風省篇，一卷；毛詩寫官記，四卷；詩劄，二卷；詩傳詩說駁義，五卷；續詩傳鳥名，三卷；

11. 毛先舒撰：詩辯坻，四卷

12. 茆泮林：毛詩注疏校勘記校字補，一卷

13. 茅原定：詩經名物集成，六卷

14. 苗夔：毛詩韻訂，十卷

15. 孟道光：詩經摘葩，八卷
16. 莫與儔：二南近說，四卷
17. 牟庭：詩切，五十卷
18. 牟應震：毛詩多識錄，十六卷；毛詩質疑，六種，二十四卷；詩問，六卷；毛詩名物考，六卷；毛詩古韻，五卷；毛詩古韻雜論，一卷，毛詩奇句韻考，一卷

N

1. 牛運震：詩志，八卷
2. 倪紹經，王萃龢，汪人驥：參校詩傳說存，二卷

P

1. 潘德音：詩譜補亡疏義合鈔二卷；詩譜拾遺，一卷
2. 潘克溥：詩經說鈴，十二卷
3. 潘任：詩經講義，一卷
4. 潘相：毛詩古音參義，五卷，首，一卷，附，尚書可解輯粹，二卷
5. 潘錫恩：學詩緒餘，不分卷
6. 潘繼李：詩地理續考，一卷
7. 皮錫瑞：詩經通論，一卷；詩經通譜，一卷
8. 彭焯南：詩達詁首，二卷

Q

1. 戚學標撰，朱筆批校，近人文素鬆手書題識：毛詩證讀，五卷；讀詩或問，一卷
2. 祁雋藻編：毛詩重言，一卷，詩毛傳鄭箋古義，一卷，附，爾雅正義摘錄，一卷
3. 齊祖望：詩序參朱，一卷
4. 齊圖南：毛詩合參，卷不詳
5. 齊世南：詩經便覽，七卷
6. 齊召南：注疏考證，卷不詳
7. 錢澄之：田間詩學十二卷，首一卷；別有，不分卷；五卷

8. 錢大昭：詩古訓，十二卷

9. 錢玫：韓詩內傳並薛君章句考，四卷，附筆談，二卷；附，一卷

10. 錢龍珍：毛詩正義，八卷

11. 錢人龍：讀毛詩日記，一卷

12. 錢坫：詩音表，一卷

13. 喬松年：泛引詩緯，不分卷；詩汎曆樞，不分卷；詩含神霧，不分卷；詩推度災，不分卷

14. 秦松齡：毛詩日箋，六卷

15. 邱之稑：律音彙考

16. 裘璉：毛詩講義鼎頓，卷不詳

17. 仇景崙：靜修堂詩經解，五冊

18. 全祖望：詩經問答，一卷

R

1. 冉覲祖：詩經詳說，九十四卷

2. 任蘭枝：詩述，一卷

3. 任兆麟選輯：（漢）韓嬰撰，韓詩外傳，三卷；詩序，一卷；徐恕批校：毛詩通說，二十卷，首，一卷，補遺，一卷

4. 阮芝生撰，翁方綱批註：毛朱詩說，三卷

5. 阮元：毛詩注疏校勘記，七卷；三家詩補遺，不分卷；別有，三卷；詩書古訓，十卷

S

1. 邵晉涵：韓詩內傳考，不分卷

2. 邵有聲：詩經衍義，卷不詳

3. 邵瑞彭：齊詩鈐，卷不詳

4. 申濩元：讀毛詩日記，一卷

5. 慎朝正：毛詩原志，三十一卷

6. 沈冰壺：沈氏詩醒八箋，二十五卷

7. 沈炳垣：毛詩正字考，不分卷

8. 沈潮：魏了翁毛詩要義校字記，一卷

9. 沈鎬：毛詩傳箋異義解，十六卷

10. 沈珩：詩經疏義集要，卷不詳

11. 沈近思：學詩隅見錄，不分卷

12. 沈夢蘭：毛詩學，一卷

13. 沈闉昆：田間詩學補注，四卷

14. 沈青崖：毛詩明辨錄，十卷

15. 沈清瑞：韓詩故，二卷

16. 沈彤，勞頴跋：毛詩要義，三十卷

17. 沈士靖：毛詩序論，一卷；毛詩雜說，十二卷

18. 沈淑：毛詩異文補，一卷；陸氏毛詩異文輯，一卷

19. 沈宗畸：詩群，五卷

20. 盛大謨：國風錄，一卷

21. 石韞玉：多識錄，九卷

22. 石企嵋：詩義音譯，卷不詳

23. 史詮：詩經玉屑拾，八卷

24. 史榮：風雅遺音，二卷

25. 時樞：詩經說志，卷不詳

26. 時與瀾：讀詩備忘，二十八卷

27. 時庸勱：韓詩毛詩韻訂，不分卷；毛詩聲類詩聲分例，不分卷

28. 宋綿初輯：（漢）韓嬰撰，韓詩內傳徵，四卷，補遺，一卷，疑義一卷，
敘錄，二卷

29. 宋綿初撰，翁方綱、陳啓源校：古韓詩說證，九卷

30. 宋書升：詩略說，不分卷

31. 宋在詩：讀詩遵朱近思錄，二卷

32. 宋犖：漫堂說詩，一卷

33. 宋育仁：詩經說例，一卷

34. 蘇學謙：葩經聯句，二卷

35. 孫承澤：詩經朱翼，三十卷，首一卷；詩經翼，四卷

36. 孫燾撰，錢天樹校：毛詩說，三十卷

37. 孫詒讓：韓詩外傳校，不分卷

38. 孫國仁：逸詩徵，三卷

T

1. 唐文治：詩經大義，八卷，首，一卷
2. 唐允思：詩經圖說，卷不詳
3. 陶成：詩經參考，無卷數
4. 陶方琦：韓詩遺說補，一卷
5. 陶正靖：詩說，一卷
6. 陶福祥：毛詩草木鳥獸蟲魚疏考證，一卷
7. 湯孫：詩經全旨，卷不詳
8. 湯柱朝：詩經訂偽，不分卷
9. 湯樹棻：毛詩義疑鈔略，五卷
10. 湯金銘：詩經守約，不分卷
11. 提橋：詩說簡正錄，十卷
12. 田雯：詩經大題，不分卷
13. 童士凱：毛詩植物名參，不分卷

W

1. 汪本原：詩經簡要，一卷
2. 汪大任：詩序辨正，八卷
3. 汪德鉞：毛詩偶記，三卷
4. 汪紱：詩經詮義，十二卷，首，一卷，末，一卷
5. 汪龍：毛詩異義，四卷；毛詩申成，十卷
6. 汪科爵：遠春樓讀詩筆存，一卷
7. 汪琬：詩問，一卷
8. 汪薇輯：詩倫，二卷
9. 汪梧鳳：詩學女為，二十六卷
10. 汪師韓：詩四家故訓，卷不詳
11. 汪遠孫：詩考補遺，卷不詳
12. 汪中：詩義知新記，一卷
13. 汪灼：毛詩周韻誦法，十卷；詩經言志，二十六卷
14. 汪桓，魯國璽：詩經衍義大全合參，八卷
15. 王承烈：復奄詩說，六卷

16. 王初桐：齊魯韓詩譜，四卷

17. 王純：二南訓女解，四卷

18. 王夫之：詩廣傳，五卷；詩譯，一卷；詩經稗疏，四卷；詩經考異，不分卷；詩經叶韻辨，一卷

19. 王鴻緒、揆敘等：（欽定）詩經傳說彙纂，二十一卷，首，二卷，詩序，二卷

20. 王劼：毛詩讀，三十卷，附，尚書後案駁正，二卷；毛詩序傳定本音注，三十卷

21. 王筠：毛詩雙聲疊韻說，一卷；毛詩重言三卷，附，詩雙聲疊韻，一卷

22. 王鑒：詩經柄歌，不分卷

23. 王闓運：詩經補箋，二十卷；程崇信繹：詩補箋繹，二十卷；湘綺樓毛詩評點，二十卷

24. 王懋竑：毛詩記疑，一卷

25. 王夢白編，陳曾輯：詩經廣大全，二十卷

26. 王謨輯：（漢）韓嬰撰，韓詩內傳，一卷；（漢）侯苞撰，韓詩翼要，一卷；（漢）申培撰，魯詩傳，一卷；（漢）鄭玄撰，鄭氏詩譜，一卷；（後魏）劉芳撰，毛詩箋音義證，一卷；（劉宋）周續之撰，毛詩序義，一卷；（吳）徐整撰，毛詩譜，一卷

27. 王念孫：毛詩群經楚辭古韻譜，不分卷

28. 王枚：毛詩遂，卷不詳

29. 王千仞：詩經比義述，八卷，首，一卷

30. 王仁俊：詩緯，一卷

31. 王仁俊輯：（漢）韓嬰撰，韓詩外傳佚文，一卷；（漢）侯苞撰，韓詩翼要，一卷；（漢）韋玄成撰，魯詩韋氏說，一卷；（漢）趙煜撰，韓詩趙氏學，一卷；（魏）宋均注，詩推度災，一卷；（魏）宋均注，詩緯含神霧，一卷；（魏）宋均注，詩緯汜曆樞，一卷

32. 王紹蘭：周人詩說，四卷；董仲舒詩說箋，一卷；匡氏說詩義疏，一卷

33. 王守訓：詩毛傳補正，三卷

34. 王樹柟：詩十月之交食天之細草，二卷；爾雅說詩，二十二卷

35. 王錫萬：詩經解，不分卷

36. 王先謙：詩三家義集疏，二十八卷，首，一卷

37. 王煦：毛詩古音，卷不詳

38. 王心敬：豐川詩說，二十卷，首，一卷

39. 王鍾毅：詩經比興全義，一卷

40. 王蔭祜：尚詩徵名，二卷

41. 王文烜：詩經去疑大全，八卷

42. 王嗣邵：毛詩析疑，十五卷

43. 王泉之：增補鳥獸草木蟲魚疏殘本，二卷

44. 王益齋：毛詩經說，二卷；鄭莆田淫奔詩辨，二卷

45. 王庭植：詩經疑言，一卷

46. 王照圓：詩說，一卷；詩問，七卷；詩經拾遺，一卷；（與郝懿行同著）
    葩經小記，不分卷

47. 王守恂：說詩求己，五卷

48. 王甗：讀國風，一卷

49. 王維言：毛詩疏證補，六卷；毛詩名物狀，三卷；陸疏廣證，七卷；

50. 王塋：毛詩多識編，十二卷

51. 魏源：詩古微，二十卷；別有，二卷；十五卷，首，一卷；十七卷；詩比
    興箋，四卷

52. 魏際端：詩經原本，不分卷

53. 翁方綱：詩附記，四卷

54. 翁復：詩經遵注合講，八卷

55. 吳東發：詩經字考，二卷

56. 吳承志：橫陽詩札記，一卷

57. 吳德旋：詩經集傳拾遺，二卷

58. 吳灝：詩經輯注，卷不詳

59. 吳敬梓：文木山房詩說

60. 吳闓生：詩義會通，四卷

61. 吳樊清：毛詩復古錄十二卷，首，一卷；毛詩定本，七卷

62. 吳良秀：詩義折中補，卷不詳

63. 吳敏樹：詩國風原指，六卷

64. 吳騫：詩譜補亡後訂，一卷，拾遺，一卷；孫氏詩評摭遺一卷

65. 吳汝遴：詩說，二十卷

66. 吳士模：詩經申義，十卷

67. 吳士釗輯：郭翹楚撰，東山淫詞論，一卷

68. 吳樹聲：詩小學，三十卷，補，一卷

69. 吳肅公：詩問，一卷

70. 吳卓信：國風偶筆，一卷

71. 吳應和：毛詩纂詁，卷不詳

72. 吳長元輯：（宋）謝枋得撰，詩傳注疏，三卷

73. 吳棠：讀詩一得，一卷

74. 吳嘉賓：詩說，七卷

75. 吳玉樹：詩小學，三十卷，附，補，一卷

X

1. 夏鼎武：詩序辨，一卷

2. 夏泰封：毛詩注疏學，三十一卷

3. 夏味堂：詩疑筆記，七卷，後說，一卷；三百篇原聲，七卷

4. 夏辛銘：讀毛詩日記，一卷

5. 夏炘：讀詩劄記，八卷，詩章句考，一卷，詩樂存亡譜，一卷，詩經集傳校勘記，一卷；詩古韻表廿二部集說，二卷

6. 夏疇：毛詩酌解纂義，三十卷

7. 蕭光遠：毛詩異同，四卷，附，一卷

8. 謝起龍：毛詩定韻，五卷

9. 謝文洊：風雅倫音，二卷

10. 謝章鋌：毛詩注疏毛本阮本考異，四卷，附，春秋左氏傳毛本阮本考異，一卷

11. 徐璈：詩經廣詁，三十卷；別有，不分卷

12. 徐昂：詩經今古文篇旨異同，一卷；詩經形釋，四卷

13. 徐鼎：毛詩名物圖說，九卷

14. 徐鐸：詩經提要錄，三十一卷，首，一卷

15. 徐鴻鈞：治詩偶得，不分卷；讀毛詩日記，一卷

16. 徐華嶽：詩故考異，三十二卷

17. 徐經：詩說彙訂，一卷

18. 徐立綱：詩經旁訓，四卷；竺靜甫、竺子壽增訂 精義 黃淦：詩經旁訓增訂精義，四卷

19. 徐時棟：山中學詩記，五卷；徐氏重訂詩經世本古義，四十六卷，首，一卷，卷後，二卷

20. 徐明昶：詩經析義，卷不詳

21. 徐天璋：詩經集解辨正，不分卷

22. 徐士俊撰，潘錫恩釋：三百篇鳥獸草木記，不分卷，別有，一卷

23. 徐世沐：詩經惜陰錄，二十卷

24. 徐紹楨：學壽堂詩說，十卷，附錄，一卷

25. 徐堂：韓詩述，六卷；三家詩述，十卷（三家總義，一卷；魯詩述，二卷；齊詩述，一卷；韓詩述，六卷）

26. 徐瑋文：說詩解頤，二卷，續，一卷

27. 徐永孝：毛詩重言下篇補錄，一卷

28. 徐與喬：詩經辨體，一卷

29. 徐倬：讀詩偶鈔，卷不詳

30. 徐行岱：毛詩箋注，卷不詳

31. 徐壽基：詩經貫解，五卷

32. 許寶善：詩經揭要，四卷

33. 許伯政：詩深，二十卷，首，一卷；別有，二十六卷，首，二卷

34. 許瀚：韓詩外傳校議，不分卷

35. 許君羅：詩經新義，卷不詳

36. 許樹棠：詩經緯解，卷不詳

37. 許光清：詩札記，卷不詳

38. 許宗寅：古邠詩義，一卷

39. 許致和：說詩循序，不分卷

40. 許沅：毛詩證經異句，一卷

41. 薛嘉穎：詩經精華，十卷；別有，十一卷

42. 薛韜光：毛詩蒙求彙瑣，二卷；毛詩蒙求竅啓，十卷

Y

1. 嚴萬里：韓詩輯編，二十二卷

2. 嚴蔚撰，李富孫校：詩考異補，二卷

3. 嚴虞惇：讀詩質疑，三十一卷，首，十五卷，末，一卷

4. 嚴遂成：詩經序傳輯疑，二卷

5. 嚴可均輯：韓詩，二十一卷

6. 嚴傑：蜀石經毛詩考正，一卷

7. 嚴元照：娛親詩雅言，一卷

8. 閻汝弼：詩經緒餘，十卷

9. 閻若璩：毛朱詩說，一卷

10. 楊峒：詩古音，二卷；別有，三卷

11. 楊恩壽：詩序韻語，（又作：小序韻語）一卷

12. 楊登訓：詩學識要，五卷

13. 楊賡元：讀毛詩日記，一卷

14. 楊恭桓：毛詩古音諧讀，五卷

15. 楊國楨：詩經音訓，不分卷

16. 楊名時：詩經札記，（又名讀詩札記，）一卷

17. 楊名時述，夏宗瀾記，佚名錄：詩義記講，四卷；詩經箚記，一卷

18. 楊屾輯：豳風廣義，三卷

19. 楊文傑：詩解摘備，一卷；留雲賓月館詩解，不分卷，詩雜解，一卷；毛詩闡微，四卷；詩解節錄，不分卷

20. 楊有慶：詩序闡真，八卷

21. 楊燮：毛詩箋，一卷

22. 楊壽昌：詩經大義，一卷

23. 楊樹椿：讀詩集傳隨筆，一卷

24. 楊晨：詩考補訂，五卷

25. 姚炳：詩識名解，十五卷

26. 姚伯驥：毛詩箚記，一卷

27. 姚鼐：毛詩說，刊入九經說

28. 姚際恒：詩經通論，十八卷，首，一卷；詩經論旨，附詩韻譜

29. 姚兀宗：詩經解，殘卷存四卷

30. 姚永概：詩說，四卷

31. 姚伯驥：毛詩箚記，一卷

32. 葉燕：讀嚴氏詩緝，一卷；毛詩解讀，卷不詳

33. 葉酉：詩經拾遺，十六卷

34. 葉其敷：詩經雪義，四卷

35. 葉嘉棆：詩義解頤，卷不詳

36. 葉裕仁：詩考箋釋，十二卷；詩文字考，八卷

37. 易佩紳：詩義擇從，四卷

38. 易順鼎：詩義莛撞，一卷

39. 易順豫：共和詩史發微，不分卷

40. 殷元正輯，陸明睿增訂：詩緯，一卷；詩緯含神霧，一卷；詩緯含文候，一卷；詩緯經曆樞（一名詩緯汎曆樞，又名詩緯氾曆樞，又名詩緯記曆樞），一卷；詩緯推度災，一卷

41. 殷祚昌：詩經注解，不分卷

42. 尹繼美：詩地理考略，二卷，圖，一卷；詩管見，七卷，首，一卷

43. 應麟：詩經旁參，二卷

44. 應撝謙：詩注，八卷

45. 遊閎：詩義序說合鈔，四卷，首，一卷

46. 俞樾：讀韓詩外傳，一卷；韓詩外傳平議補錄；毛詩平議，四卷；達齋詩說，一卷；荀子詩說，一卷；詩名物證古，一卷

47. 俞聲金：毛詩注釋卷不詳

48. 虞景璜：讀詩瑣言，一卷

49. 余錫庚：詩經古義，一卷

50. 俞壽滄：詩經名物記，四卷

51. 余蕭客：毛詩解鉤沉，刊入古經解鉤沉

52. 玉樞氏：詩經雅箋，五卷

53. 于祉：三百篇詩評，一卷

54. 于鬯：香草校詩，八卷

55. 淵在寬：陸氏草木鳥獸蟲魚疏圖解，五卷

56. 袁鈞輯：（漢）鄭玄撰，詩譜，三卷

57. 袁一鳴：詩通，三卷

58. 惲鶴生：詩誠堂說詩，十二卷

Z

1. 臧庸：詩考，二卷；孫馮翼輯：毛詩馬王微，四卷；陶方琦補：韓詩遺說，二卷，訂訛，一卷，補，一卷
2. 迮鶴壽：齊詩翼氏學，四卷
3. 曾釗：詩毛鄭異同辨，二卷
4. 曾家駒：詩三家異文詁，卷不詳
5. 張柏齡：毛詩述正，二十八卷
6. 張承華：三頌考，三卷
7. 張光裕：詩疑補，不分卷
8. 張亨碩：詩經講義，卷不詳
9. 張淦：毛詩漢宋酌解，三十卷，首，一卷
10. 張夢瀛：葩經一得，四卷
11. 張沐：詩經疏略，八卷
12. 張眉大：詩經考略，二卷
13. 張其煥：毛詩述正，二十八卷
14. 張能鱗：詩經傳說取裁，十二卷
15. 張汝霖：學毛鄭異同籤，二十卷；別有，二十二卷，附一卷；張氏詩說，一卷
16. 張汝化：葩經解，卷不詳
17. 張慎儀：詩經異文補釋，十六卷
18. 張壽鏞：詩史初稿，十六卷
19. 張紹曾：毛詩鳥獸草木詁，四卷
20. 張澍：讀詩鈔說，四卷，附，統論，一卷；詩小序翼，二十七卷，首，一卷
21. 張敘：詩貫，二十卷；十四卷，首，三卷；別有，二十六卷
22. 張一鵬：讀毛詩日記，一卷
23. 張漪：詩傳題辭故，四卷，補，一卷
24. 張怡：白雲學詩，六卷
25. 張玉綸：毛詩古樂音，四卷；毛詩多識，十二卷
26. 張鑑：詩本事，一卷；韓詩考異，一卷
27. 張學尹：詩義鈔，八卷

28. 張瓚昭：詩義原思，二卷
29. 張照、勵宗萬：毛詩注疏有關之考證，不分卷
30. 張之洞：詩經著述書目一卷
31. 張雲錦：毛詩論韻，一卷
32. 張映漢：毛詩韻考，四卷
33. 張守誠：詩句今韻譜，五卷
34. 張文虎：舒藝室餘筆，不分卷
35. 張懷浣探輯：詩經圖解，十二卷
36. 章謙存：鄭風考辨，一卷
37. 章壽彝：繭秋齋讀詩求古編注，十一卷
38. 趙燦英：詩經集成，三十一卷，圖考，一卷
39. 趙懷玉校並輯補逸：（漢）韓嬰撰，韓詩外傳，十傳，補逸，一卷
40. 趙良□：讀詩經，四卷
41. 趙容：誦詩小識，三卷
42. 趙善詒：韓詩外傳補正，一卷，佚文考，二卷
43. 趙似祖撰，趙星海更訂：毛詩辨韻，五卷
44. 趙祐：草木疏校正，二卷；詩細，五卷，首，一卷；別有，四卷；十二卷
45. 趙在翰：詩汎曆樞，一卷，附，補遺；詩含神霧，不分卷，附，補遺；詩
    推度災，一卷；詩緯，附錄，附，補遺，不分卷
46. 趙執信：毛詩名物疏鈔，不分卷
47. 趙以泰：讀詩悱，卷不詳
48. 趙鵬：詩經章對，一卷
49. 趙佩茳：詩古義後案，十八卷
50. 趙瀚：詩本韻考，二卷
51. 甄士林：毛詩音韻，五卷，首，一卷，章句觸解，一卷
52. 曾釗：詩毛鄭異同辨，二卷
53. 鄭曉如：毛詩集解訓蒙，一卷
54. 鄭元慶：詩序傳異同，卷不詳
55. 鄭江：詩經集詁，四卷
56. 鍾淵映：詩序證，一卷
57. 鍾晉：毛詩學，卷不詳

58. 周本孝：詩經經解經，四十卷

59. 周春：詩略，四卷；續詩略，四卷

60. 周道遵：詩經輯解，二十卷，綱領，一卷

61. 周疆等輯，周霈輯，盛百二批校：重刻徐筆峒先生遵注參訂詩經，八卷；
    棣鄂堂詩義纂要，八卷；詩經圖考，一卷；詩經人物考，一卷

62. 周沐潤：學福齋詩學，殘本存五卷

63. 周邵蓮：詩考異字箋餘，十四卷

64. 周學熙：詩義折中，四卷，附，詩經音注，一卷

65. 周廷寀，趙懷玉輯，補逸，周宗杬輯，校注拾遺：韓詩外傳校注，十卷，
    補逸，一卷，附，校注拾遺一卷；韓詩外傳校注，十卷，附，拾遺，一卷，
    西漢儒林傳經表，二卷

66. 周象明：詩經同異錄，九卷

67. 周勳：詩經擬題論旨，不分卷

68. 周曰庠：三家詩輯佚，四卷

69. 周蕙田：詩經揭要，四卷

70. 朱彬：毛詩考證，二卷

71. 朱朝瑛：讀詩略記，六卷，首一卷

72. 朱滄黿：詩國風考正，二卷

73. 朱大韶：毛詩故訓傳裨，二卷；毛詩翼，一卷

74. 朱鶴齡：毛詩通義，十二卷，首，一卷，附錄，一卷；詩經考異，不分卷

75. 朱桓：毛詩名物略，四卷

76. 朱廣川：毛詩廣訓，卷不詳

77. 朱嘉徵：詩集廣義，十卷

78. 朱景昭：讀詩箚記一卷

79. 朱濂：毛詩補禮，六卷

80. 朱士端：齊魯韓三家詩注三卷，三家詩疑，一卷；齊魯韓三家詩釋，十六
    卷

81. 朱亦棟：詩經札記，二卷

82. 朱右曾：詩地理徵，七卷

83. 朱日濬：朱氏訓蒙詩門，三十六卷，首一卷；黃之奇：附錄，一卷

84. 朱儼思：詩經警解，卷不詳

85. 朱之任：詩經偶筆，十二卷
86. 朱肇濟：詩經演注，卷不詳
87. 朱霈：詩經質疑，一卷
88. 朱榛：遵注義釋詩經離句襯解，八卷
89. 朱麟：詩古韻略，五卷
90. 諸錦：毛詩說，二卷，首，一卷，附，饗禮補亡，一卷
91. 諸可繼：詩識，十卷
92. 祝起壯：諸家詩沂，八卷
93. 祝文彥：詩經通解，卷不詳
94. 莊存與：毛詩說，四卷
95. 莊述祖：毛詩周頌口義，三卷；李慈銘批校：毛詩考證四卷
96. 莊有可：毛詩說，六卷，附，詩蘊，二卷
97. 肬圖：詩解正宗，五卷
98. 鄒聖脈：校正詩經備旨，七卷
99. 鄒聖脈纂輯，鄒廷猷編次，孫景揚訂：詩經補注，附，考備旨，八卷

說明：上述目錄以蔣秋華、王清信《清代詩經著述現存版本目錄初稿》為基礎，復採各種
　　　目錄學著述方志史乘，增補數量近半。

　　　凡著者佚名不錄。

　　　民國以後著述擇要錄入，俟日後補全。

　　　因考證版本、作者、卷次、內容篇幅甚大，茲一併略去。

附錄二：清代詩經學論著提要選錄

　　愚按：本文撰寫七八年間，大量閱讀清人詩經學著述，所得提要二百餘條，近二十萬字。自四庫館臣採清代詩經學著述入《四庫全書》，遂有清人詩經學著述提要之作，無奈清人著述浩瀚，愚寓目經眼者，十之二三而已。限於篇幅，謹擷三則附於文後。

一、《讀詩知柄》

　　《讀詩知柄》二卷，蔣紹宗撰。

　　紹宗，字晉祚，號星垣，一號春岩，直隸青縣人。乾隆五十一年舉人，由縣令仕至湖南長沙知府、辰沅永靖兵備道，入祀攸縣名宦祠。仕宦三十餘年，內無餘帛，外無贏財，沉潛樂道，貫穿典籍，著有《周易觀象》六卷、《書經節解》二卷、《禮記通解》二卷、《春秋見心》四卷、《讀詩知柄》二卷（以上合稱《蔣氏經學五種》）及《學庸論孟直說》諸書。《大清畿輔先哲傳》卷十五《師儒傳六》、民國《青縣志》卷之八上《文獻志》皆有傳。

　　該書名頁題嘉慶十一年鐫，實開刻時日，非竣工之時。書前有嘉慶十二年夏四月己丑自序，略云：「天下寧不有柄者乎？天有載，載其柄也；地有維，維其柄也；君止於仁，仁其柄也；臣止於敬，敬其柄也；父慈而子孝，孝慈其柄也。堯舜無柄何以執？禹湯文武周公無柄何以傳？孔子無柄何以貫？孟子無柄何以塞？雷無柄何以震？雨無柄何以施？日月無柄何以照？山川無柄何以峙且流？耳目手足無柄何以視聽而持行？推之而凡有血氣者可知矣，推之而一草一木一器一事皆可知矣。詩何獨無？坤為柄，謂其持也；宮以柄，謂其御也。御之持之，可以知柄之妙矣，可以知詩之妙矣。」

全書不載經文，僅於各條之上，標舉篇目，大旨以意揣量，不專主一家。於各篇中，摘取經文一二句，以爲詩柄，據以推闡詩人作詩本意。如謂《卷耳》當以「嗟我懷人」一語爲柄，「采采」二句，是引起此一語，「置彼周行」句，是我足懷人意思，而「陟彼崔嵬，我馬虺隤」、「陟彼高岡，我馬玄黃」等句，當以遙指所懷之人而言，較爲親切。又如謂《芣苢》，當以「采采芣苢」爲柄，妙存六個「薄言」，不慌不忙。有意無意，將當日閭閻婦女從容和藹一派光景，在無字句中傳出。此等文字殊不易得，循文爲解，往往能得詩人之本旨。惟必執詩中一二句爲柄，難免纖巧佻仄，影響臆斷。

二、《風雅遺音》

《風雅遺音》二卷，史榮撰。

史榮（1675～1753），字漢桓，一字雪汀，鄞縣（今浙江寧波）人。精小學，長於考證、糾訛，擅詩文，工篆窠書及篆刻。性格孤傲，不屑與人酬應，嫉惡不少恕人，遇不合，輒面折之。著有《詩經集傳切音》四卷、《雙聲疊韻譜》四卷、《陶陶軒詩集》十二卷、《李長吉詩注》等。全祖望作有《史雪汀墓版文》。

《風雅遺音》上下兩卷，乾隆十四年一灣齋刻本，前有乾隆八年史氏自序，次姜炳璋序，次乾隆八年陶燮跋。其自序謂朱子《詩集傳》中音切出於後人竄亂妄改者頗多，「流傳數百年，世儒咸信爲朱子手定而莫知其誤，即知之，亦莫敢言」，「吾自年二十時稍解句讀，即欲私爲訂正」，其後五十餘年未嘗忘懷，年近七十，始完成這部專著。該書共分「集傳用舊訓義而無音」、「集傳有異義而不別爲之音」、「音與傳義背」、「古今未有之音」、「聲誤」、「韻誤」、「音誤」、「誤音爲叶」、「誤叶爲音」、「四聲誤讀」、「泛云四聲之誤」、「《邶風》注與某同之誤」、「補音」、「叶音闕誤」、「叶音志略」等十五個目次，復附錄「經文誤字」、「經文疑義」、「集傳偶考」、「俗音訂誤」等九條，總計訂正京本、坊本、俗本《詩集傳》中音韻訛誤共八百一十八處，考證頗有所長，由史榮門人毛氏兄弟刻印。彼時文字興獄，自逞臆見，肆詆程朱者動輒獲咎，史氏敢於指謫《詩集傳》，且「於舊音舛謬之處，動輒漫罵；一字之失，至詆爲全無心肝」，振聾發聵，其勇可嘉。

乾隆十九年，姜炳璋將《風雅遺音》贈予同年紀昀。紀昀認爲「字音不明，則字訓俱舛，於聖賢之微言大義或至乖隔而不通，所關不可謂細」，由此

稱許史氏《風雅遺音》「因人人習讀之書救正其訛謬，以之針砭俗字，較易於信從」，讀後，既「歎其用心精且密」，又「惜其不知古音，叶韻之說多舛誤，又門類太瑣，辨難太激，於著書之體亦微乖」（紀昀《審定史雪汀風雅遺音序》），於是重加審定，汰繁就簡，棄瑕取瑜，特別是「辨難太激」之處，潤飾而不更其意旨，盡力做了修訂。最後因全書篇章結構刪整，重新編定目錄，出於對史氏尊重，紀昀將原目置前，自編目錄置後。縱是耗費如許心力，紀昀卻坦言「此乃史氏之書，予無與焉耳」！即便書中選用戴震三條按語，也都冠之以「戴東原曰」，並於序言中聲明：「於時，休寧戴君東原主予家，去取之間，多資參酌。」不掠美，不貪功，盡顯大家風範。

《風雅遺音》有乾隆十四年一灣齋原刻本、二十五年紀昀審定單行本，乾隆刻鏡煙堂十種叢書本，光緒五年刻新城王氏《畿輔叢書初編》本，民國二十五年刻張壽鏞輯《四明叢書第四集》本等

三、《毛詩廣義》

《毛詩廣義》五卷，紀昭撰。

紀昭（1717～1770）字懋園，號雲軒，直隸獻縣人。紀昀從兄。乾隆十二年舉人，二十二年進士，官內閣中書舍人。《大清畿輔先哲傳》、民國《獻縣志》均有傳。

紀昭為學以見諸實事為主，服膺宋五子書。又於陰陽、輿地、醫卜、算數之書，靡不研究。曾輯古今嘉言懿行為《養知錄》八卷，又著《騷經章句》、《文選賦注》諸書。

是書全錄《毛傳》，以《小序》冠各篇之首，《傳》及《小序》之下，雜引鄭《箋》、孔《疏》及諸儒之說以發明之，大旨以毛《傳》與朱子《集傳》互相勘正，以己意斷其短長。其間不盡用毛說，故題曰《廣義》。

紀昀《紀文達公遺集・文集》卷八《遜齋易述序》：「昔從兄懋園舍人嘗注《毛詩廣義》，以毛亨傳為主（原注：詩傳乃大毛公作，康成《詩譜》甚明，儒生類稱毛萇，未之考耳），而參以諸說，能持漢學宋學之平。」

昭歿三年，詔求遺書，《毛詩廣義》及《養知錄》二種得以載入《四庫全書總目》。《提要》以該書無卷數，翁方綱《懋園紀公墓誌銘》謂凡五卷。

後　記

　　校完最後一行字時，東方既白，我實在不能滿意五年所成此提交答辯部分之近二十萬字論文，種種遺憾與愧疚一湧心際。

　　我庚辰秋隨錢師仲聯攻讀碩士學位，同時擔任指導教授者楊師海明先生。夢苕夫子即以「清代詩經學研究」為題命做學位論文。三年後提交前一部分以「清初詩經學研究」為題答辯，外審專家為王元化、王運熙先生，答辯委員會由王永健、曹林娣、馬亞中、馬衛中、楊海明諸師組成，獲碩士學位。其時錢師逐字修改，多所鼓勵，現此行文要求亦為當時先生所規定，昔時錢師論文修改稿當為我畢生至寶。每思錢先生領入學術殿堂之門，而我駑鈍懶散，至今無成，真有愧先生在天之靈！

　　癸未年即從夢苕夫子繼續攻讀博士學位，九月至十月底，先生依舊每周二授課。我十一月初自西安出差歸來，錢先生因摔傷勉強為我上最後一次課，當時講授朱鶴齡與明末清初吳江詩人，此遂為「廣陵散」！我依舊清晰記得是日中午陽光竟如此慵懶，恐永難忘懷！願先生天堂能多陪師母左右，能真煥發第二次青春！

　　錢先生病重曾將我託付楊師海明先生，楊師與師母文華先生待我如自家孩子，無論學習工作或是生活家庭均無微不至關懷。八年以來楊師常督責學業，詢問論文進展，及時啟愚。無奈我著實懶散，楊師百倍耐心修改初稿，提出修改意見，復修改二稿，每念此則羞愧無已。從楊師學習八年忽忽一瞬，我當終生感恩！願老師師母天天健康快樂！

　　於此我當感謝榮休教授：王師永健先生，王先生為我本科老師，亦為我碩士論文答辯主席。王先生本科時之要求與指導　一直銘記在心，願王先生安康長壽！

　　雖提交之論文不盡如人意，此我不敏所致。而十年來啓我不敏尤多，耐心幫助我之同門老師如：王師英志教授、馬師亞中教授、馬師衛中教授、張師修齡教授、涂師小馬教授。我若有些許學業進步則得益於諸師之提攜與幫助，此當永生感激！

　　我還應藉此懷念兩位業已歸返道山之師：嚴師迪昌教授、潘師樹廣教授。以此爲題做論文時，嚴師、潘師均將其有關《詩經》之著作悉數贈我，五年間我常以讀二師所贈之著述來慰籍思念，願二師天堂過得更好！

　　此五年間我失去三位老師一位親人，祖父德華公四年前棄養，我至今仍不能擺脫彼時陰影。祖父爲我三十餘年來精神支柱，願祖父常在我夢中。

　　當然，我當感謝內子海燕博士，十多年風風雨雨坎坎坷坷我們共同走過！我之所以如此愜意享受生活完全來自於內子無比之寬容，願我們能凝視對方彼此慢慢變老。同時，我亦當感謝岳父母與父親，願他們晚景絢麗！

　　論文雖勉強告竣，而學術道路似始方啓程，我願以此爲起點，慢慢前行……

安子記於蘇臺杕廬
戊子莫春時正杏花微雨

出版後記

　　今年暑假楊師海明教授來電說臺灣花木蘭文化出版社將在大陸出版一批文史博士論文，他推薦了我的博士論文。九月初花木蘭文化出版社就寄來了出版合同，因此，拙文能得以公開出版，首先要感謝楊師一直的關心和花木蘭文化出版社的信任。

　　九月開始，重新把論文答辯原稿取出審讀。雖然博士論文答辯之後，我也斷續增補訂正原稿，其增補部分已逾十萬字，但考慮至今尚未增補完畢，且所增補部分也尚需打磨，故這次出版便還是選擇了保持答辯原稿原貌。既然選擇了答辯原稿，那麼，這兩個月，我主要做的工作便是把原稿中的錯字作了修改和引文逐一作了核查，而當時的觀點和表述一如原來，在後來雖有新的認識和新見的文獻，於此也不做修改了。

　　我是 2003 年碩士畢業後繼續師從錢師仲聯先生攻讀博士學位的，錢師駕鶴之後，由楊師繼續指導我的學業。拙文題目是原來錢師所定，是碩士論文的延續。所以本文文獻準備至寫作完稿，大致用了八年時間。時間雖長，但在答辯的時候，我仍然不滿意自己的初稿。因時間緊迫，在楊師的督促下提交了外審答辯。外審專家是復旦大學王水照教授、南京師範大學鍾振振教授和我的師姐鄧紅梅教授。他們都給予很多的鼓勵，我知道他們希望我那樣的去努力。答辯會由主席王水照先生主持，答辯委員會由鍾振振、王英志、曹林娣、馬亞中、馬衛中和楊師共同組成，諸位師長都給與了我很多的指導，這爲我至今七八年修改論文指出了方向。於此我必須鄭重地對王水照、鍾振振、王英志、曹林娣、馬亞中和馬衛中老師表示最眞誠的謝意，他們一直關心著我的學術成長，我的每一點前進，其實都離不開他們的幫助。寫到這裏，我不能不在此表達我對師姐鄧紅梅教授的懷念！師姐與我同鄉，也是由錢師

和楊師共同指導的博士，可惜，天妒奇才！願紅梅師姐在遙遠的天堂擁有人世間沒有的溫暖，沒有人世間所有的苦痛。

這次重新審讀自己的文字，還是發現當時的粗疏且在後來的增補稿中沒有發現者並不止一二處，所以，校讀完畢，衣衫盡濕。真是有愧當年諸位師長的教誨了的呢！同時我就更加相信，拙文中一定還有很多這樣的問題和不足，甚至錯誤，這在所難免，懇請大方之家有教於我，以使得將來刊出的增補稿能完善些。

當然，還需要再次感謝楊師在拙文出版之際賜序鼓勵。楊師這篇序文在四年前就已經寫好，本來是要收在他的文集中的，因為當時拙文尚未正式出版，因此我建議還是暫不放進去。我想，到楊師八十大壽再編文集時一定會收在裏面作為紀念的。楊師待我如自家孩子，對我的關心早就超出了師徒之間的學問引導，我從他和師母那裏得到了家人一般的溫暖。我至今尚能清晰記得論文快要「收官」時刻師母劉文華教授到我家裏來探望時對我說：「楊老師脾氣急的哦，你要快點寫好，他看後會給你改的，也會給你意見的，你要抓緊的哦。」我是一貫拖拉的，因此師母很擔心我被楊師「罵」的呢。在順利答辯後，一次到楊師家中時，師母對我說：「你是可以做得更好的呢，你要再用點時間好好修改充實。」這一個個場景總是在我後來的生活中揮之不去。然而，天不恤人，在我拿到博士學位後一年，師母就被來勢迅猛的疾病奪去了生命。對師母的思念未嘗斷卻過一天！因為在與她相遇的那些年她給了我母親一般的溫暖！這是我當一生永銘在心的。

我博士畢業之後又在復旦大學師從黃霖教授做了二年半近代文學的博士後，黃老師和師母對我的關愛又一次使我享受了一種幸福和快樂。在求學的路上，我總能獲得意外的歡喜，這是我常懷感恩的原因。

最後，當然還是要再次感謝內子、岳父母和父親對我的寬容和理解，關心和愛護，這是我從不知道煩惱為何物的基礎。

人生的路慢慢向前延展，我不知道下一站在哪裏，但我會以真誠的心去面對，做最美麗的自己，使自己永遠為活得有幸福感和尊嚴感而勉力前行。

安子記於杕盧
時在乙未歲秋杪